조선,
아내
열전

iii

시대의 변화를 헤쳐나간 여성들의 발자취를 더듬다

조선, 아내 열전

ⓒ 백승종, 2022

초판 1쇄 2022년 1월 17일 펴냄
초판 2쇄 2022년 12월 26일 펴냄

지은이 백승종
펴낸이 김성실
책임편집 박성훈
교정교열 이희연
제작 한영문화사

펴낸곳 시대의창   **등록** 제10 - 1756호(1999. 5. 11)
주소 03985 서울시 마포구 연희로 19 - 1
전화 02)335 - 6125   **팩스** 02)325 - 5607
전자우편 sidaebooks@daum.net
페이스북 www.facebook.com/sidaebooks
트위터 @sidaebooks

ISBN 978 - 89 - 5940 - 774 - 3 (03910)

조선, 아내 열전

시대의 변화를 헤쳐나간
여성들의 발자취를 더듬다

백승종 지음

시대의창

마침내 '아내의 역사'를 쓰다

1   나를 살리고 기른 것은 여성이었다. 어머님과 할머님의 지극한 헌신을 생각하면 눈물이 흐른다. 어머니는 임신중독으로 고생하시다가 겨우 나를 낳으셨으나 하마터면 목숨까지 잃으실 뻔하셨다. 젖 한 방울 먹이지 못하고, 이른 새벽에 병원에 실려 가서 장기간 누워 계셨다. 한 줌 핏덩이에 불과한 나를, 할머님이 품에 안고 애지중지 기르셨다. 한여름 불볕더위에도 할머님은 뜨거운 화롯불을 피워 암죽을 끓여서 나의 실낱같은 목숨을 구하셨다. 할머님도 내게는 또 한 명의 어머님이시다.

나의 할머님은 책을 무척 사랑하셨다. 할머님은 긍농(肯農) 박준필(朴準弼)이라고 하는 이름난 선비의 유일한 혈손이셨다. 구한말의 우국지사 매천 황현은 긍농 선생을 "호남쌍봉(湖南雙鳳, 호남의 빼어난 문장가 두 분)"의 한 분으로 손꼽았다. 그런 집안에서 자라서인지는 몰라도 할머님은 조금만 틈이 나셔도 항상 책을 손에 쥐셨다. 아직도 우리 집에는 할머님과 증조할머님 그리고 윗대의 여러 할머님의 손때가 묻은 몇 권의 소설책이 남아 있다. 나는 할머님이 그리울 때면 생전에 즐겨 읽으시던 필사본 소설을 펼쳐놓고 가만히 바라본다.

우연히도 나는 역사가의 길을 가게 되었다. 많은 사람의 과거를 깊이 들여다보는 직업을 가져서일까. 고생 끝에 일찌감치 세상을 떠나신 어머님이 그리울 때도 많고, 태어나자마자 삶의 벼랑 끝으로 내몰린 나를 구해주신 할머님이 생각날 때도 적지 않은 편이다. 나이가 들어갈수록 그분들이 모습이 내가 공부하는 역사와 겹쳐 보일 때가 늘어난다. 어머님과 할머님도 이 땅의 여성이요, 아내로 사셨다. 그분들에게 인생은 어떤 의미가 있었을까. 쉽게 답을 찾기 어려운 질문일 것이다.

어머님과 할머님의 삶을 나름대로 짐작하는 가운데, 나는 이미 수년 전 한 가지 다짐을 하였다. 우리 역사에 뚜렷한 자취를 남기지 못하고 사라진 아내의 목소리를 찾아내서 기록하자. 아내의 역사는 어머니와 할머니에 대한 나의 그리움에서 비롯되었다.

2   재주가 부족한 탓에 나에게는 쉬운 일이 없다. 한참 세월을 흘려보낸 다음에야 나는 몇 가지 구체적인 질문을 생각해 냈

다. 조선 시대의 아내는 무슨 생각을 하며, 어떻게 살았을까. 그때 세상은 아내에게 어떠한 역할을 기대하였을까. 설마 500년이라는 긴 세월 동안에 모든 아내가 아무런 개성도 없이 하나의 판박이가 되어서 살지는 않았을 것이 아닌가. 아내도 사람인데 있는 듯 없는 듯, 그림자도 없는 사람처럼 살기를 원하였을 리가 없다. 그 시절에 아무리 여성이 심한 차별을 받았다 해도 모든 아내가 신세 한탄으로 세월을 허송하였을 리도 없지 않은가. 그럼 그들의 역사에서 우리는 도대체 어떠한 의미와 시대에 따른 변화를 발견할 수 있을까?

날마다 이용하는 역사적 문헌 속에서 나는 아내에 관한 단편적인 서술을 조금씩 모아보았다. 공부는 속도가 느렸으나 성과가 없지는 않았다. 점차 다음과 같은 세 가지 사실이 윤곽을 드러냈다.

첫째는 조선의 아내는 다양한 생존 전략을 펼쳤다는 점이다. 세상의 흐름이 바뀔 때마다 그들도 생존을 위해 전략을 거듭 수정하였다고 생각한다. 가령 성리학이 조선의 지배 이념으로 확립되자 일부 사대부 여성은 성리학적 교양을 쌓은 지식인이 되기도 하였고, 하나뿐인 목숨을 버려서라도 사회적 인정을 받으려고 노력하였다. 또는 그와 정반대로, 남성의 지배에 순종하는 듯하면서도 가정의 실권을 쥐기도 하였다. 평민 여성도 이와 비슷한 과정을 밟은 이가 적지 않았다.

둘째는 역사 속 아내들의 능동적인 역할이 인상적이었다. 아무리 남성 중심으로 세상이 돌아가더라도 아내는 자신이 속한 작은 세상의 주인공으로서 자신의 의지와 능력을 관철할 때가 적지 않았다. 모든 아내가 가정을 마음대로 쥐고 흔들었다는 뜻은 아니다. 내가 강조하고 싶은 것은, 삶의 조건이 아무리 나빠도 아내가 순순히 항복하거나 무조건 포기하는 일은 거의 없었다는 말이다.

끝으로, 역사에는 상호성의 원칙이 작용하였다고 생각한다. 조선 시대에도 남성과 여성은 상대를 날카롭게 관찰하였고, 사회문화적 여건이 바뀔 때마다 상대에게 새로운 역할을 주문하였다고 봐야 할 것 같다. 아내의 역할도 고정불변의 것이 아니라 조금씩 새로 정의되곤 하였다. 나는 이런 점도 아내의 역사를 이해하는 데 중요하다고 말하고 싶다.

한마디로, 아내의 역사를 기술하면서 나는 그들의 생존 전략, 재량권 그리고 아내와 남편, 개인과 사회의 문화적 상호작용에 주목하기로 마음먹었다.

3   이 책은 아내의 역사라는 독립적인 주제를 다루면서도, 그와 밀접한 관계에 놓인 남편의 역사를 건드린다. 이는 책을 쓰는 데 이용한 자료부터가 대개는 남편이 쓴 글이기 때문이다. 전적으로 여성의 목소리에 기대어 아내의 역사를 쓰는 것은 멋진 일이겠으나, 아내가 남긴 기록은 매우 희귀하다. 그것으로는 500년 조선 시대를 가로지르는 아내의 역사를 제대로 쓰기는 불가능할 것이다. 그래서 나는 다른 방법을 선택하였다. 조선을 대표하는 지식인 남편들이 남긴 글을 바탕으로 아내의 역사를 조명하기로 작정하였다.

이 책은 14세기 말부터 19세기 말까지 5세기 동안에 일어난 아내의 역사를 모두 열다섯 개의 이야기에 담았다. 아내에 관한 전기적 기술이 대부분이지만 여성에 관한 시대의 담론을 따져 본 것도 몇 편이 있다. 책을 다 읽고 나면, 독자 여러분은 아내의 역사가 어떤 방향으로 흘러갔는지 윤곽을 짐작할 수 있을 것이다.

물론 이것은 난해한 이론서와는 거리가 멀다. 전문적인 역사학도를 염두에 둔 어려운 책이 절대로 아니다. 아내에 관한 것이면 무엇이든지 망라한 백과사전적 서술은 더더욱 아니다. 책은 한 사람의 역사가가 틈틈이 읽고 메모한 자료를 토대로 작성한 일종의 비망록이라고 생각하면 좋겠다. 처음부터 이 책을 차근차근 읽어나가도 좋으나, 독자가 읽고 싶은 이야기부터 골라서 읽더라도 문제가 될 것은 전혀 없다고 본다.

어떤 방식으로 이 책을 읽든지, 여러분은 저자가 머릿속에서 재구성한 아내의 역사란 무엇인지 그 윤곽을 쉽게 파악할 수 있다. 어느 대목을 먼저 읽든지, 조선의 아내에게도 그 나름의 생존 전략이 있었고, 어려운 여건 속에서도 아내는 자기 나름의 재량권을 행사하려고 노력하였으며, 자의식을 가진 문화의 주체로서 세상의 변화에 기꺼이 참여하였다는 사실을, 여러분은 가슴으로 거듭 확인할 수 있다.

4   이제 책에 기술된 내용을 순서대로 하나씩 알아볼 차례이다. 가장 먼저 등장하는 것은 고려 말의 성리학자 목은 이색과

그의 부인 안동 권씨이다. 나는 권씨 부인의 모습에서 정다운 고려 여성을 재발견한다. 그가 가진 불교적 사유도 나에게는 특별한 느낌을 주는데, 그는 남편 이색과 함께 청운의 꿈을 이루고 점차 병들고 시들어간다. 말년에는 왕조 교체의 회오리를 만나 급격한 추락을 경험해, 읽는 이의 마음을 아프게 한다.

그다음에 만날 주인공은 조선 초기 훈구파를 대표하는 문인 서거정과 그의 아내 선산 김씨이다. 김씨 부인은 놀랍게도 남편의 가장 좋은 술친구였다. 그는 남편과 알콩달콩한 결혼생활을 하였는데, 그들의 삶에는 고려의 유풍이 아직 진하게 남아 있다. 15세기까지도 아내의 역사는 고려 시대와 유사점이 많았던 것 같다.

하지만 세 번째 이야기가 전하는 아내의 역사는 이전 시기와는 크게 다른 모습이다. 성리학계의 거장 점필재 김종직은 아내 창녕 조씨를 "훌륭한 선비"라며 극구 칭찬한다. 우리의 주인공 조씨 부인은 남편과 가치관을 공유하는 동지로서, 여성 선비의 모습을 보였다. 아내의 역할에 상당한 변화가 일어난 셈인데, 이런 일은 어느 날 갑자기 일어나지 않았다. 자연적인 변화는 더더욱 아니었다. 많은 사람이 강력한 의지를 지니고서 사회 전반의 '성리학적 전환'이라는 거창한 사업을 추진한 결과였다.

바로 그런 이유로, 이 책은 성리학적 가치관을 보급하는 데 앞장선 여러 인물, 특히 세종과 퇴계 이황, 남명 조식의 활동에 주목한다. 그들이 직접 개입한 두세 가지 사건을 들여다보면, 성리학적 도덕이 사회 전반으로 퍼져나갔던 과정을 좀 더 구체적으로 짐작할 수 있다.

아내의 역사에서 가장 빛나는 시기는 아마 16세기였을 것이다. 미암 유희춘의 아내 송덕봉은 남편의 '지기(知己)'로서 남편과 함께 시를 주고받았다. 그는 우리의 막연한 예상과는 달리 활달하고 재기발랄한 아내의 모습을 선보인다. 그와 앞서거니 뒤서거니 한 시대를 살았던 신사임당과 허난설헌이라는 여성 작가도 우리의 시야에 들어온다. 알다시피 조선은 선비의 나라였고, 그러했기에 그 아내들도 문화예술의 주역으로 존재감을 드러내기 시작한 것이라고 해석한다. 16세기에는 일가친척이 모인 자리에서 지식을 과시하는 여성이 가장 호평을 받았다고 하지 않던가.

그러나 임진왜란과 병자호란이 연달아 일어났고, 이에 세상의 흐름은 크게 달라진다. 국가가 존망의 갈림길에 서자 대의명분에 투철한 새로운 유형의 아내가 기림을 받는다. 문장가 상촌 신흠의 아내 전의 이씨는 우리 이야기의 주인공으로서 조선 시대 여성의 전형적인 모습을 보여준다.

그 시절에는 평민과 노비의 아내까지도 절개를 지키다가 죽은 사람이 많다. 미수 허목이 남긴 많은 기록을 통해서, 우리는 도덕적으로 경직된 조선을 만난다. 17세기 조선 사회는 당쟁도 매우 심해서 아내의 운명도 그 영향을 받는다. 명재 윤증이 기술한 파평 윤씨의 전기를 읽노라면 역사의 수레에 여러 번 치이면서도 끝까지 삶의 의미를 탐구한 한 사람의 아내를 만난다.

그다음 세기가 되면 이야기는 좀 달라진다. 지식사회 일각에서는 경직된 성리학적 이념을 비판하는 목소리가 일어난다. 실학자 성호 이익은, 여성과 가족의 삶에 주목하고 얽힌 현실 문제를 실용적이고 합리적으로 풀어갈 방법을 연구한다. 그는 자신이 편찬한 백과사전을 통해 개혁의 의지와 방향을 모색한다.

또 다른 실학자 연암 박지원은 지배층의 위선이 극에 달했다며 세태를 날카롭게 풍자한다. 그는 당대에 유행처럼 번지던 '열녀병' 즉, '남편 따라 죽기' 현상의 본질을 파헤친다. 박지원의 비판을 통해, 모든 문제의 핵심은 과부가 처한 사회경제적 위기라는 사실이 알려진다.

청장관 이덕무는 박지원의 관점을 계승해, 그 문제와 더욱 정열적으로 씨름한다. 그는 아내의 역사를 왜곡한 근본 문제인 가난과 질병을 해결하기 위해 현실적으로 가능한 답을 찾아 나선다. 그가 여성 교육이라는 새로운 의제를 들고나온 것은 우연이 아니다.

다산 정약용은 여러 실학자의 문제의식을 공유하며, 생활고에서 벗어나려는 실질적인 방법을 연구할 뿐만 아니라 몸소 실천에 옮긴다. 이야말로 실학적 문제 해결 방법의 총결산이라고 보아도 좋겠다.

드디어 19세기가 되면 아내의 역사에 새로운 활력이 생긴다. 우리의 주인공 예안 이씨는 추사 김정희의 아내인데, 김정희는 어리광을 부리는 도련님 풍의 남편이다. 그는 연하의 아내 예안 이씨와 마치 현대의 연인처럼 재미있게 살아간다. 그들의 생활을 관찰해보면, 16세기의 부부관계로 되돌아간 것 같은 착각이 일어날 정도이다. 그러나 조금 더 깊이 생각해보면 이야기가 달라진다. 김정희가 현실을 중시하는 합리적인 고증학자였기 때문에 가능한 일이었다고 생각한다. 그는 낡은 성리학과 결별하고, 솔직하고 자연스러운 인간의 모습을 되찾기 위해서 의식적으로 노력한 지식인이다. 그의 아내 예안 이씨 역시 새로운 세상이 밝아옴을 가슴으로 느끼고 능동적으로 대응한 것이라 믿는다.

　이 책은 혜강 최한기라는 혜성의 이야기로 대단원의 막을 내린다. 그는 여성도, 가정도, 과학적으로 살펴야 한다는 새로운 관점의 소유자이다. 자연과학적이기도 하면서 사회과학적인 인식으로 아내와 여성의 문제를 바라보았으니, 그의 시선은 근대적이라 하겠다. 최한기가 중국에서 한문으로 번역한 서양 서적을 열심히 구해서 읽고, 마침내는 자생적 근대주의자로 변신하였다는 사실은 지성사의 멋진 한 장면이다. 그의 새로운 관점이 아내의 역사에 이채를 더한 것으로 평가하는 것은 당연한 일이다.

　5　　　　　이 책을 쓰는 동안 내 가슴속에는 한 가지 확신이 섰다. 무슨 문제를 다루든지 고정관념을 버려야 본질에 다가설 수 있다는 점이다. 조금 더 깊이 알고 보면, 근대 이전의 아내에게도 많은 변화가 있었다. 조선 시대의 남성이 늘 같은 모습만은 아니었듯, 아내 역시 수시로 변하는 사회문화적 조류에 대응하여 삶의 태도와 지향점을 바꾸었다. 그리하여 자신의 사회적 역할을 새롭게 정의하기도 하였다.

21세기에도 아내들의 노력과 변신이 계속되는 것은 당연하다. 그런 점에서 아내의 역사는 여전히 현재 진행형이다. 하기야 누구의 역사인들 종지부를 찍겠는가.

이른바 '젠더'의 차이는 항상 존재하지만 젠더의 문제를 격한 대립과 투쟁의 역사로만 여길 필요는 없다고 생각한다. 아내와 남편은 이해관계가 상반되기도 하지만 그보다는 애정과 협력이 우선인 특수한 관계가 아닌가.

책에 등장하는 조선의 여러 아내에게, 그리고 이 책을 쓸 마음을 갖게 해주신 나의 할머님과 어머님께 이 책을 바치고 싶다. 한없이 깊은 감사의 마음을 차곡히 담아서 말이다.

여러모로 부족한 원고를 잘 다듬어서 한 권의 어여쁜 책으로 가꿔주신 편집부의 헌신적인 노력에 깊이 감사드린다.

평택 석양재(石羊齋)에서

백승종

차례

조선, 아내 열전

아내[1]

발음 [아내]
「참고 어휘」 마누라, 안식구(안食口), 집사람

「명사」

혼인하여 남자의 짝이 된 여자. ≒규실, 내권, 처, 처실.

*그녀는 한 남자의 아내가 되었다.
*남편은 아내에게 모든 사실을 털어놓았다.
*나는 내 힘으로 아내를 먹여 살리고 아이들을 키우고 싶소. 《이병주, 행복어 사전》

「반대말」 남편(男便)
「낮춤말」 가속(家屬), 권속(眷屬)

_《표준국어대사전》

술 찌꺼기를 옷에 묻힌 남편을 나무라다

아내의 역사의 서막을 장식하는 주인공은 안동 권씨이다. 그는 고려 말의 대학자 목은 이색의 아내였다. 나는 권씨 부인에게서 자연스럽고 정겨운 고려 여성의 모습을 본다. 그들 부부는 막연하게 상상했던 것 이상으로 오순도순한 사이였다. 처음에는 따뜻하고 행복했으나, 말년에는 정치적 풍파를 만나 슬픔에 싸였다. 권씨와 이색의 인생 행로에는 뜻 모를 애처로움이 깃들어 있다.

그들 집안에서는 남편의 목소리가 유난히 컸다고 말하기 어렵다. 또, 그들의 일상생활이 엄격한 성리학적 윤리의 지배를 받았다고 보기도 곤란하다. 그들은 고려 시대의 부부였다. 그래서인지 부부는 깊이 사랑하면서도 더러는 삐걱대고 티격태격하는 모습을 여과 없이 노출하기도 하였다. 현대인의 눈으로 보면 조선 시대 선비의 가정보다 훨씬 더 자연스러운 느낌으로 와닿는다.

안동 권씨 이야기는 조선왕조가 오기 전 고려 때 아내의 역사는 어떠하였는지를 실감 나게 보여주는 산 증거이다. 고려는 불교의 나라였고, 권씨 부인도 신앙심 깊은 불교 신도였다. 그는 고려의 귀족 부인으로서 전통의례를 존중하였고, 불교의 눈으로 세상을 바라보았다. 남편 목은 이색으로 말하면 당대 제일의 성리학자였으나, 그도 불교를 가까이했다. 이색은 중년에 병으로 이따금 벼슬을 그만두고 한가하게 지낼 때가 많았는데, 그때마다 그는 여러 스님과 시를 주고받으며 기뻐하였다. 이색의 문인인 삼봉 정도전이 불교를 이론적으로나 현실적으로 심하게 배척한 것과는 달랐다.

안동 권씨가 결혼한 것은 10대 중반이었다. 신랑은 대단한 수재로 그때 이미 명성이 자자했다. 14세에 고려의 성균시에 합격할 정도여서, 으뜸가는 귀족 가문이 모두 나서 이색을 사위로 맞아들이려고 치열한 경합을 벌였단다. "심지어 혼인하는 날 저녁까지도 서로 다툴 정도였다"라고 전한다(권근, 〈조선 목은 선생 이문정공 행장(朝鮮牧隱先生李文靖公行狀)〉, 《목은집(牧隱集) 행장》). 그런데 최후의 승자는 다름 아닌 안동 권씨였다. 이색의 아내가 누구인가를 묻는다면, 화원군에 책봉된 권중달의 딸, 고려 제일의 귀족이었다고 대답하여야겠다.

신랑 이색은 결혼한 지 얼마 안 되어, 아버지 가정 이곡을 따라 원나라로 떠나갔다. 이색은 국자감에 유학하여 원나라의 과거시험에 무난히 합격했고, 한림원(翰林院)에 임용되었다. 수년 뒤 그는 고려로 돌아와서 더욱더 승승장구하였다. 조정에 선 40여 년 동안 요직을 두루 역임하였던 데다가, 당대 제일의 성리학자요 문장가로 인정받아, 다섯 번이나 과거시험을 주관하였다. 삼봉 정도전과 양촌 권근, 포은 정몽주 등 고려 말의 명사는 대부분 그의 문인이었다.

남편이 청운의 꿈을 이룸에 따라 아내 안동 권씨는 부귀영화를 누렸다. 그들의 삶은 평온하였고, 그 이상은 바랄 것이 하나도 없을 정도였다.

그러나 역사의 파고가 갑자기 높아져 세상이 온통 뒤바뀌었다. 이성계 일파가 고려를 무너뜨리고 새 왕조를 창건할 조짐을 보였다. 이색은 오랫동안 이성계와 친분이 깊었으나, 차마 고려왕조를 버릴 수 없었다. 이로 인하여 평탄했던 권씨 부인과 이색의 삶에 갑자기 먹구름이 드리웠다. 남편은 하루아침에 벼슬을 잃고 귀양을 가야 하는 신세로 전락하였다. 아내 권씨의 삶은 나날이 궁색하고 초라해졌다. 그 와중에 권씨 부부가 믿었던 큰아들 이종학이 정도전 일파에게 살해되었다(태조 1년, 1392). 큰아들이 32세의 젊은 나이로 죽임을 당하자, 권씨 부인은 깊은 충격을 받고 병이 깊어져 다시 일어나지 못하였다(태조 3년, 1394). 근 50년에 걸친 부부생활이 그렇게 끝나버렸다.

남편 이색은 누구보다 다정다감한 성품의 소유자였으나, 조정에서는 강직한 신하였다. 노국공주가 사망하였을 때 일이었다. 공민왕은 왕륜사 동쪽 언덕 위에 영전(影殿)을 지어 추모하였다. 그런데 왕의 눈에는 그 건물이 너무 협소해, 마암 서편에 다시 웅장한 건물을 지을 작정이었다. 뜻밖에도 문하시중 유탁이 강력하게 반대하고 나섰고 이에 공민왕은 화가 머리끝까지 치밀어 즉각 유탁을 감옥에 가두었고 죽일 생각까지 하였다. 왕은 이색에게 유탁을 성토하는 글을 지으라고 명령하였다.

그러나 이색은 공민왕의 명령을 따르지 않았다. "제가 어찌 감히 글을 지어서 없는 죄를 만들 수 있겠습니까." 공민왕은 이색까지도 처벌할 태세였으나, 그는 소신을 굽히지 않고 정성을 다해 왕을 설득하였다. 그처럼 사소한 이유로 나라의 정승을 사형한다면 후세가 공민왕의 잘못을 두고두고 비난할 것이라는 충고였다. 공민왕은 이색의 충성스러운 간언을 받아들이고 자신의 경솔했던 처사를 반성하였다.

이색의 문인 하륜이 저술한 〈신도비(神道碑)〉에 나오는 내용이다. 글은 《목은집 신도비》에도 실려 있다. 공인(公人) 이색의 단호하고 엄숙한 풍모가 묻힐까 봐 기록해 두었다.

불심이 깊은 아내, 권씨 부인

권씨와 이색 부부는 오랫동안 평온한 세월을 마음껏 즐겼다. 그러나 나이가 들자 남편의 몸이 차츰 쇠약해졌다. 그는 세상의 온갖 고통을 홀로 떠맡은 사람처럼 기거동작이 불편해, 아내와 하인의 힘에 의

존하였다. 아내 권씨는 남편의 건강이 회복되기를 바라며 부처님에게
빌었다. 그는 어려운 참회 의식까지도 남편의 건강을 위해서라면 피
하지 않았다.

병든 아내가 살을 태우며 '부처님!'을 거듭 부르네.

病婦灼肌呼佛再.

_이색, 〈병중에 읊다(詠病中)〉, 《목은시고(牧隱詩稿)》 제7권

남편 이색은 아내의 정성에 감격하여 이런 글귀를 자신의 문집에
기록하였다.

사실 권씨는 남편의 회복을 위해 여러 사람의 힘을 빌렸다. 늙은 종
도 주인마님 병을 낫게 해주십사 하는 구호를 외우며 땀을 비 오듯 쏟
았다. 그는 귀신에게 복을 빌었다. 주역으로 점치는 강판수도 한몫 거
들었고, 온갖 비법을 알고 있다는 최씨까지 불려 와 액막이를 하였다.
의술이 발달하지 못한 시대여서 병을 치료하는 방법이 주술에 머물
수밖에 없었을 것이다. 이 모든 행사의 주역이 아내 권씨였다.

그런데 그 시절에는 불교가 생활 깊숙이 들어와 있어 스님과 지나
치게 가까워진 여성도 많았다. 어떤 이는 스님과 정분이 나서 물의를
일으켰다. 고려 시대는 물론이고 조선 초기(15세기)까지도 불미스러운
일이 꼬리를 물었다.

가령 단종 즉위년(1452) 6월 23일의 《조선왕조실록(朝鮮王朝實錄)》

목은 이색의 아내 안동 권씨

(이하 《실록》)을 보면, 당대의 고명한 승려 학열(學悅)이 연루된 한 사건이 나온다. 조정 대신 권총이 별장을 짓고 불당을 두었다. 그는 학열을 초빙하여 당분간 불당에서 지내게 하였는데, 스님은 권총의 비첩 세 사람과 사랑에 빠졌단다. 그 사실을 알게 된 권총이 확인에 나섰다. 과연 학열은 비첩 한 사람과 나란히 누워 있었다. 주인의 출현에 놀란 학열은 곧장 줄행랑을 놓았고, 비첩은 자살해버렸다. 이런 기막힌 사건이 일어났으나 학열은 아무 처벌도 받지 않았다. 도리어 강원도 낙산사로 들어가서 위세를 부렸단다. 거기서도 그는 많은 비행을 저질렀으나, 왕은 그의 죄를 묻지 않았다(《실록》 예종1년 3월 3일). 불교 국가이던 고려에서 스님의 영향력이 어떠했는지는 쉽게 짐작할 수 있다.

고려 말기 성리학계를 대표하는 이색 역시 불교에 가까운 인물이었다. 그는 자신이 병으로 고생하는 것도 불교에서 말하는 선악(善惡)의 업보 때문에 그런 것이라고 믿었다(〈병중에 읊다〉 참조). 이색의 문집을 읽어보면, 불교 색채가 완연하다. 그는 선업(善業)을 언제 쌓았는지 기억에도 희미하다는 식으로 반성하였고, 자신의 마음이 흡사 물불을 가리지 못한 채 미친 듯 날뛰는 사람도 같고, 행동거지도 방탕하였다며 참회했다. 처음에는 제법 마음을 잘 다스렸으나 나중에는 조그만 일만 생겨도 바로 혼미해졌다는 말로, 자신의 신심이 부족한 점을 비판한 적도 있었다.

이색의 눈으로 보면, 성리학과 불교는 극한적으로 대립하는 두 개의 사상이 아니었다. 만약 16세기 이후에도 이색과 같은 주장을 편 학자가 있었더라면 동료들이 좌시하지 않았을 것이다. 세월이 흐르면 사상도 바뀌고 삶의 태도 역시 달라지는 법인가 보다.

아내 안동 권씨는 남편의 건강을 위해 향을 피우며 자신의 살점까지 태웠다. 그러면서 부처님께 간절히 기도하였다. 이런 아내를 이색은 더욱더 깊이 사랑하였다. 아내 사랑은 노년까지 이어져, 그는 "가정 다스리는 늙은 아내가 어여쁘구나(持家憐老妻)"라고 선언하였다. 자신은 이미 늙고 병들어 조정의 실권을 놓쳤으나, 그래도 행복하다고 말하였다. "내 마음 평안하니 그것은 아내가 집에 있어서 그러하지(心安室有妻)"(이색, 〈스스로 읊다(自詠)〉, 《목은시고》제12권). 아내 안동 권씨를 진심으로 믿고 의지하는 이색의 마음이 가슴에 와닿는 것 같다. 조선 후기 성리학자들의 글에서는 만나기 어려운 진솔한 고백이었다.

권씨와 이색은 서로에게 꿈 이야기도 들려주었다. 명문장가 이색이 아내의 꿈 이야기를 시에 기록한 적도 있었다. 꿈속에서 아내는 금강산을 구경하였다고 했다. 당대에는 여성이 깊고 깊은 명산을 직접 여행하기 어려웠으므로, 꿈에라도 가고 싶었던가 보다. 이색이 쓴 시를 음미해보면 권씨 부인의 불교적 사유가 한결 뚜렷하게 나타난다.

금강산은 희기도 하지, 은빛으로 밝게 빛났답니다
웅장한 절간 들쭉날쭉, 풍경이 정말 산뜻하였지요
상상봉에 오르고 싶었는데요
문득 깨고 말았답니다. 이생도 꿈속 일인 줄 드디어 깨달았습니다.

金剛山色白如銀 殿閣參差照眼新 欲上最高峯頂上 覺來方覺夢中身.

_이색,〈아내의 꿈을 기록하다〉,《목은시고》제22권

이색은 아내가 꿈에서 보았던 아름다운 자연 풍광만 옮긴 것은 아
니었다. 아내는 한 자락 꿈에서 깨어나기가 무섭게 꿈과 우리의 현실
이 본래 다르지 않다는 깨침을 얻었다고 말하였다. 있고 없음, 나와 타
인의 경계가 사라진 무상의 진리에 한 걸음 더 가까이 다가선 것일까.
짤막한 한 편의 시만 보아도, 권씨를 비롯한 귀족 여성이 얼마나 불교
적 사유에 젖어 있었는지 실감하게 된다.

거듭 강조하지만 안동 권씨는 참회의 마음을 담아서 연비(燃臂, 살을
불태움) 의식을 직접 봉행하였고, 남편 이색은 자신의 선행이 부족하다
는 자책을 거듭하였다. 이처럼 고려의 귀족은 일상생활에서도 불보살
의 지혜를 학습하고, 연기설(緣起說, 인연의 이치를 설명하는 불교의 가르침)
을 깊이 사색하였으며, 보살행(菩薩行, 보살의 이타적인 실천행위)을 본받고
자 노력하였다. 물론 불교 신앙이 귀족에 국한된 것은 아니었다.

아내는 종일 바쁜데 남편은 한가히 놀고

신분이 가장 고귀한 귀족이었으나, 권씨 부인은 여성의 일상적인
의무를 다하느라 분주하였다. 하인이 아무리 많아도 부인은 아침저녁

으로 손수 밥 짓기를 담당하였다. 남편은 사랑이 깃든 그윽한 시선으로 수고하는 아내의 모습을 바라보았다.

그날도 새벽부터 풍로의 물은 펄펄 끓었고, 처마에서는 새들이 재잘거리고 있었다.

> 늙은 아내는 벌써 세수를 마치고서 음식 장만에 분주하구나
>
> 하건마는 나는 해가 중천에 뜰 때까지 따뜻한 명주 이불 속에 있었네.
>
> 老妻盥櫛試梅鹽 日高三丈紬衾暖.
>
> _이색, 〈일찍 일어나서 즉흥적으로 쓰다(晨興卽事)〉, 《목은시고》 제27권

이색은 그날 밤 평안하게 단잠을 잤다. 이튿날이 되자 날이 밝기가 무섭게 일어난, 그는 생각이 떠오르는 대로 어제의 일을 기록하였다. 안동 권씨 부인은 남편을 시중드느라 바빴다. 남편이 외출이라도 할 양이면 옷차림도 알뜰살뜰 보살폈다. 어느 가을날, 이색은 한가로이 홀로 앉아 시를 읊으며 흥을 돋우고 있었다. 마침 날씨까지 좋아서 원근의 단풍이 한눈에 들어왔다. 그날 새벽에는 기온이 뚝 떨어져 차가운 기운이 스며들기도 하였다는데, 조정에서 회의에 참석하라는 연락이 왔다.

> 도당(합좌)에서 사람이 와서 나를 오라 하시네
>
> 아내가 관복이며 머리에 쓸 관을 잘도 차려주었네.

合坐來招喚 山妻爲整冠.

_이색, 〈홀로 읊다(獨吟)〉, 《목은시고》 제25권

권씨처럼 법도에 능숙한 부인이 없다면 이색은 의관인들 자기 손으로 깔끔하게 정제할 수 있었을지 모르겠다.

그런데 남편이 아내에게 가장 바라는 것이 따로 있었다. 멋진 주안상 차림이었다. 아내는 정성을 기울여 남편의 술상을 보았다. 새벽부터 빗소리가 또렷하게 들리는 어느 봄날도 그러했다. 춘흥에 겨워 다소 들떠 있던 이색에게, 이웃 사는 친절한 어느 지인이 술 한 병을 보내 왔다. 봄맞이 선물이었다. 아내는 남편의 기쁜 마음을 생각하며 멋진 안주를 준비하였다.

음전한 아내가 정성껏 주안상을 차려 왔네

내 마음은 화창한 봄기운을 따라 누대 위에 오르기라도 한 것 같은 기분이라오.

擧案齊眉方進食 導行和氣似春臺.

_이색, 〈즉흥적으로 쓰다(卽事)〉, 《목은시고》 제22권

안동 권씨 부부는 마음이 소박하여 작은 행복을 만끽할 줄 아는 겸손한 이들이었다. 벼슬이 제아무리 높아져도, 이색은 아내가 차려낸 소박한 주안상을 받아 마시는 한잔 술에 비할 수 없었다.

그들의 아침 밥상을 잠깐 들여다보아도 그들 가족이 무척 청렴하였다는 생각이 절로 든다. 겨울날 아침, 권씨가 차린 아침식사가 인상적으로 단출하였다. 밥 한 사발에 국 한 그릇뿐이었다. 그러나 유난히 술을 좋아하는 남편을 생각하면 한잔 술이 빠질 수 없었다.

아내는 말하기를, 새로 빚은 술이 있다네
알뜰살뜰한 정을 담아서 올리겠노라 하네.
婦言有新酒 請進情區區.

_이색, 〈아침밥을 먹다(晨飧)〉, 《목은시고》 제10권

아침부터 웬 술이냐고 비판할 사람도 있을 테지만, 태생이 술꾼인 이색은 구실을 잘도 붙여댄다. 겨울 날씨가 유독 추워 한잔 술의 힘을 빌려야 삿된 질병의 기운을 물리칠 수 있단다. 술 마실 생각으로 밥상 앞에 앉으니, 상에 오른 흰쌀밥이 더없이 정갈해 보인다고도 했다. 얼마나 술이 좋았던지 거듭 찬미의 노래를 불렀다.

푸른 파도 넘실대듯 흐르는 술이네.
綠波如流酥.

_〈아침밥을 먹다〉

이 술 한 잔을 마시면 배도 부르고 취한 기운이 돌아, 마치 도성에

서 가장 부유한 사람이라도 된 듯한 착각이 든다고 했다. 남편의 이런 모습을 잘 아는지라 권씨는 남편이 좋아하는 향기로운 술이 하루라도 떨어지지 않게 마음을 썼다. 그런데 술을 마시는 사람은 언제나 남편 뿐, 아내 권씨는 한 방울도 마시지 않았던 것 같다. 신기한 노릇이었다.

순하고 착한 아내도 짜증을 내

안동 권씨는 남편을 위해 자주 술을 담갔다. 고려 때는 물론이고 조선 시대에도 거의 모든 아내가 그러했다. 아내의 역사에서는 술이 빠질 수 없었다.

늙은 아내가 말술을 간직해 두었다네
아침에 손님이 오셨기로 우선 한잔 들이키네.
老妻斗酒能藏得 有客朝來飮一觴.

_이색, 〈흥취를 풀다〉, 《목은시고》 제6권

또한, 남편은 몸이 약한데도 술을 유독 좋아하였다. 그래서 그를 봉양하기가 더더욱 어려운 일이 되었다. 남편 이색은 술을 이기지 못해 몸져누울 때도 많았다. 아내는 남편의 병구완까지 하였으니, 여간 피곤한 일이 아니었다.

늙은 아내가 술독에 빠졌다며 내게 화를 냈지

그래도 검은콩 달인 물에 감초를 넣어 끓여주네.

老妻嗔我酒膏肓 甘草加煎黑豆湯.

_이색, 〈일찍 일어나다(早興)〉, 《목은시고》 제16권

검은콩을 달인 흑두탕은 식은땀을 가시게 하고 어지럼증도 완화한다. 아내의 정성이 효험이 있어, 이색은 밤새 잠을 푹 잘 수 있었단다.

몸이 좀 평온해지자 그는 추운 새벽인데도 말똥말똥한 정신으로 잠에서 깨었다. 남편의 술병은 절대로 어느 날 조용히 사라질 리 없었고, 그래서 아내 권씨의 짜증 섞인 목소리가 가끔은 남편의 귓가를 맴돌았다.

《목은시고(제27권)》를 읽어보면, 어느 해 정월에 이색은 당시의 이름난 재상과 높은 관리들과 함께 공민왕의 넋이 잠든 현릉을 찾았다. 귀로에는 여러 차례 주연이 거듭되어 거나하게 취하였다. 그 이튿날 이색은 전날 일어난 일을 자세히 적어 시 한 편을 썼다. 술에 취하자 문득 속세의 고통이 모두 사라져 마음이 편했다고 한다. 그러나 어찌 된 일인지 그날에는 시를 지을 차례가 되면 자꾸 글이 막혀 애를 먹었다고도 했다. 크게 술에 취하여 밤늦게 귀가하자 아내 권씨의 따가운 질책이 있었다고도 하였다.

아내는 옷에 묻은 술 자국이 많다며 화를 내셨네.

妻嗔衣上酒痕多.*

혹시 이색은 엄처시하(嚴妻侍下)에서 전전긍긍하며 산 것은 아니었을까. 그렇게 단정하기는 어려웠다. 그가 아내 권씨의 지청구를 듣기는 했으나 그것은 술을 너무 좋아해 아내에게 걱정을 끼친 탓이었다. 그만큼 아내를 진심으로 사랑한, 순한 남편도 드물었을 것 같다.

고려 시대는 아내에 대한 사랑이 지나쳐 친구들에게 놀림감이 되고 만 이도 없지 않았다. 12~13세기 고려 제일의 문장가라면 백운거사 이규보일 터인데, 그가 쓴 글을 읽다가 나도 모르게 활짝 웃었다. 이규보가 자신의 친구 이중민을 희롱하는 시 한 편이었다. 그 사연이 흥미롭다.

어느 날 이중민은 손수 바느질하여 아내의 치마를 꿰매었다. 그 사실을 우연히 알게 된 이규보가 멋진 시를 지어 친구를 놀렸다. 《동국이

＊ 이 시의 제목은 따로 없고 다음과 같은 설명이 있다. "정월 10일에 염동성이 나와 한유항을 불러서 우리는 함께 헌릉을 참배하였다. 그곳에 이르자 이이상, 변삼재, 임상의, 왕상의, 도우사, 유판추, 김숭경 등이 와 있었다. 행사를 마치고 당두(堂頭)를 뵈었더니 차를 내왔다. 돌아오는 길에 국청사에 이르렀는데, 술과 음식을 성대하게 베풀었다. 도성에 들어와서는 임공의 댁에서 주연을 제공하여 몹시 취하였다. 그 이튿날 두 수를 읊어 사정을 기록한다. (正月初十日. 廉東亭招僕與韓柳巷. 拜公陵. 至則李二相, 邊三宰, 林商議, 王商議, 都右使, 柳判樞, 金崇敬. 行事已畢. 入謁堂頭. 設茶. 回至國淸寺. 酒饌甚盛. 入城至林公宅設酌. 則大醉矣. 明日. 吟成二首以志.)"

상국집(東國李相國集)》제5권에 실린 한 편의 글, 〈이군 중민이 치마 꿰맨 것을 희롱하다(戲李君中敏縫裙)〉라는 시를 혹시 읽어본 적이 있을지 모르겠다.

> 눈빛처럼 곱네 하얀 비단 치마 밟아서 찢어지고 말았네
> 뉘 집 휘장 아래서 탁문군(卓文君)을 희롱하였더란 말인가.
> 踏破香紈雪色裙 誰家帳底弄文君.
>
> _〈이군 중민이 치마 꿰맨 것을 희롱하다〉

아내의 고운 비단 치마가 찢어졌던가 보다. 시에 나오는 탁문군이라면 한나라의 미인이다. 일찍이 과부가 되어 친정에서 살았다고 하는데, 우연히 그를 알게 된 사마상여가 사랑에 빠진 나머지 거문고로 그를 유혹하였다. 탁문군은 마음이 동해, 남몰래 한밤에 집을 떠나 가난한 문인 사마상여의 아내가 되었다는 이야기다. 이중민도 과부를 아내로 맞아들였는지는 알 수 없으나, 그 아내가 재주도 남다르고 용모도 고와서 탁문군이라 불렀을 것 같다.

> 부인이시여 이제 바느질일랑 그만두세요
> 앞으로는 무산에서 운우의 꿈에 젖으시길 빕니다.
> 細君愼勿加針線 又向巫山染雨雲.
>
> _〈이군 중민이 치마 꿰맨 것을 희롱하다〉

목은 이색의 아내 안동 권씨

이 부분은 심한 희롱이었다. 이제부터 바느질일랑 남편 이중민에게 맡기고 남편과 뜨거운 사랑을 즐기시라고 권하였으니, 친구를 심하게 놀린 말이 아닌가. 시에 보이는 무산은 초나라 회왕(懷王)의 다음과 같은 고사였다.

어느 날 회왕이 낮잠을 자는데 꿈속에 한 부인이 나타나 애정을 구하였다. 그래서 그와 하룻밤을 보냈단다. 이윽고 날이 밝자 부인이 길을 떠나며, 자신의 집은 무산에 있고 그는 아침이면 구름이 되고 저녁이면 비가 되어 내린다고 하였다. 아마 이중민이 신혼이라서 이규보가 이런 표현을 쓴 것은 아닐까.

이규보가 놀린 이중민은 과연 누구일까. 그는 고려의 관리였다. 신종 2년(1199), 그 당시 진례군(충남 금산)의 현령이었던 사람이다(이규보, 〈고 화장사 주지 왕사 정인대선사 추봉 정각국사 비명(故華藏寺住持王師定印大禪師追封靜覺國師碑銘)〉, 《동국이상국집》 제35권). 이중민은 불심이 깊은 관리로서 대단한 애처가였다고 여겨진다.

고려 시대에는 이중민처럼 내숭을 부리지 않고 있는 그대로 아내 사랑하는 마음을 표현하는 이가 많았다. 친구가 깔깔대며 놀려도 그런 것이 흉허물이 되지 않는 자연스러움, 이것이 고려 시대의 모습이었다. 조선 시대와는 근본적으로 다른 세상이었다고 말하고 싶다. 혹시 과거로의 귀환이 가능하다면 여러분은 어느 시대를 선택할지 궁금하다.

늙고 병든 데다 환난까지 들이닥쳤네

살다 보면 늙고 병도 드는 것이 인간의 흔한 일이다. 권씨 부인과 이색 역시 세월의 무게 앞에서는 무력하였다. 혹여 남편이 몸이 불편해서 밤새도록 끙끙 앓기라도 하면, 아내는 한숨도 잠을 이루지 못한 채 간호에 매달렸다. 남편은 무엇이 그리 불편한지 밤새 일어났다가 누웠다가 되풀이하였다. 그러자 그의 가슴속에는 온갖 번민이 고개를 들고 일어났다. 요사스러운 기운에 휩싸여 코까지 막혀 숨쉬기도 불편했다. 독감이 찾아온 모양이었던가. 다음 날 오후가 되어서야 몸이 좀 우선하였다. 맑은 바람이 불어 하늘의 먹구름을 쓸어버린 것처럼 상쾌한 마음이 들기도 하였다. 노년의 괴로움을 이색은 이렇게 한탄하였다.

나도 아프고 아내도 아프다오
쭈그러진 이 운수, 과연 끝날 날은 있을까 몰라.
我病妻又病 蹇運豈終極.

_이색, 〈병을 기록하다〉, 《목은시고》 제12권

아내와 남편은 나이도 비슷해, 노병으로 시달리기는 마찬가지였다. 그런데도 약 수발은 언제나 아내 몫이었다. "늙은 아내는 아침 일찍 일어나서 몸소 약을 달이네(老妻早起親湯藥)"(〈즉흥적으로 쓰다〉) 나이 어린 여종은 안방 청소에 여념이 없었다. 노인이 된 남편은 백발이 헝클어진 채 병풍에 비스듬히 기대어 앉았다. 그는 병치레의 와중에서도 시를 짓느라 온 마음을 집중하고 있었다. 이것이 권씨 집안에서 보이는 익숙한 풍경이었다.

노인이 된 이색은 자신의 한평생을 회고하면서 장문의 시를 지은 적이 있다. 그는 글에서, 아내는 항상 바빴고 자신은 한가할 때가 많았다고 사실대로 말하였다. 가사 노동의 균형을 잡으려는 노력 같은 것은 존재하지도 않던 시대였다. 하지만 이색이라는 양심적인 지식인은 마음이 불편해서 이런 고백이라도 남긴 것일까.

그날 아침에는 간밤에 휘몰아치던 비바람이 일단 멎었으나, 가을 풍경을 바라보는 노인의 마음은 왠지 구슬펐다.

늙은 아내는 일어나 앉아 먼 구름을 바라보며 오늘 날씨를 점치네
병든 이 몸이야 해 뜰 무렵까지 그대로 누워 있었네.
老婦起占雲向處 病夫臥到日生時.
_이색, 〈새벽에 읊다(曉吟)〉, 《목은시고》 제18권

젊었을 때는 이색에게도 큰 포부가 있었다. 심신을 닦아서 장차 나라를 다스리고 천하를 평안하게 만드는 큰 일꾼이 되고 싶었다. 그러나 중년이 되자 세속적 욕망이 풀숲처럼 무성하게 일어나, 맑았던 마음은 곧 더러워졌다고 한다. 이제는 그 또한 옛일이다. 호호백발이 되

고 보니 세상사를 떠난 손님 처지와 비슷해졌다. 긴 세월이 무심히 흘러 젊은 날의 푸른 꿈이 빛바래고 말 줄이야. 마지막까지 남편 이색의 곁에 남은 것은 아내뿐이었다고 해도 과언은 아니었을 것이다.

아내는 남편의 불편한 마음을 거울처럼 헤아리고 있었다. 그는 따뜻한 위로의 손길을 남편에게 내밀 때가 많았다. 어느 늦겨울 밤이었다. 봄이 하루하루 가까워지고 있었으나, 몸은 예전 같지 않았다. 이색은 밤새도록 팔다리가 쑤셔서 고통을 호소하였다. 머리도 점점 심하게 아팠고 두 눈도 갈수록 깜깜해졌다. 혈액순환이 제대로 되지 않는다는 증거였다. 남편의 고통을 가만히 보고 있을 수 없었던지 병든 아내가 몸을 일으켰다.

늙은 아내는 나를 주무르느라 하마터면 팔 빠질 뻔하였네.

老妻摩挫腕欲脫.

_이색, 〈밤새도록(終夜)〉, 《목은시고》 제21권

그러나 아내 권씨를 부처님처럼 무한한 자비의 화신으로 착각하면 안 된다. 순하디순한 그였으나, 그도 남편 이색의 무능을 비난할 때가 있었다. 고려 말 이색은 어수선한 조정을 피해 아내와 함께 잠시 강원도 산중에 머문 적이 있었다. 마침 이천(강원 이천)에 약간의 농경지가 있어 먹고살 걱정은 별로 없었다. 깊은 산속에서 돌밭을 일구며 가족이 단란하게 산 지도 두어 해가 지났다.

목은 이색의 아내 안동 권씨

그때 갑자기 왕실 외척 한 사람이 시비를 걸어왔다. 자기네 땅이니 당장 내놓으라고 을러대는 거였다. 착하기만 한 이색은 속수무책이었다. 하늘에 호소하는 수밖에 다른 방법이 없었던 그는 홀로 속만 태웠다. 강포한 저들이 강제로 밭을 빼앗아간다 한들 누구에게 하소연할 수 있겠는가. 권력이란 상대적이다. 아내 권씨나 이색은 모두 고려 최고의 귀족이었으나, 외척이 막무가내로 횡포를 부린다면 막을 방법이 없었다. 고려는 합리적인 법을 토대로 운영되는 근대국가와는 거리가 멀어, 인적 고리에 의하여 운영되는 사적 조직과도 같았다. 약자에게는 억울한 일이 아니었겠는가.

> 아내(맹광)는 이루 다 말할 수 없는 내 생각을 알지 못하네
> 나를 꾸짖고 나무라더니 문을 꽝 닫고 나타나지도 않네.
> 孟光不識區區意, 誚讓關門不向前.
>
> _이색, 〈이천의 밭을 빼앗으려는 사람이 있었다(伊川田有爭者)〉,
>
> 《목은시고》 제33권

권세가에게 꼼짝 못 하고 휘둘리는 남편이 아내에게는 너무나 무능하고 약해 보였을 것이다. 그래서 화가 바짝 올랐을 것이다. 그런데 이색은 아내를 "맹광(孟光)"이라고 불렀다. 시어에 얽힌 고사가 있다. 맹광은 후한 때 양홍(梁鴻)이란 선비의 아내였는데, 가난한 선비와 짝이 되어 평생 서로 존중하고 사랑하며 잘살았다고 한다. 이색은 화를 내

며 문을 닫은 아내를 탓하지 않았다. 도리어 훌륭한 아내의 대명사인 맹광이라고 기렸다.

이천의 밭 사건이 어떤 결말을 맞았을지 모르겠다. 한 가지 분명한 사실은 권씨와 이색 일가의 운명이 갈수록 옹색해졌다는 점이다. 이색은 이성계를 비롯한 조선 건국세력의 미움을 받아 장단(경기도)으로 귀양을 떠나가게 되었다(공양왕 2년, 1390). 시간이 좀 흐른 뒤, 떨어져 지낸 아내와 다시 만나게 되었다. 이색은 기쁜 마음을 참기 어려웠다.

> 그동안에도 소식은 가끔 들었네
>
> 이제 아내(찬자)를 다시 보게 되어 얼마나 다행인가 몰라.
>
> 寒暄隔無多 何幸見槃者.
>
> _이색, 〈큰비를 탄식하다(大雨歎)〉, 《목은시고》 제35권

그러면서 이렇게 한마디를 덧붙이는 거였다. "아무쪼록 거문고 타듯이 부부가 화평하게 살기를 바란다오(尙冀如鼓瑟) 그저 한가하게 시골집에서 늙었으면 좋으련마는(安閑老田舍)"(〈입춘 전날(立春前日)〉, 《목은시고》 제35권). 이색은 권씨 부인과 함께 작은 행복을 누리는 것 이상은 바라지도 않았다.

그러나 말년 운이 사나워 비참한 귀양살이가 이어졌다. 동방의 대학자요 문장가인 그가 하루 세끼의 식사마저 걱정하는 한심한 처지가 되었다. 그는 가난을 한탄하였다. 함창(경상도) 시절의 일이었다(공양왕

　그해에는 때 이른 가뭄이 유독 심하였다. 그가 함창에 도착한 날부터 쉬지 않고 비가 내려, 큰 물난리가 났다. 밭도 떠내려가고 침수된 곳도 많았다. 벼 피해도 적지 않아 다들 걱정이었다. 비는 십여 일 만에 가까스로 그쳤다. 얼마 후 햇곡식을 수확하는 철이 되자 농부들은 기뻐하였고, 이색도 그들에게 식량을 빌려 먹을 생각에 잠겼다. 그런데 수확을 눈앞에 둔 시점에 비가 다시 쏟아지기 시작하였다. 마치 그가 이곳에 도착하던 첫날처럼 심한 폭우였다. 그는 자신도 모르는 사이 가슴속에 쌓여 있던 슬픔을 노래했다.

　늙은 아내도 어리석은 아이들도 밭뙈기 하나 없어
　집안이 곤궁하니 쌓아둔 식량이 어디 있을까 몰라.
　老妻愚子皆無田 家貧何曾有畜積.

_〈큰비를 탄식하다〉

　그야말로 일생일대의 위기요, 몇 년 전만 해도 상상할 수 없는 최악의 상황이 눈앞에서 벌어지고 있었다.

먼저 아내가 쓰러지고

이제 안동 권씨는 완전히 늙어버렸다. 고왔던 얼굴은 시든지 오래였고, 오래 병고에 시달린 결과 이제는 단장도 제대로 하지 못할 사람이 되었다.

어느 날인가, 화장품 장수가 이 집에도 찾아왔다. 그는 종이에 곱게 싼 한 봉지의 분가루를 눈앞에 보여주며 너스레를 떨었다. 이 물건은 요동 정료위(定遼衛)에서 수입한 명품이라고 하였다. 하지만 그게 무슨 소용 있겠는가.

> 늙은 아내는 병이 많아 화장(膏沐)을 그만둔 지 오래라오
> 고운 경대에 거미줄이 어지럽게 늘어져 있다네.
> 老妻多病忘膏沐 蛛網橫遮明鏡臺.
>
> _이색, 〈분 파는 사람을 두고 읊다〉, 《목은시고》 제14권

몽골 지배하에서는 국가 간의 교역이 활발해, 고려 귀족들은 온 세상의 명품을 쉽게 구할 수 있었다. 화장품도 예외가 아니었다. 그러나 이색은 아내가 병이 깊어 화장을 못 한다고 안타까워하며 상인의 요구를 물리쳤다.

아내가 결국에는 남편보다 먼저 쓰러졌다. 태조 3년(1394) 8월, 아내는 남편의 고향 한주(충청남도 한산)에서 눈을 감았다. 그나마 다행이

라면 남편이 귀양에서 풀려나 고향으로 돌아왔다는 점이다. 그들은 다시 만나 마지막 두 해를 함께 지냈다.

불의에 아내를 잃자 이색은 깊은 실의에 빠졌다. 대신 이원필이 국가 사무에 관하여 상의하고 싶다고 방문 의사를 알려왔을 때, 이색은 시 편지를 보내 방문을 정중히 사양하였다. 이색은 이렇게 말하였다.

젊은 시절에는 나도 국가의 대사를 결단할 만한 지혜와 능력이 있었으나 이제는 너무 늙었습니다.
黑髮吾曾泰宰官 大疑獨決亦無難 病餘心力消磨盡.
_이색,〈이판사(원필)가 공사를 자문해 오다〉,《목은시고》제20권

그는 한참 신세 한탄을 하더니, 다음과 같이 편지글을 마쳤다.

나만 홀로 늙어서 이렇게 앉아 있고 음식 대접할 아내(중궤)가 없습니다. 손님을 상대로 어떻게 술잔을 들 수 있을까 모르겠습니다.
老翁獨坐無中饋. 對客何從擧酒杯.
_〈이판사(원필)가 공사를 자문해 오다〉

아내 안동 권씨가 세상을 떠나고 없어, 자기 혼자 집을 지키는 형편이라서 귀한 손님이 찾아오셔도 흥이 나지 않는다는 말이었다.

권씨 부인이 개경에서 언제 태어났는지는 모른다. 그런데 남편 이색이 충숙왕 15년(1328)에 태어나 열아홉 살이던 충목왕 2년(1346)에 부인에게 장가들었다는 기록으로 미루어, 비슷한 또래였을 것으로 짐작한다. 이색은 국중에서도 손꼽히는 수재라 탄탄대로를 달렸다. 온갖 벼슬을 다 역임한 후, 공민왕 22년(1373) 11월에는 한산군으로 책봉되고 예문관대제학과 춘추관지사를 거친다.

그 뒤 조정에 정치적 변혁의 물결이 높아졌다. 다 아는 대로 이색은 제자 정몽주와 함께 고려왕조를 수호하기로 작정하고, 이성계, 정도전 등과 노선 갈등을 빚었다. 역사는 이색의 편이 아니었다. 그래서 그는 조정에서 쫓겨나 장단으로 귀양을 갔다(창왕 1년, 1389). 다음 해에는 멀리 함창으로 옮기게 되었으나, 수해가 발생하는 바람에 장단으로 되돌아갔다. 계절이 바뀌어 8월이 오자 다시 함창으로 쫓겨났다가 12월에 개성으로 돌아왔다(창왕 2년, 1390).

하지만 공양왕 3년(1391) 6월, 다시 함창으로 보내졌다가 12월에 풀려났다. 조선 건국이 박두하자 권력자들은 이색을 또다시 시골로 보냈다. 이번에는 금주(서울 금천구)를 거쳐 여흥(경기 여주)으로 갔는데, 그해 7월에 조선왕조가 들어서자 멀리 장흥부(전남 장흥)로 내쳤다. 그러고는 10월이 되자 비로소 고향 집으로 돌아가라고 명하였다(태조 1년, 1392). 이색은 권씨와 함께 서로를 위로하며 지냈으나, 아들이 비명에 죽자 태조 3년(1394) 8월 권씨 부인도 세상을 등졌다. 부부가 결혼한 지 49년째였다.

아내를 여읜 이색은 고향으로 돌아가기가 싫어졌을 것이다. 그 이듬해 5월, 그는 여주로 갔다가 가을에는 강원도를 유람하였다. 오대산에 들어가서는 그대로 머물렀다. 그런데 11월에 태조 이성계가 사신을 보내어 도성으로 데려다 한산백에 책봉하였다(태조 4년, 1395). 드디어 이색과 화해가 이뤄진 것이었을까.

다시 해가 바뀌어 이색의 나이 69세가 되었다. 5월이 되자 이색은 더위를 핑계로 여주로 다시 물러났고 그 며칠 후 갑자기 세상을 떠났다(태조 5년, 1396). 공식적인 역사 기록에는 병으로 사망했다고 하지만, 후대 선비들은 태조의 측근이 살해하였을 것으로 추측하였다.

사망 소식을 들은 태조는 사신을 보내 유족을 위로하였다. 또, 장례를 돕게 하는 한편, 문정공(文靖公)이란 시호를 내렸다. 그해 10월 자손들은 그의 영구를 고향으로 모셔 예법에 맞게 묘소를 만들었다.

안동 권씨 부인은 고려 충신 목은 이색의 아내였으므로, 그 삶에는 남편의 극적인 운명이 뚜렷한 자취를 남겼다. 그러나 그런 외적인 조건만 바라볼 것은 아니다. 최상의 귀족이라지만 그들의 일상은 진솔하고 소박한 아름다움으로 가득하였다. 역경에 처했을 때조차 다정하고 따스한 인간적 풍모를 잃지 않으려 애쓴 모습이 도리어 더욱 뇌리에 선명하게 각인되고 있다. 이만하면 참으로 부럽고 아름다운 삶이었다고 생각하지 않는가.

전통주의자 서거정의 아름다운 시간

세월이 흐르면 모든 것은 바뀌기 마련이다. 아내의 역사도 예외가 아닐 것이나, 변화의 속도는 개인의 취향이나 시대적 분위기에 따라 달랐다. 사가정 서거정(1420~1488)은 전통주의자라고 불러 마땅한 문인이었다. 그는 고려의 문예 전통에 유독 강렬한 향수를 가졌고, 노년에는 훈구파를 대표하는 이름난 문장가로 자리 잡았다.

그의 아내는 선산 김씨로, 지방관을 지낸 김여회의 딸이었다. 선산 김씨가 당년 19세의 서거정과 백년가약을 맺은 것은 조선의 황금기인 세종 때였다(세종 20년). 신랑은 결혼하던 해에 소과에 합격한 재사였는데, 부부의 나이는 아마 비슷하였을 것이다. 그들은 이후 50년쯤 동고동락하였다.

선산 김씨 내외는 앞 장에서 살핀 안동 권씨 부부보다 한 세기 뒤에 태어났어도 그들과 무척 유사한 인생행로를 밟았다. 결정적인 차이도 있었는데, 안동 권씨 내외가 왕조 교체라는 파란을 겪은 데 비하여 선산 김씨와 서거정은 말년까지 태평성대를 누렸다는 점이다. 그들은 이 책에 등장하는 누구보다 더 태평하고 여유로운 삶을 만끽하였다.

아내 선산 김씨를 향한 서거정의 사랑은 참으로 애틋하였다. 아내가 세상을 뜬 지 얼마 안 지난 '정미년'(성종 18년, 1487)에 그가 손수 정리한 시집에 다음과 같은 표현이 보인다.

우리 부부 인연을 맺은 지 오십 년
어찌 알았을까, 사별이 이렇게 황급히 올 줄.
琴瑟相諧五十霜 那知死別亦蒼黃.

_서거정, 〈아내를 애도하다(悼亡)〉, 《사가시집보유》 제1권

이렇게 말하면서 남편은 자신의 능력이 부족하다며 한탄하였다. 임금께 귀한 음식을 하사받아, 아내에게 영광스러운 선물을 주고 싶었으나 한 번도 그렇게 하지 못하였다고 애통해하였다. 좀 더 출세하여 아내를 호강시키지 못한 미련을 떨치지 못하면서, 그는 못내 아내를 그리워하였다. "밥상을 눈썹까지 들어 올린 맹광처럼 훌륭한 아내, 이제 다시는 보지 못하리(不復齊眉見孟光)"(《사가시집보유》 제1권) 간밤에 아내의 임종을 예고하는 꿈을 꾸더니 영락없이 아내를 잃고 말았다고 한탄하

였다.

서거정은 세종이 만든 집현전 학사 출신이다. 그는 당대 제일의 학자 양촌 권근의 외손자로, 사람들이 목은 이색에 견줄 만큼 이름난 문장가였다. 그가 쓴 《사가집(四佳集)》을 읽어보면, 그가 고려의 서정적이고 유려한 문장 전통에 강렬한 향수를 가졌음을 알 수 있다. 그는 여러 장르의 문장에 탁월하였다. 조선 후기의 역사가 한치윤은 《해동역사(海東繹史)》(제69권)에 서거정의 일생을 간단히 정리했다.

서거정은 벼슬이 의정부 좌참찬(정2품)에 이르렀는데, 뛰어난 문장가였다는 것이다. 성종 7년(1476)에 명나라에서는 문장가로 이름을 떨치던 기순(祁順)을 사신으로 보냈다. 그때 서거정이 왕명을 받들어 그를 문장으로 상대하였는데, 기순은 서거정의 글솜씨에 탄복하여 다음과 같이 기렸다.

"(서거정은) 옛일을 두루 알고 경전에 통달하였다. 긴 글이든 짧은 글이든 모두 깊이가 있어 근본이 뚜렷한 데다 폭이 무한하다. 중국의 이름난 시인과 비교해보아도 손색이 없다"(한치윤, 《해동역사》 제69권).

서거정은 훈구파의 한 사람으로서 사림파 종장(宗匠) 점필재 김종직과는 문장을 바라보는 관점이 무척 달랐다. 그 때문에 그들은 상당히 갈등하였으나, 끝끝내 상대의 재능과 역량을 존중하였다. 그래서 생전에는 직접 충돌이 벌어지지 않았다. 그러나 두 사람 모두 세상을 떠난 뒤에는 훈구파와 사림파의 갈등이 더욱 증폭되어 무오사화(연산 4년, 1498)가 일어나 사림파가 큰 피해를 입었다.

아내 선산 김씨는 다정한 술친구

그럼 서거정의 아내 선산 김씨는 과연 어떤 사람이었을까. 그의 일생이 어떤 이유에서 우리의 관심을 끄는지를 이제부터 구체적으로 따져봐야겠다.

아내가 정말 두려웠을까

선산 김씨는 성깔이 있는 인물이었던지도 모르겠다. 남편 서거정이 작중 인물을 빌려서 자신의 내면에 자리 잡은 아내의 모습을 형상화한 것 같은 느낌을 주었다. 유순한 것 같아도 어려운 일을 당하면 강단도 있고 결기도 보이는 아내 선산 김씨의 모습, 그것이 남편의 문장에 언뜻언뜻 비친다.

> 포도 때문에 시렁이 무너지자 사립짝도 망가졌네
> 주인도 모르게 문 앞을 지나간 사람이 있었나 보오
> 안타까운 마음에 주인장은 맨발로 뛰어나오네
> 아내는 잔뜩 화를 내며 두 눈썹까지 파래지네.
> 葡萄倒架已積扇 不覺門前有客經 主老鍾情雙脚赤 細君齋怒兩眉靑.
> _서거정, 〈다시 전운을 쓰다(再用前韻)〉, 《사가시집(四家詩集)》 제12권

생동하는 필치로 서거정은 한적하기만 하던 시골 풍경에 갑자기 변

화가 일어난 순간을 포착하였다. 누군가 집 앞을 지나다가 일을 저지른 모양이었다. 낡은 사립문 위에 시렁이 매달려 있고, 거기에 포도 넝쿨이 무성하였다. 행인이 포도송이에 손을 대자 시렁이 무너졌고, 그 바람에 사립문까지 엎어졌다. 작중 화자인 주인장은 문짝이 넘어가는 소리에 황급히 뛰어나왔다. 그 아내는 몹시 성내어 얼굴이 붉으락푸르락하였다는 이야기이다.

시의 끝부분에 서거정은 한마디를 덧붙였다. 어떻게 해야 나도 동쪽 이웃인 강학사(강희맹)처럼 매화나무 아래서 수를 누릴지 모르겠다는 것이다. 작중의 이야기는 상상에 불과할 테지만, 서거정과 그의 벗 강희맹의 삶을 요령 있게 표현한 것으로 봐야 한다. 그런 점에서 주인장과 아내가 보인 언행은 그들에게는 낯선 상황이 아니라, 피부에 와 닿는 현실적 맥락이 있었다고 생각한다.

서거정은 벼슬도 높았고, 훈구파의 주요 인물에 해당하였다. 그는 성종 초에 좌리공신이 되어 달성군에 책봉되기까지 하였다(성종 2년, 1471). 하지만 그의 생애가 사치와 호화로 점철된 것은 아니었다. 노년에 이르러서는 가난에 시달리기도 하였다.

가끔 서거정은 자신이 엄처시하, 즉 아내에게 쥐여사는 가련한 신세라고 너스레를 하였다. 말하자면 이런 식이었다. 늙고 병들면 누구나 건강을 잃는다. 자신처럼 게으르면 친한 사람이 더욱 드물 수밖에 없다. 걸음을 걸으려 해도 지팡이에 의지하는 신세, 자리에 앉을 때도 죽부인에 기대고 있다. 술을 마시면 취하고 싶어 하지만 시는 줄줄이

아내 선산 김씨는 다정한 술친구

나와도 나의 가난은 여전하단다.

> 스스로 생각해도 가련하구나 세상살이가 구질하여
>
> 아내가 화를 내면 늘 당할 수밖에.
>
> 自憐生事拙 長被細君嗔.
>
> _서거정, 〈우연히 짓다(偶題)〉, 《사가시집》 제30권

　　이야기를 자세히 읽어보면, 아내 선산 김씨의 타박은 이따금 반복되었을 것도 같다. 예나 지금이나 형편이 넉넉하지 못하면 아내는 남편을 핀잔하기 마련인가. 같은 해에 과거급제한 윤담수(윤자영)라는 친구가 봉상시 책임자(정, 정3품)가 되었다는 기쁜 소식을 들었을 때도 서거정은 아내의 잔소리를 떠올렸다.

　　봉상시는 국가의 제사를 주관하는 관청이었다. 당연히 예법에 밝은 노련한 선비를 임용해야 할 일이었다. 나와 한 시험에 급제한 동경(同庚)이 뽑힌 것을 진심으로 축하한다고 하였다.

> 거듭 말하거니와 자네는 세상의 인물평에 부합하고 말고
>
> 그러나 늘 재계를 하셔야 하니 부인의 짜증은 감당해야 할 것일세.
>
> 重到已孚人物議 長齋應任細君嗔.
>
> _서거정, 〈봉상윤에 임명된 윤담수 동경을 축하하다〉, 《사가시집》 제12권

서거정은 장차 친구가 부인의 짜증 섞인 불평을 들을까 봐 염려된다며 놀렸다. 그런데 하필 이런 말이 불쑥 튀어나온 것을 보면, 이따금 아내에게 구박당하는 자신의 처지를 떠올린 것은 아닐지 모르겠다.

친구는 나라에 공훈도 있고 명망이 높았다. 서거정은 그의 공명이 부럽다고 말하면서 자신은 늙고 병들고 용렬하여 가난하게 지낸다며 신세 한탄을 꺼냈다. 그러면서 언젠가 좋은 때가 오면 한잔 술을 나눠 마시며 우정을 돈독히 하자고 다짐하였다.

나는 세종 시대를 출발점으로 우리나라에서 '성리학적 전환'이 본격화되었다고 확신한다. 그리하여 세상은 사서삼경에 명시된 유교적 질서에 따라 재편되어갔다. 그러나 세상이 하루아침에 완전히 바뀔 수는 없는 법이다. 선산 김씨의 시대는 조선 후기처럼 남편이 집안에서 가부장적 권위를 행사하는 풍토가 아니었다. 그때는 아직 공처가가 흔한 세상이었다. 서거정이 남긴 재미난 이야기 한 토막이 떠오른다. 그 이야기를 나는 권별이 저술한 《해동잡록(海東雜錄)》(권 4)에 수록된 〈서거정(徐居正)〉에서 읽었다. 아내 선산 김씨에게 서거정이 쩔쩔매는 듯한 인상을 준 것도 실은 시대사조를 반영하는 것이었다고 생각한다. 선산 김씨의 남편이 묘사한 동시대의 사회상은 다음과 같았다.

그때 대장 한 사람이 있었는데 소문난 공처가였다. 그가 하루는 벌판에 빨강 깃발과 파랑 깃발을 하나씩 꽂아놓고 엄숙히 명령하였다. "공처가는 빨강 깃발 아래 집합하고, 공처가 아닌 사람은 파랑 깃발 아

아내 선산 김씨는 다정한 술친구

래로 모여라." 모든 병사가 빨강 쪽으로 갔다. 파랑 깃발 아래는 겨우 한 사람이 보였다.

대장은 파랑 깃발 아래 선 그이를 칭찬하였다. "나로 말하면 백만 대군을 이끌고 적과 대적하여 몽땅 무찌른 사람이다. 화살과 돌이 비 오듯 쏟아져도 기가 꺾인 적이 없었다. 그러나 집안에만 들어가면 도리를 팽개치고 애정에 못 이겨 아내에게 진다. 그런데 그대는 어찌하여 아내를 무서워하지 않는가?"

그 사람의 대답이 걸작이었다. "제 아내가 타이르기를, 남자 셋만 모여도 여색에 관한 이야기가 나올 테니 당신은 그런 곳에 가지 말라고 하였기 때문입니다. 빨강 깃발 아래 저렇게 사람들이 많이 모였으니, 제가 어떻게 갈 수 있겠습니까."

이 말을 듣고는 대장이 몹시 기뻐하며 중얼거렸다. "공처가가 이 늙은이 한 사람만은 아니로구나."

부부가 오순도순 알콩달콩하며 이따금 티격태격함이 자연스럽지 않은가. 고려 시대만 해도 다들 그렇게 살았다. 권씨 부인과 목은 이색도 예외가 아니었다. 그러나 15세기의 조선은 달라지고 있었다. 세상이 성리학 윤리를 중심으로 재편되기 시작하였다. 전통주의자 서거정은 인위적인 사회 변화에 반항하였다. 아내 선산 김씨는 이런 남편을 더욱더 깊이 사랑하지 않았을까. 자신을 사랑하는 문장가 남편에게 시도 때도 없이 지청구를 할 수 있었으니 꽤 행복한 삶이었겠다.

서거정은 대제학이라는 영예로운 벼슬을 하였으나 권력의 중심에

서 상당히 벗어나 있었다. 그는 문인이었지 권모술수에 밝은 정치가
는 아니었다. 한가롭게 술도 마시고 차도 즐기며 사는 것이 그의 기쁨
이었다. 인간의 영고성쇠와는 거리를 두고 살았으니, 공신이라 하여
도 재물이 풍족하지는 못했다. 그래서 이렇게 한탄 아닌 한탄을 하곤
했다.

우습기도 하지. 비둘기마냥 살림이 형편없다네
집에만 들어오면 아내의 성난 목소리를 들어야 한다네.
自哂鳩巢生計拙 入門長被細君嗔.

_서거정, 〈청한(淸寒)이 부쳐온 시에 차운하다〉, 《사가시집》 제13권

비둘기는 사랑스럽고 귀여운 새지만 제힘으로 둥지를 짓지 못한단
다. 까치가 살다 버린 둥지에서나 살 정도로 살림 솜씨가 부족한 날짐
승이라고 한다. 자신의 경제력이 달려서 아내 선산 김씨의 야단을 맞
으며 산다는 서거정의 잦은 푸념이 가슴에 와닿는다.

알고 보면 꽤 알콩달콩했던 부부

선산 김씨는 남편의 일방적인 권위 같은 것은 아예 모르고 살았다.
남편은 자질구레한 일까지도 상의하는 사람이라서 살림살이가 재미

났다. 한여름 날 연못에 연꽃이 활짝 피었을 무렵이었다. 자그만 연못에 물색도 푸르스름한데 파란 연잎과 대조적으로 빨간 연꽃이 피어났다. 해는 뉘엿뉘엿 기울어 황혼이 깊어갔다. 이제 달이 뜰 참나였다. 남편 서거정이 아내를 졸랐다.

달구경 하려면 술 한 병 없이 되겠소
안방으로 되돌아온 남편은 아내와 함께 달 맞을 계획 꾸미네.
待月當携酒去 入門還與細君謀.
_서거정, 〈연못 가에서 즉흥적으로 쓰다(蓮塘卽事)〉, 《사가시집》 제4권

선산 김씨 내외는 안동 권씨 이색 부부와 많이 닮았다. 김씨도 정성을 다해 남편의 옷을 짓기도 하였다. 어느 초여름 날이었다. 제비가 지지배배 느릿하게 울 때였다. 버들꽃이 바람 따라 주렴 사이로 휘날려 방 안으로 들어오는 날이었다.

아내는 모시 베를 싹둑 잘라 새 옷을 마름하였지
계집종이 바늘 세워 촘촘히 바느질하는 법을 배우네.
細君剪紵裁新服 婢子穿針學細縫.
_서거정, 〈초여름 즉흥시(初夏卽事)〉, 《사가시집》 제12권

아내는 총명한 하녀를 골라 바느질을 가르치며 가족이 그해 여름

입을 옷가지를 준비하였다. 지붕 꼭대기에 올라선 수탉이 우렁차게 울기 시작하자 서늘한 정원의 한낮 풍경이 더욱 아름다웠다고 한다.

그런데 선산 김씨 내외는 100년 전의 안동 권씨 부부와는 좀 달랐다. 선배인 이색과 달리 서거정은 아내와 함께 술을 즐겼다. 나이가 좀 들자 김씨와 서거정은 한낮에도 서로 술을 권하거니 마시거니 하며 즐겁게 지냈다. 서거정은 그런 자신의 생활을 다음처럼 서술하였다.

근년에는 노쇠함은 물론 질병도 만만치 않아, 무명 핫옷을 입고 있어도 찬바람이 두렵기만 하다고 했다. 두건으로 가린 머리카락도 아마 절반쯤은 백발일 거라고 탄식하였다. 그는 한가롭게 느지막이 일어나, 창문 가득한 붉은 해를 바라보고 있었다. 잠시 조정에서 실직한 상태였다.

숙직할 일도, 출근할 일도 전혀 신경 쓰지 않네

질동이의 막걸리를 아내와 더불어 마실 뿐이네.

夕直朝衙渾不管 瓦盆濁酒細君同.

_서거정, 〈새벽에 일어나다(晨興)〉, 《사가시집》 제12권

아내 선산 김씨는 남편의 단골 술친구였다. 어느 해 단옷날에도 대낮부터 아내와 술잔을 부딪쳤다. "창포를 가늘게 썰어 막걸리 주발에 띄웠지(菖蒲細切泛醪盆) 술 권할 사람 아무도 없어 아내와 함께 마신다오(酬酢無人共細君)"(서거정, 〈단오에 장난삼아 지어서 최이부에게 부치다(端午戲

題壽崔史部)),《사가시집》제13권) 설마 술을 대작할 사람이 없어서 아내와 마셨을까. 한낱 핑계에 지나지 않는 말이었다고 본다.

서거정의 가까운 벗 가운데 진산군 강희맹이 있었다. 그가 금천으로 은퇴하자 서거정은 집으로 찾아가서 함께 술을 마시며 여러 편의 시를 지었다. 그들은 맑고 맑은 한강 물을 바라보며 우정을 나누었다. 그때 서거정은 친구의 여생이 더욱더 아름답고 향기롭기를 축원하였다. 그때도 빠짐없이 등장한 한 구절이 있었으니, 아내와 함께 마시는 정겨운 술 한잔이었다.

어린 풀잎 그윽한 향기가 집 안에 가득하네
흥이 솟아나 작은 술상 차려 아내와 함께 즐기네
성긴 주렴을 쓱 걷어내자 저 산이 곧 한 장의 그림일세
구름의 그림자 한가로이 하늘을 수놓았다오.
細草幽香滿院中 興來小酌細君同 疎簾捲盡山如畵 雲影悠悠篆半空.

_서거정,〈강경순의 촌거잡흥시에 삽가 답하다(奉酬姜景醇村居雜興詩)〉,

《사가시집》제10권

아내와 함께 마시는 술이라고 하였다. 혹시 거기에는 무슨 심오한 뜻이 담기기라도 하였을까. 드디어 험한 세파를 벗어나 부부가 평화롭고 안정된 삶을 누린다는 뜻이 아닐까. 안팎으로 이렇다 할 근심 걱정도 없고, 부부가 모두 건강하며 서로 조화롭게 지낸다는 징표로 부

부의 소박한 술상이 등장하는 것이리라 생각한다. 행복한 노년을 상징하는 데 이보다 더 좋은 비유가 과연 있을까.

선산 김씨가 살던 세상에서는 쉰 살이면 벌써 노인이었다. 현대보다는 인생의 시계가 20년쯤 빨랐다. 선산 김씨의 남편 서거정은 쉰 살이 넘자 조정에서 은퇴할 생각을 하였는데, 쉰세 번째 생일을 맞은 남편에게 아내가 축하주를 건넸다.

그날 남편은 자신의 심정을 이렇게 고백하였다. 청춘은 가고 벌써 쉰세 번째 생일이 되었다네. 얼굴은 이미 보잘것없이 시들어버렸고 벼슬도 내 힘으로는 감당이 안 되네. 임금님을 가까이서 보좌할 재주가 내게 있을 리가 없지. 전원생활을 하는 것이 나의 분수에 맞는 일이라네. 그러고는 한마디를 보탰다.

오직 아내가 축하해 준 덕택에
섣달 술(납주) 마시고 나 먼저 취하였네.
細君聊爲慶 臘酒已先醺.

_서거정, 〈12월 4일 생일날 두 수를 짓다―임진년(臘月初四日初度 二首 壬辰歲也)〉,

《사가시집》 제20권

그날도 선산 김씨와 서거정 부부는 알콩달콩 은퇴 이후의 고즈넉한 삶을 꿈꾸었을 것이다. 하지만 그는 죽는 날까지 벼슬에 붙들려 있어야 했다.

아내 선산 김씨는 다정한 술친구

그런데 15세기 조선의 멋진 선비들은 아내와 함께 술 마시는 것이 유행이었던 같다. 한 세기 전의 아내는 남편이 마실 술을 마련하는 것으로 만족해야 하였다. 권씨 부인처럼 말이다. 그러나 서거정과 같은 전통주의자들은 아내를 불러 술상에 마주 앉았다.

서거정의 친구들도 대개는 아내와 술잔을 주고받았다. 이웃에 사는 벗 오효영도 그러하였다. 언젠가 경신일이 되었을 때였다. 경신일은 60일에 한 번씩 돌아오는데 그날이 되면, 우리 몸에 머물고 있는 삼시충(三尸蟲)이 주인(사람)이 잠든 사이 몰래 빠져나가, 옥황상제에게 주인의 죄를 낱낱이 알려 수명을 줄인다는 말이 있었다. 도가의 전설이 그러했다. 그래서 오래 살고 싶으면 경신일에 잠을 자면 안 된다고 한다. 밤을 꼬박 새워서라도 삼시충이 나가지 못하게 막아야 장수할 수 있다는 속설이 있었다. 이런 특별한 밤에는 부부가 나란히 앉아 밤새 술잔을 기울였다고 한다.

서거정은 친구 오씨 댁에서도 그럴 줄 믿고 이렇게 썼다. "오늘 밤 동린(오효영)의 집에서는 말이야(想知此夕同鄰事) 친구가 부인과 마주 보며 편하게 술잔을 자꾸만 비울 거야(相對細君穩酌頻)"(서거정, 〈경신일 밤에 오동린에게 써 보내다〉, 《사가시집》 제12권)

점점 나이가 들자 남편은 몸이 아플 때가 빈번해졌다. 몸이 쇠약해져 시정(詩情)도 옛날 같지 않았다. 평소 살림에 힘쓰지 않아 생활도 나날이 곤궁해졌다. 거처하는 방은 비좁았고, 멋진 옷차림도 옛일이 되고 말았다. 그렇게 보잘것없는 인생의 가을이 왔으나, 그래도 한 가지

낙은 사라지지 않았다. 아내 선산 김씨가 있어 술친구를 해주었으니 말이다.

세수도 못 했고 머리도 빗지 못하였으나
질항아리에는 어디선가 구해온 하얀 막걸리가 있지
오직 아내가 있기에 함께 마신다네.
從敎盟櫛慵 瓦盆沾白酒 聊復細君共.

_서거정, 〈병중에 회포를 적어서 이차공에게 보내다〉, 《사가시집》 제12권

때는 바야흐로 초봄이었다. 삼월삼짇날(답청)이 다가오자 날씨가 맑고 화창하였다. 들판의 여린 풀은 깔고 앉아도 좋았고, 어여쁜 꽃은 머리에 꽂고 싶은 충동을 불러일으켰다. 바야흐로 행락철이 오고 있었다. 그러나 서거정은 쇠약한 몸을 이끌고 소풍을 나가는 것이 무리한 일이라고 여겼다. 그는 집에 머물며 조용히 심신을 닦고 싶었다.

바라건대 세상의 모든 일을 잊고 싶어라
이참에 마음을 다잡아 실컷 참선을 해보려네.
願棄人間事 將心飽佛參.

_〈병중에 회포를 적어서 이차공에게 보내다〉

그 당시 불교는 공적인 영역에서 사라지고 있었다. 급진적인 성리

아내 선산 김씨는 다정한 술친구

학자들은 불교라면 무조건 이마를 찡그리며 결사반대하였다. 그러나 전통주의자 서거정은 달랐다. 그는 아직도 불교적 정서를 고이 간직한 채 살았다. 그가 쓴 글에는 명백하게 보이지 않으나, 아내 선산 김씨 역시 고려의 귀족 안동 권씨처럼 불교적 세계관을 유지하였을 것 같다. 그러나 이다음 세대가 되면 "실컷 참선이나 해보겠다"라는 투의 고백은 선비의 글에서 만나기가 어려워진다. 아내의 언행을 기록한 글에서도 불교는 수면 아래로 숨어버린다.

조곤조곤 세상일을 말하며 곱게 늙다

선산 김씨 내외가 사는 마을에 김뉴라는 관리가 있었다. 그 집안은 서씨와 오랜 교분이 있었는데, 날마다 여종을 보내 서거정에게 안부 인사를 전했다. 날이 갈수록 그들의 우정은 깊어갔다. 어느 날 서거정은 김뉴에게 감사의 시 편지를 보냈는데, 장차 더욱더 친밀하게 지내자는 다짐이었다. 그리고 그는 앞으로 김뉴가 보내온 안부 인사를 아내 선산 김씨에게도 알리겠다고 말하였다. 그 편지에는 이러한 내용이 포함되었다.

그대로 인하여 대대로 친하게 지내 온 우의를 이야기하게 되었네
이제부터는 아내에게도 안부를 알리려고 하네.

憑渠爲說通家好 從此宣敎講細君.

_서거정, 〈자고가 계집종을 보내와서 안부를 물으므로,인하여 절구 한 수를 읊어서
부치는 바이다(子固遣 女奴問訊 仍吟一絕以寄)〉,《사가시집》제10권

예나 지금이나 믿고 지낼 만한 좋은 이웃이 있다면 살맛이 날 것이
다. 남편 서거정은 아내 김씨에게 성실한 이웃 김뉴 일가에 관하여 자
세히 알려주었을 것이다. 김뉴와 친교 덕분에 그들 내외의 노년은 더
욱 따뜻하고 평화로웠을 것으로 짐작한다.

가까운 이웃 간에는 별스러운 말도 할 수가 있다. 이웃에 사는 친구
오씨(오효영인 듯)는 벼슬을 그만둔 지 오래되었으나, 앞으로도 계속 한
양에 살자고 자신의 아내를 설득했다는 이야기를 전하였다. 오씨는
뜬구름 같은 세상의 잡음을 싫어하여 이미 오래전에 벼슬길을 떠났
다. 그리하여 십 년이나 퇴직자로 살아왔다. 얼마 전에는 고향을 다녀
온 모양인데 자신의 고상한 뜻에 어울리는 곳을 발견하지 못했단다.

여행에서 돌아오자 그는 자신의 아내에게 말했다지
진정한 은자(대은)는 차라리 도시에 숨는다고 하였다네.
歸來更與細君說 大隱無如隱市城.

_서거정, 〈오거사가 호남에서 돌아왔으므로, 장난삼아 주다(吳居士還自湖南 戲贈)〉,

《사가시집》제10권

아내 선산 김씨는 다정한 술친구

친구 오씨 부부든지 선산 김씨 내외든지 무슨 차이가 있었을까. 남편의 거취나 집안의 운명에 관계되는 일이라면 그게 무엇이든 마지막 결정을 내리기에 앞서 부부는 이러쿵저러쿵 거듭 상의하였을 것이다.

조곤조곤 그렇게 많은 이야기를 나누고 살아서 그랬는지, 선산 김씨는 누구보다 곱게 늙어갔다. 퍽 다행한 일이었다. 과거시험 동기인 신자승에게 보낸 시 편지에서 이러한 정취를 읽을 수 있다.

봄날의 경치가 사람의 마음을 유난히 유혹하던 날이었다. 가랑비가 부슬부슬 내리고, 울타리에는 배꽃이 눈처럼 내려앉을 때였다. 술잔에 넘실거리는 죽엽주를 마시며 서거정은 근황을 이야기했다.

창 앞에 단정히 앉아서 시를 읊는 병든 시인(서거정)은 고전이 가득한 책장의 수북한 먼지도 털지 못하고 지낸다고 하였다.

"반가운 손님이라도 찾아오신다면 닭도 잡고 밥도 지어 대접할 터인데 그럴 일이 없다며(鷄黍恨無佳客至) 때때로 '염이가'를 부르며 아내와 친하게 지내노라(廢吟時復細君親)"고 하였다(서거정, 〈다섯 번째 화답하다(五和)〉, 《사가시집》 제12권). 그런데 작중에서 서거정이 말한 '염이가'는 무엇일까. 옛날 춘추 시대에 백리해(百里奚)라는 선비가 있었다. 그는 타인의 소를 키우며 살았는데, 진나라의 목공(秦穆公)이 소 주인에게 몸값을 치르고 백리해를 데려가서 재상으로 발탁하였다고 한다. 얼마 뒤 축하 잔치가 열렸는데, 그때 백리해와 오래전 가난 때문에 헤어진 아내가 남편을 알아보았다. 그가 거문고를 타며 부른 노래가 염이가이다. 노래의 내용은 다음과 같았다.

백리해여, 다섯 마리 양가죽 때문에 이별한 일을 기억하시는가요. 암탉을 삶아 먹이고, 문빗장을 불살라 밥을 지었지요. 이제 부자가 되고 출세하여 저를 잊으셨나요.

百里奚 五羊皮 憶別時 烹伏雌 炊扊扅 今日富貴 忘我爲.

_〈다섯 번째 화답하다〉

그 노래를 듣고서 백리해는 옛 아내인 줄 알았다. 그리하여 다시 부부의 인연을 회복하였다고 전한다. 염이가를 불렀다는 말은, 서거정과 선산 김씨가 초년고생을 서로 위로하였다는 뜻이다. 부부는 지난날을 회상하며 마음 아팠던 일이며 고생스러웠던 순간을 함께 기억하며 위로와 치유의 시간을 가졌던 것이리라.

선산 김씨와 서거정은 그렇게 조용히 늙어갔다. 그러고는 결혼한 지 50년쯤 되었을 때 선산 김씨가 먼저 세상을 떴다. 그리고 오래지 않아서 남편도 그 뒤를 따랐다(향년 69세).

오래 살아도 백 년에 불과한 인생, 즐기며 살 뿐이라네
벼슬을 하면 무엇하리오, 눈물이 흘러내려 수건을 적시네.

百歲人生行樂耳 宦遊何用欲霑巾.

_〈다섯 번째 화답하다〉

인생은 무상하다는 뜻이겠다. 그러나 말년에 난세를 만나 풍파 속에서 두려움에 떨어야 하였던 안동 권씨—목은 이색 부부와는 많이

아내 선산 김씨는 다정한 술친구

다른 인생이었다. 태평한 세월을 만나 안온한 평생을 보낼 수 있었던 인생은 누구에게나 허용되는 게 아니었다. 하지만 선산 김씨─서거정 부부의 생애를 끝으로 전통주의자들이 만끽한 낭만적인 세상은 사라져갔다. 새 세상이 성큼성큼 다가오고 있었다. 무엇을 하든 성리학의 이름이 있어야 하는 그런 세상이었다.

김종직이 숙인 창녕 조씨에게서 선비를 보다

`

아내를 선비라고 부르는 남편이 나타났으니, 역사에 새로운 장이 열린 셈이다. 점필재 김종직(1431~1492)이 그 사람이었다. 그는 사가정 서거정과 사실상 같은 시대를 살았으나 김종직의 정신세계는 참신하였다. 한마디로, 무엇을 하든 도학적(道學的)이라야 했다.

김종직은 조선 성리학계의 영수로 그의 학맥이 이후 수백 년간 조선의 역사를 이끌었다. 알다시피 그는 도덕의 실천에도 앞장섰는데, 사후에 그가 쓴 한 장의 애도문, 즉 〈조의제문(弔義帝文)〉(의제를 애도하는 글)을 구실 삼아 사화가 일어났다.

연산군 4년(1498), 훈구파가 '무오사화'를 일으켜, 사림파를 일망타진한 사건이 일어났다. 김종직이 뿌린 학문적 씨앗은 무럭무럭 자라

나서 17세기 이후 조선 사회는 성리학 일색이 되고 만다.

후대의 성리학자들에게 김종직은 잊지 못할 스승이었다. 그럼 그 스승의 아내였던 숙인 창녕 조씨는 과연 어떤 사람이었을까. 김종직 은 자신의 아내를 훌륭한 선비라고 일컬었다. 바야흐로 세상이 바뀌 는 중이었고, 좋은 아내를 결정하는 기준이 달라지기 시작했다. 이제 부터는 성리학적 교양이 하나의 관건이었다. 무엇보다도 지식에 부응 하는 도덕의 실천이 더욱 중요해졌다.

숙인 조씨는 과연 무엇을 어떻게 하였길래 김종직이 선비라고 극찬 을 하였을지 궁금하다. 또, 김종직이 왜 그렇게 도덕적 실천을 강조하 였는지도 조사해 봐야겠다. 혹시 그에게는 어떤 피할 수 없는 사정이 있었던 것은 아닌가.

아내를 토닥이는 남편

옛날에는 유소년기의 사망률이 높았다. 많은 가정이 귀여운 아이를 잃고 슬픔에 빠졌다. 창녕 조씨와 남편 김종직은 슬하에 칠 남매를 두 었으나 큰아들 김곤은 청년 시절에 사망하였고, 나머지 네 명의 아들 도 차례로 모두 요절하였다.

조씨 내외는 자식을 잃고 슬픔을 나눌 때가 많았다.《점필재집 시집 (佔畢齋集 詩集)》(제10권)에는 아내를 위로하는 애틋한 시가 실려 있다.

그대는 어린 새끼를 사방으로 떠나보내며 구슬프게 우는 완산의 새
가 되셨군요
어린아이 생각에 통곡은 그칠 새가 없고요
나는 동문오를 따라서 아이가 숨겼으나 본래 없었던 것과 마찬가지
인데 왜 슬퍼하랴 합니다
이제 작년의 슬픔은 조금 잊을 만한데요
밤늦게까지 촛불 밝히고 서로 이야기한 것이 무엇이었던가요
반쯤은 잘살아보려는 계획이었지요
하건마는 세상사를 어찌하겠어요
인생 백 년이 정말 지루할 뿐입니다.
君爲完山鳥 哭子猶未休 我學東門吳 稍忘前歲憂
夜闌秉燭語 半是營生謀 人事且如何 百歲眞悠悠.

_〈아내가 금산에서 돌아오다. 정월 초열흘(室人自金山還正月初十日)〉

　　부부가 아이들을 연이어 잃은 뒤에 남편 김종직이 한 맺힌 시를 쓴
것이었다. 그들은 인생의 어려움 속에서도 서로 위로하며 잘살아보려
고 무척 애를 썼던 것 같은데, 하늘이 무심하였던가 보다. 거의 해마다
악운이 겹쳐 자식을 잃은 슬픔에서 벗어나기 어려웠다.
　　그보다 얼마 뒤에는 큰아들 김곤 내외에게서 태어난 어린 손자마저
도 세상을 떠났다. 아내 조씨는 크게 실망하였고, 남편은 다시 위로하
기에 바빴다. 늙은 할머니가 약까지 만들어놓고 손자를 안아보려 하

　　　　　　　　　　　　　　　나의 아내는 단정한 선비

였으나, 수포가 되고 만 것이다.

하늘이 누구에게는 후하고 누구에게는 박하신지 알 수 없어라

봄마다 암탉이 품는 알에서도 열에 여덟아홉만 병아리가 깬다네.

天公薄厚眞難曉 春卵雞窠八九雛.

_김종직, 〈팔월에 곤의 아내가 개령 횡천리에 있는 집에서 아들을 낳아 선원이 희손이라

고 이름 지었네. 10월 28일에 곤의 아내가 밀양에 왔을 때, 나의 아내 숙인이 문밖에 나가 아

이를 안아보려고 하였는데, 아이가 이미 그달 초순에 요절한 사실을 알게 되었다

(八月鯤妻生子嫠開寧橫川里舍善源名以喜孫十月二十八日鯤妻來密陽吾淑人出

門欲抱其子始知月初已夭)〉, 《점필재집 시집》 제14권

남편 김종직은 평담(平淡)의 미학을 실천하며 당대를 뒤흔든 문장
가였다. 그가 시 쓰기를 워낙 좋아한 것은 물론 사실이었다. 그런데 그
가 아내를 위해 위로의 시를 연달아 지은 사실을 염두에 둘 때, 아내 조
씨의 한문 실력도 만만치 않았음을 미루어 짐작할 수 있다. 성리학적
교양을 충분히 갖춘 아내였기에, 김종직은 그와 더불어 밤새 촛불을
켜놓고 도란도란 이야기꽃을 피울 때가 많았다고 짐작해도 좋겠다.

나의 아내야말로 참으로 단정한 선비라네

남편 김종직은 일찍부터 재능을 인정받아 벼슬길에 나갔으나 성품이 워낙 청렴해 가난을 피하기 어려웠다. 조씨 내외는 객지인 한양에서의 삶이 매우 고달플 따름이었다. 때로는 끼니를 잇기조차 어려웠다. 사정을 빤히 짐작한 어느 지인이 술을 담그는 데 쓰라며 곡식을 준 일도 있었다. 겨우 한시름 놓이는 순간이었다. 감사의 마음을 담아 지인에게 준 시에 이런 구절이 보인다.

> 지금 공께서 곡식을 주시어 우리의 도(道)를 어여삐 여기셨습니다
> 아내의 얼굴이 다시 밝아진 것이 웃음을 자아냅니다.
> 公今指廩憐吾道 笑殺山妻面復光.
>
> _김종직, 〈임 참판이 곤궁한 줄 알고 쌀을 주시면서 술 빚는 데 쓰라고 돌려서 말씀한 점을 감사드리다(謝任參判惠米周急托言釀酒之費)〉,《점필재집 시집》 제1권

이런 일이 벌어진 것을 보면 그 남편이나 다름없는 아내였던 것 같다. 김종직 못지않게 조씨 부인도 성품이 청백하기 짝이 없었다는 이야기이다. 그들은 남에게 한마디의 아쉬운 소리도 꺼내지 못하는 사람들이었다. 조씨 부인의 삶은 서거정의 아내 선산 김씨나 고려말의 대학자 이색의 배우자 안동 권씨와는 결이 달랐다. 조씨 일가는 경건하기만 할 뿐이었지 사치와 향락 같은 세상의 재미는 그들 곁에 존재

하지 않았다.

남편 김종직은 자신과 사고방식이 똑같은 아내 조씨가 마음에 흡족하였다. 그래서 "진짜 훌륭한 선비"라고 아내를 칭찬하기까지 했다. 유사 이래로 드문 일이 아닐까 싶다. 김종직이라면 온 나라의 선비가 모두 존경하는 존재였는데, 그가 자신의 아내를 이처럼 호평할 줄이야 뉘라서 짐작했을까.

어느 해 중구절(9월 9일) 남편은 몸이 아파서 집에 머물렀다. 그날은 마침 인수대비 한씨의 생신날이었다. 흉년으로 술값도 껑충 뛰어올라 맛보기도 어려웠던 시절이다. 그런데 어디서 술을 구하였던지 아내가 국화주 석 잔을 연신 권하였다. 기분이 좋아진 김종직은 이렇게 말하는 거였다.

아내는 참으로 단정한 선비시네
노랑 국화가 향기도 국중의 제일이라네.
內 子眞佳士 黃花亦國香.

_김종직, 〈중구절에 홀로 앉아서 무료함을 느낄 때 아내가 국화주 석 잔을 권하였다. 이
날 백관이 창경궁에 모여 인수왕비의 생신을 하례하였으나, 나는 아파서 가지 못했다
(重九獨坐無聊妻勸菊酒三杯是日百官於昌慶宮賀仁粹王妃誕辰余以病未赴)〉,
《점필재집 시집》 제19권

설마 국화주 석 잔에 취하여 속에 없는 말을 지어냈을까. 평소 남편

이 아내의 성품과 언행을 얼마나 존경하였는지를 단적으로 표현한 것이리라. 창녕 조씨와 김종직은 보통의 부부와는 달리 함께 도를 닦는 친구, 즉 도반(道伴)과 같았다. 현대인의 눈으로 보면 도무지 재미도 없고 무덤덤한 사이였다. 그러나 16세기 이후 조선 사회에서는 조씨 내외의 삶이야말로 새로운 가정생활의 모범이요, 김종직은 선비라면 누구나 힘써 본받아야 할 전범(典範)이었다.

창녕 조씨와 김종직은 새로운 시대의 문턱을 넘었다. 이제 아내는 남편과 자녀만을 위한 존재가 아니었다. 아내의 역할은 직계 가족의 편의를 돌보는 데 만족할 수 없게 되었다. 성리학적 세계관이 뿌리를 내리자 아내는 가깝고 먼 친척을 돌보고 혈연적으로는 아무런 관계가 없는 이웃을 위해서도 봉사하는 존재가 되어야 했다. 사회적 기능을 충실히 수행할 임무가 생긴 거였다.

우리는 성리학적 질서 속에 아내 또는 여성이 갇혀 지냈다고 너무 쉽게 생각하는 경향이 있다. 그러나 이 시기에 들어 아내의 사회적 역할이 어느 때보다 더욱더 중요해지기 시작했다.

창녕 조씨는 현령 조계문의 딸이자, 유명한 학자요 문인인 매계 조위의 누나였다. 나중에 조위는 자형 김종직의 시고(詩稿)를 편찬하는 중요한 임무를 감당하였다. 그는 늘 김종직과 가장 가깝게 지내 15세기 사림파를 대표하는 인물이 되었다. 김종직의 사후에 무오사화가 일어나자 유배되어 전라도 순천에서 작고하였다. 조위는 여러 분야에 뛰어난 학식을 가졌던 데다가 문장이 웅장하고 화려하여 문하에 많은 문인이 수업하였다. 그래서인지 김종직의 아내 창녕 조씨는 성리학자 가문의 후예답게 항상 맑고 산뜻한 선비의 기풍을 지녔다.

의지하며 잘살아보려 하였는데 벌써 가시다니

성종 13년(1482), 김종직이 52세 되는 해였다. 그는 금산(경북 김천)으로 물러나서 경렴당(景濂堂)을 짓고 날마다 거기서 시를 읊으며 살기를 바랐다. 세상사에 지쳤기 때문일 것이다. 그런데 그해 4월 30일 숙인 창녕 조씨가 갑자기 세상을 뜨고 말았다. 조정에서는 김종직을 불러들였으나 휴가를 얻어 그해 동짓달, 숙인을 금산의 미곡에 안장하였다.

단정한 선비와 같았던 아내를 잃은 슬픔은 무척 컸다. 조정의 부름을 받아 아내의 빈소를 떠나 한양으로 올라가면서 자신의 속내를 고백한 남편의 시가 아직 남아 있다.

> 옛날에는 그대와 함께 북쪽으로 갔었지
>
> 오늘 아침에는 나 홀로 길 떠나네
>
> 문을 가득 메운 여종들도 눈물 흘리네
>
> 골목을 벗어날 때 느릿한 나귀조차 울었다오
>
> 외로운 이 길, 음산한 빗줄기도 시름에 가득하오

유유히 작은 정자에 기대고 섰네

내 몸에 걸친 의복은 모두 옛날 당신이 지은 것

입어보고서 이제야 깨끗한 줄 깨닫는다오.

昔與汝俱北 今朝我獨行 攔門群婢泣 穿巷塞驢鳴

踽踽愁陰雨 休休倚短亭 衣裳皆舊製 祗覺著來淸.

_김종직,〈유월 열하룻날 아내의 빈소를 작별하고 금릉을 떠나 이천원에서 비를 만나다

(六月十一日辭妻殯發金陵梨川院遇雨)〉,《점필재집 시집》제16권

아내가 영영 돌아오지 못하는 줄 알기에, 남편의 발길은 무겁고 외로웠다. 나귀가 '응앙' 소리 내며 울 때도 그는 아내를 떠올렸다. 자신이 몸에 걸친 깨끗한 의복에서 아내의 다정하고 정갈한 손길을 느끼며 위안을 찾으려 애쓰지만 슬픔의 늪을 탈출하기가 쉽지 않았다.

단정한 선비였던 아내 창녕 조씨의 숨결은 곳곳에 남아 있었다. 김종직은 죽은 아내를 애타게 그리워하며 제문을 지어, 영전에 올렸다. 두 사람은 스무 살쯤에 부부가 되어 30여 년을 친구로 살았으니 영구한 이별이 얼마나 쓰렸을지 알 법도 하다. 제문은《점필재집 문집(佔畢齋集 文集)》(제1권)에 실려 있다(〈작고한 숙인의 제문(祭亡妻淑人文)〉). 그 가운데 몇 대목만 함께 읽어보자.

백 년을 함께하자던 우리의 약속

삼 분의 일이 겨우 지났을 뿐인데

나의 아내는 단정한 선비

삼십 년을 함께한 아내여

하루아침에 이별이 웬 말이오.

百年之約 三分纏 一 卅年伉儷 一朝而訣.

_〈작고한 숙인의 제문〉

그러고는 아내가 명문가에 태어나 선비의 아내가 되어 착하고 너그럽고 인자하였다고 칭송하였다. 아내는 "마음속에 올바른 기준을 가지고 있었다(中有尺度)"라고 하였으니, 그 기준이란 곧 성리학에서 강조하는 도덕이요 윤리였다. 그런 도덕이 있었기에 아내 창녕 조씨는 성리학적 규범에 적합한 사회적 역할을 무난히 수행하였다. 김종직은 그 점을 다음과 같이 구체적으로 명시하였다.

돌아가신 어머님께서도 늘 말씀하셨지

나의 며느리가 사랑스럽구나

나의 누님과 누이동생도 그러했지

기쁜 마음으로 서로 보호하였으니

위아래 동서들도 다르지 않았지

거슬림이란 눈곱만큼도 없었고 말고

마을 사람과 친척들도 그랬었네

누구인들 좋고 싫고 치우쳤던가

그대의 덕은 어찌 그렇게 온전하였던가

그러나 목숨은 어이하여 그리도 짧으셨나.

先妣每云 吾婦可慕 我姉我妹 雖然相護 姒娣之間

一無或忤 鄕里親戚 孰偏好惡 德何克全 壽何不具.

_(작고한 숙인의 제문)

돌이켜 보면 아내 조씨의 일생은 가시밭길이었다. 명문에서 태어났
으나 액운이 겹쳤다. 십여 살에 이미 모친이 병환으로 작고하셨다. 외
가의 증조 내외분이 어린 조씨를 데려다 길렀다. 그러나 그분들도 곧
돌아가셔서 외조모 아래로 옮겼다. 외조모는 가여운 손녀에게 법도를
전해주셨으나, 또한 얼마 지나지 않아서 돌아가셨다. 어린 나이에 연
이은 상사를 겪어 그 침통함은 이루 말할 수 없었다.

김종직과 결혼하고는 딸 둘과 아들 다섯을 연달아 나았으나 아들은
모두 잃고 말았다. "이로 말미암아서 그대 가슴이 찢어졌지(君以摧裂)
묵은 병도 점점 더 치열해졌네(夙瘰轉增) 슬프도다(鳴呼哀哉) 기왕에 그
대가 얻은 병은(昔君得疾) 실상 아이를 낳느라 생긴 거였지(實因解娩)"
그런 줄을 잘 알았으므로 십 년 동안이나 약을 들었고, 그래서 이제 거
의 나은 줄로 믿었는데 갑자기 죽음이 찾아왔다.

창녕 조씨의 두 딸 가운데 큰아이는 시집을 갔으나 작은 아이는 아
직 미혼이었다. 훗날 그 딸이 시집을 가게 될 때 누가 있어주며, 혼수는
제대로 마련할 수 있을지도 걱정이었다. 더구나 남편 김종직은 이제
금릉에 집도 새로 지어 은퇴할 계획이었다.

　　　　　　　　　나의 아내는 단정한 선비

정원도 있고 연못도 있는데

그대가 살아 있지 않아 누구와 더불어 거닌다는 말인가.

有園有塘 君不留居 誰與周章.

_〈작고한 숙인의 제문〉

새집을 지을 때 김종직은 아내를 위해 조용한 서쪽에 아내의 공간을 마련하였다. "옷이며 이불, 수건과 빗은(衣衾盥櫛) 그대가 평소에 쓰던 대로 갖추었네(象君平時) 음식이며 주방에서 쓸 도구도(飮食供具) 적절하게 마련하였지(亦且隨宜)" 그러나 이제 이 모든 것을 사용할 아내가 영원히 떠나고 말았으니, 어찌할 도리가 없게 되었다. 남편은 제문을 마감하며 구슬피 울부짖었다.

떠나간 사람은 그렇다 하지

살아 있는 나는 누구를 따를지 모르겠네

술잔을 올리고 이렇게 말하며

한없이 그대를 부르며 통곡한다오.

逝者然矣 生者曷從 奠酹以告 號慟莫窮.

_〈작고한 숙인의 제문〉

시아버지 강호산인, '불법 이혼자'라는 트라우마에 시달려

숙인 조씨와 김종직은 이전의 부부들과는 달리 성리학적 가치와 도덕을 공유하는 벗이었다. 그들이 이렇게 된 데는 물론 시대적 배경이 크게 작용하였다. 그러나 그에 못지않게 남다른 가정의 역사가 배경에 숨어 있었다. 창녕 조씨의 시아버지, 곧 김종직의 아버지이자 스승인 김숙자의 특별한 경험이 반면교사(反面教師)의 역할을 하였다. 김숙자의 쓰라린 인생 체험이 아들 부부를 더더욱 모범적인 길로 안내하였다는 뜻이다.

조씨의 시아버지 강호산인 김숙자는 이름난 학자였다. 그는 고려말의 대학자 야은 길재의 뒤를 이어 학문과 덕망이 높은 인물이었다. 누구도 따르기 어려운 재주와 학식이 있었음에도, 오랫동안 큰 어려움을 겪었다. 청년 시절의 이혼이 김숙자의 발목을 잡았다.

김숙자는 집안 어른의 명령으로 한변이란 사람의 딸인 곡산 한씨와 결혼하여 아들 둘과 딸 하나를 낳았다. 그러나 처가에 신분상의 허물이 있다는 이유로 어른들이 이혼을 명령해, 그로서는 따를 수밖에 없었다고 한다(김종직, 〈선공보도 제일(先公譜圖 第一)〉, 《이준록 상(彝尊錄 上)》). 15세기 초까지도 많은 사람이 여러 가지 이유로 이혼하였다. 먼 시골에서 김숙자라는 젊은 선비가 이혼한 것이 사회적 관심을 끌 리가 없었다.

그러나 세종이 즉위하자 세태가 급변하였다. 김숙자가 한씨를 친정으로 되돌려 보낸 때는 태종 18년(1418)으로, 그때 김숙자는 30세였다. 바로 그해에 세종이 왕위에 올랐고, 그 이듬해(1419) 김숙자는 문과에 급제해 권지 성균 학유가 되어 금의환향하였다. 이어 세종 2년(1420) 봄, 김숙자는 밀양의 명문인 밀양 박씨와 재혼하였다. 조씨의 남편인 김종직은 밀양 박씨가 낳은 3남 2녀 가운데 셋째 아들이었다.

세종 3년(1421) 정월, 김숙자는 성균관 학유로서 사관(史官)에 뽑히는 영예를 누렸다. 바로 그때 사단이 일어났다. 세종은 즉위 초부터 가정생활에 철저한 성리학적 윤리를 주문하였는데, 이를 기회로 알고 시집에서 쫓겨난 한씨 측이 김숙자의 이혼 문제를 조정에 고발한 것이다. 이에 대한 내막을 조금 자세히 알아보자.

쫓겨난 한씨 부인의 여동생은 김주라는 의원과 결혼하였다. 김주는 의술이 있어 당시 성주 목사였던 이감과 친해졌다. 이감은 김주의 일방적인 주장을 사실이라 여겨, 김숙자가 과거에 급제하자 멀쩡한 아내를 쫓아냈다는 소문을 퍼뜨렸다. 예문관에도 그 소문이 알려지자 김숙자는 사관으로 발탁되지 못하고 말았다(김종직, 〈선공기년 제이(先公紀年 第二)〉, 《이준록 상》).

불행은 끝은 아니었다. 다시 2년 뒤(세종 5년, 1423) 5월이 되자 김주가 자신의 장인 한변을 한양으로 불러, 사헌부에 정식으로 김숙자를 고발하였다. 김숙자는 그들과 맞서 싸우기를 부끄럽게 여겼는데, 그러자 그의 유죄가 인정되어 모든 임명장(고신)을 빼앗겼다. 이로써 김숙자의 입신출세는 하루아침에 물거품이 되었다.

이후 김숙자는 밀양에 은거하며 학문에만 전념하였다. 그러는 사이 십 년도 넘는 긴 세월이 흘렀다. 세종 21년(1439) 봄, 나라에서는 경전에 밝고 행실이 아름다운 인재를 뽑아 성균관에 벼슬을 주고자 하였다. 김숙자는 으뜸으로 뽑혀 성균주부에 세자우정자를 겸하기로 되었다. 하지만 사간원의 고위 관리인 박중림(박팽년의 아버지)이 가로막았다. 그의 누이동생이 시집에서 쫓겨났기 때문에 그는 아내를 내쫓은("出妻") 혐의가 있는 김숙자의 등용을 필사적으로 반대했다. 지난날 조강지처를 버린 죄로 처벌된 김숙자 같은 사람에게 동궁(문종)을 가르치는 세자우정자의 직책을 주는 것을 용납할 수 없다며 반대한 것이다. 이 일로 인하여 김숙자는 선산(경북 구미) 향교에서 유생을 지도하는 교수관으로 밀려났다(김종직, 〈선공사업 제사(先公事業 第四)〉, 《이준록 하(彝尊錄 下)》).

그는 30세에 강제 이혼(출처)을 하였다는 이유로 13년 동안 초야에 묻혀 지냈다. 다시 등용되었지만 대개는 시골의 그만그만한 자리를 전전할 따름이었다. 단 한 번도 빛나는 관직에 나아가지 못하였다. 김종직은 아버지 김숙자의 비참한 운명을 후세에 전하며 이렇게 탄식하였다.

아, 운명이 그러했던가. 아니면 누군가가 그렇게 만든 것이었던가.

_김종직, 〈선공제의 제오(先公祭儀 제第五)〉, 《이준록 하》

나의 아내는 단정한 선비

세상이 크게 바뀔 때는 누군가 역사의 수레바퀴에 깔리거나 튕겨 나가기도 할 것이다. 창녕 조씨 부인의 시아버지 김숙자의 인생이 바로 그랬다. 젊은 시절의 이혼 사건 때문에 김숙자는 평생 누구보다도 모범적인 성리학자로 살았다고 전해진다. 그의 셋째 아들 김종직은 아버지로부터 학문을 전수한 수제자이기도 하였다. 그는 아버지의 쓰라린 운명을 절대로 잊지 않았으며, 어떤 경우든지 성리학의 윤리와 도덕에 충실하게 살기로 다짐하였다. 또한 어린 시절부터 인생의 신산을 겪은 숙인 조씨는 세상의 모범이 되는 선비 김종직의 아내로서 여성도 이제는 선비의 가치를 내면화해야 한다는 결의를 다졌다. 조씨 부부는 개인의 사적인 욕망에서 벗어나 반드시 군자다운 덕성을 갖춰야 한다는 이념의 압박을 기꺼이 받아들였다고 생각한다. 바로 그런 점에서, 그들은 아내의 역사를 다시 쓰기 시작한 셈이었다.

　끝으로 한마디 덧붙인다. 김종직은 조씨 부인과 사별하고 3년 뒤 남평 문씨와 재혼하였다(성종 16년, 1485) 그의 나이는 55세요, 신부는 18세였다. 김종직의 제자들은 문씨 부인 역시 성리학적 여성의 규범인 부도(婦道)를 잘 닦아서 집안이 화목하였고, 그 안에 아름다운 법도가 있었다고 칭송하였다.

세종대왕, 퇴계 이황 그리고 남명 조식의 열망

세상이 급하게 바뀔 때 누군가는 희생양이 되기 마련인 것 같다. '성리학적 전환'을 강력히 추동한 이는 세종이었다. 성리학이 지배하는 조선 시대에는 여러 여성이 음란하다는 죄목으로 벌을 받았다. 그 시절부터 여성의 자유분방은 관용의 대상이 아니었다. 발각되는 대로 성적 일탈로 낙인찍어 가차 없이 탄압하였다. 그것이 성리학적 도덕과 윤리를 실천하는 문명사회로 가는 길이라고 주장했다.

여기서 나는 개인의 성적 자유를 마음껏 추구하는 것이 옳으냐 그르냐, 하는 문제를 거론하려는 것이 아니다. 15세기가 되면서 조선 사회의 윤리적 판단 기준이 강화되었다는 점, 그와 더불어 아내의 역사에 변화가 일어났다는 사실, 이것을 강조하는 데 이 글의 목적을 둔다.

그리하여 다음 세기가 되면 한양은 물론이고 지방의 마을에서도 사회적 변화가 나타났다. 그때 퇴계 이황과 남명 조식 같은 대학자들이 '성리학적 전환'을 더욱 강력하게 밀어붙였다. 그들은 남녀 간의 성리학적 도덕률을 아랫사람들에게도 강제하다시피 하였다. 결과적으로, 윤리와 도덕의 실천이 양반 사족의 전유물이 아니라 최하층인 노비에게도 강요되는 시대가 되었다. 인간이면 누구나 똑같이 성리학적 도덕 질서를 따라야 한다는 사회적 압박이 매우 거세진 시기였다.

또 하나, 이른바 음란한 여성을 둘러싼 진실 공방이 중앙과 지방의 권력 투쟁에도 중요한 도구가 되었다는 점도 말하고 싶다. 일련의 사태를 겪으면서 여성의 성적 자유는 말살되었다.

간단히 말해서, 15세기 전반에 세종이 야심 차게 출범한 '성리학적 전환'이 150년쯤 뒤에는 완성단계에 도달하였다고 할까. 그러나 내 생각을 솔직히 말하자면, 그들이 애초 기대한 것처럼 아름다운 세상이 오기는커녕 오히려 다른 방향으로 흘러간 것이 아닐까 생각한다. 문명화라는 이름은 아름다우나 내실은 별로 없었다.

아래에서는 세 이야기를 차례로 해볼 생각이다. 우선 세종이 적극적으로 나서서 처벌한 종조모 김씨의 음란 행위에 대해 알아보고, 이어서 이황과 조식이 개입한 애정 문제도 잠깐 들여다볼 예정이다.

세종의 종조모 김씨 부인, 전환기의 태풍에 좌초하다

왕위에 오른 세종은 한 가지 특별한 결심을 하였다. 그는 조선 사회 질서를 성리학 중심으로 개조하려 했다. 그가 시행한 정책은 많은 사람의 환영을 받았으나 불의의 희생자도 적지 않았다. 앞 장에서 소개한 강호산인 김숙자의 일도 그러했다. 그는 젊은 시절에 조강지처를 함부로 버렸다는 이유로 조정에서 거듭 불이익을 받았다. 그런데 세종의 정책으로 더욱 큰 피해를 본 것은 다수의 여성이었다. 그들은 대개 행실이 음란하다고 하여 사회적 비난을 받았고 여러 가지 형벌을 받았다. 이 글의 주인공 김씨 부인도 그 가운데 하나였다. 김씨를 무작정 두둔하려는 뜻은 없으나 왕의 도덕주의 정책이 반드시 바람직한 답이었는지는 의문이다. 세종의 '성리학적 전환'은 세상을 바꾸는 위대한 정책이었으나, 세상의 아내들에게는 도덕의 재갈을 물리는 억압이었다.

김씨 부인이 직접 관련된 사건으로 시선을 옮기자. 세종 9년(1427) 7월 29일, 사헌부에서 김씨 부인의 처벌을 요청하였다. 고발의 요점을 간추리면, 작고한 조정 대신 이지의 아내인 문제의 김씨 부인은 평생 두 번이나 시집을 갔고, 행실이 음란한데도 감히 "안락군 부인"이라는 직함을 사용하고 있어 사회적으로 큰 물의를 일으킨다는 비판이었다. 소장에서 사헌부는 법에 따라 김씨를 처벌하라고 주문하였고, 왕은 즉각적으로 허락하였다.

음란한 여성은 용서 불가

그날 왕은 김씨 부인의 전과에 관하여 승지들에게 물었다. 그러자 이미 두 번이나 도성 밖으로 쫓겨난 사실이 있다는 답변이 돌아왔다. 세종은 김씨 부인을 증오했다. "이렇게 망측한 여성은 외방에서 죽게 하는 것이 옳다." 그러자 여러 승지가 공감을 표시하였다.

세종이 망측한 여성이라고 부른 이는 누구인가. 태조 이성계의 사촌 동생 이지의 후처였다. 이지라면 세종의 종(從)조부였으니 김씨 부인은 왕의 종조모였다. 오래전 일이었으나, 태조 이성계는 이지를 몹시 아껴 언제나 자신의 곁에 두었다. 그가 위화도에서 회군할 때, 이지는 수백 명의 기병을 거느리고 선발대가 되어 길을 떠났다. 보통은 이틀 걸릴 길을 하루에 달려가서 이성계의 사저를 철통같이 방위한 공을 세워 더욱더 총애를 받았다. 마침내 태조가 조선을 건국하자, 이지는 원종공신에 책봉되어 부귀영화를 누렸다. 세종의 부왕인 태종 때도 이지의 영화는 계속되어 우의정을 거쳐 영의정까지 두루 지낸 다음에 조정에서 물러났다.

그 후 세종 9년, 이지는 한양 삼각산에 있는 향림사에서 자신의 부모님을 위해 공양하다가 갑자기 사망하였다《실록》 세종 9년 1월 3일). 향년은 79세였으므로 그의 죽음은 딱히 이상스러운 변고가 아니었다.

그런데 이상한 소문이 퍼졌다. 누구도 확인한 적이 없는 추문이며 차마 입에 담기 어려운 내용이었다. 이지가 향림사에서 불공을 드릴 때 후처 김씨 부인도 그와 함께 절간에 머물렀다. 그런데 김씨 부인이 한밤중에 어느 스님과 간통하다가 이지에게 발각되었다고 했다. 이지가 김씨를 심하게 꾸짖고 폭행하였단다. 그러자 부인이 이지의 고환을 강하게 잡아당겨서 죽게 하였다는 실로 끔찍한 이야기였다. 현장에는 김씨 부인의 종들만 있었기 때문에 이것이 사실인지 외부에서는 알 수 없었다.

장례를 치르려고 이지의 아들 이상홍(충청도 절도사)이 한양에 올라왔다. 그는 전처가 낳은 아들이었다. 그가 아버지의 죽음에 관하여 누구에게선가 내막을 들었고, 이어서 형조에 고발하려 하자 그 말이 김씨 부인의 귀에 들어갔다고 한다. 그 직후 부인이 실성하는 바람에 그 일은 마치 없었던 일처럼 되었다고 한다.

그런데 소문과 달리 이상홍은 끝내 자신의 계모를 고발하려 하지 않았다. 엄밀한 의미로는 모든 것이 불투명하였다. 김씨 부인이 정말로 절간에서 간통을 저질렀는지도 모를 일이요, 그가 남편을 살해했는지는 더더욱 알 수가 없었다. 그런데도 세종과 몇몇 신하는 소문만 내세우며 김씨에 대한 중벌을 별렀다.

도대체 어떤 까닭이 있었을지 궁금하다. 부인에게 이미 전과가 있어서 미움을 샀기 때문인 것 같다. 본래 부인은 조화라는 고위 관리의 아내였는데, 조선의 개국 1등 공신 조준이 시가의 숙부였다. 부인의 친정도 이름난 집안으로, 고려의 문하시랑 찬성사 김주가 친정아버지였다. 김씨 부인의 문제는 남편 조화가 사망하자 이지와 재혼하는 바람에 크게 불거졌다.

하지만 재혼을 원한 것은 이지였다. 그가 김씨 부인에게 장가를 들

음란한 여성은 용서 불가

자 사헌부가 문제를 제기하였다. 부인은 용모가 빼어났는데, 전부터 흉한 소문이 있었다고 한다. 본래 성품이 음란하였고, 나이가 들수록 더욱 심해졌다는 이야기였다. 부인의 친정 자매와 어머니까지도 추악한 소문이 있었다고 한다. 소문을 토대로 사헌부는 김씨를 고발하였고, 그래서 이미 한 차례 귀양살이를 한 적이 있었다. 사헌부가 김씨와 이지의 재혼을 문제 삼자 태종의 응답은 매우 명쾌하였다.

> 아내 없는 남성(이지)과 남편 잃은 여성(김씨)이 서로 혼인하겠다는데 어찌하여 이를 문제 삼는가? 이지가 후처를 얻은 사실을 내가 안다. 다시는 거론하지 말라.
>
> _《실록》 태종 15년 11월 1일

태종의 처사는 온당하였다. 나중에 태종 자신도 남편을 잃고 홀로 된 여성을 두 명이나 후궁으로 두었다. 남성이든 여성이든 재혼하는 것이 무슨 잘못이냐는 태종의 사고방식에 조금도 이상함이 없지 않은가. 고려 시대는 물론 조선 초기에도 많은 사람이 그렇게 살았다. 15세기 후반에 출간된 《안동 권씨 성화보》를 펼쳐보면, 재혼, 삼혼한 여성이 한둘이 아니었다. 그것은 결코 결함으로 취급할 일이 아니었다.

그러나 조선 건국 이후 급진적인 성리학자들이 조정에 대거 등장하여, 재혼한 여성의 행실을 문제 삼았다. 김씨 부인에 관한 악랄한 소문이 구체적인 증거도 없이 마구 거론된 것도 그 가운데 하나였다. 조정에서는 확인되지도 않은 소문을 근거로 여성들에게 벌을 주기도 하였다. 이 기회를 이용하여 세종과 일부 진보적인 성리학자들은 고려 사회의 유습을 완전히 뜯어고치려고 서두른 것으로 보인다.

《실록》에는 김씨 부인이 이지와 재혼하기 직전에 벌어진 낯 뜨거운 이야기가 실려 있다. 한밤중에 이지가 김씨의 집에 들이닥쳤다. 그러자 부인의 아들 조명초가 이지의 목덜미를 붙들고 땅바닥을 구르며 목놓아 슬피 울었다. 그는 마지막까지 김씨의 재혼을 말렸다고 한다. 그러나 이지와 김씨는 재혼하고 말았다. 두 사람이 첫날밤을 함께 보낸 다음, 김씨는 어떤 사람에게 신랑 자랑을 늘어놓았다고 한다.

> 나는 이분이 늙었는가 하였더니 실은 젊다는 사실을 알았다.
>
> _《실록》 태종 15년 11월 1일

그 당시 김씨의 나이는 57세, 이지는 70도 훨씬 지났다. 누구도 확인할 수 없는 이런 이야기를 《실록》에까지 자세히 옮겨 적으며, 사관들은 김씨 부인을 음탕한 여성이라고 공격하였다. 그 목적이 과연 무엇이었을까.

내가 《실록》을 자세히 살펴보았더니, 훨씬 심한 소문도 자세히 적혀 있다. 그 역시 악성 소문일 뿐 수사를 통해서 확인된 것이 아니다. 이야기는 매우 참혹하다. 김씨의 첫 번째 남편 조화가 장모와 간통하였다는 이야기이다. 이에 김씨는 화풀이로 자기 역시 허해라는 고위 관리와 간통하였다고 한다.

어느 날 우연한 실수가 겹치는 바람에 남편 조화가 아내의 부정을 알게 되었단다. 그가 김씨를 꾸짖자, 김씨는 대꾸하기를 '당신 행실이 이미 그릇되었는데 어떻게 나를 비판하는가'라고 당당한 자세로 조금도 굴복하지 않았다고 한다.《실록》의 편찬자는 김씨의 부도덕함을 공격하는 데 열을 올린다. 심지어 김씨가 집안의 종과도 간통하였다고 썼다. 이 역시 악의적인 소문일 뿐 확인된 사실은 아니었다.

인간 사회에는 크고 작은 일탈이 있다. 그런데 그것이 누군가의 목숨을 빼앗거나 재산상 피해를 가져왔다면 모를까, 그게 아니면 대개는 당사자의 명예가 실추되는 데서 그럭저럭 마무리된다. 조선의 제3대 임금인 태종 때까지는 우리나라에서도 별로 다르지 않았다.

그러나 세종대가 되자 분위기가 바뀌었다. 왕은 문자 그대로 성리학적 도덕을 실천하라고 신하들에게 강요하였다. 특히 여성의 성적 문란을 엄하게 다스렸다. 왕실의 가까운 친척이자 영의정까지 지낸 이지의 후처 김씨 부인도 예외가 될 수 없었다. 세종 9년 9월 27일, 왕은 김씨를 심악(경기 파주)에 있는 농막으로 강제 이주시켰다.

김씨 부인은 억울했을 것이다. 고려 말기와 조선 초기에는 성적 자유를 구가한 남녀가 많았는데 하필 자기에게만 음란한 여성이라는 죄명을 씌워 망신을 주고 벌까지 주었으니 말이다. 그러나 세종에게는 당연히 이러한 조치를 변호하고도 남을 큰 명분이 있었다. 왕은 중국의 고전 시대를 조선에서 구현하고 싶었다. 신분을 막론한 누구나 충과 효와 열의 가치를 실천하는 모범적인 문명국가 조선을 만드는 것이 왕의 꿈이었다. 세종 때 벌어진 김씨 부인 사건은 아내의 역사에 한 획을 그었다. 누구의 아내라도 처신이 흐릿하면 음란하다는 죄명으로 처벌될 수 있는 시대가 열린 것이다.

파탄 난 결혼, 누구의 책임일까

결혼생활이 항상 순탄할 수 있을까. 그럴 리가 없을 것이다. 제각기 다른 환경에서 성장한 남녀가 상대를 이해하고, 제 몸처럼 아끼고 사랑하는 일이 어떻게 가능하겠는가. 많은 부부는 평생을 다투고 미워하며 세월을 보내기 일쑤이다. 일부는 끝내 파탄을 맞아 헤어지기도 한다. 예나 지금이나 다름없는 사실이다.

조선 최고의 성리학자라면 누구나 퇴계 이황을 손꼽는데, 과연 그의 결혼생활은 어떠하였을까. 〈퇴계선생연보〉에 따르면, 이황은 21세에 허씨 부인과 결혼했다. 두 해 만에 큰아들 준이 태어났고, 다시 4년이 지나 둘째 아들 채를 얻었다. 그러나 산후병이 있었던지, 허씨 부인은 세상을 떠나고 말았다. 이황은 27세에 혼자가 되었다.

삼 년이 지나자 이황은 봉사 권질의 딸과 재혼했다. 그런데 권씨 부인과의 관계는 처음부터 끝까지 순탄하지 못했다. 일설에는 부인에게 정신적 장애가 있어서 일상생활조차 제대로 하기 어려웠다고 한다.

　음란한 여성은 용서 불가

그들 두 사람 사이에는 자녀도 없었다.

훗날 이황은 제자에게 보낸 편지에서 자신이 겪은 결혼생활의 어려움을 솔직히 서술하였다.

나는 두 번 결혼했으나 늘 불행했습니다. 그래도 아내를 탓하는 야박한 마음만은 갖지 않으려 애썼습니다. 그렇게 지낸 세월이 수십 년이었습니다. 내 마음이 너무 괴롭고 심란해, 참지 못할 지경이 된 적도 여러 번이었습니다. 하지만 내 마음대로 대륜(大倫)을 가볍게 여겨(즉, 아내를 내버려), 홀로 계신 어머님께 근심을 끼칠 수야 있었겠습니까.

_《퇴계선생문집(退溪先生文集)》 제37권

불행했던 자신의 결혼생활 때문에, 이황은 조화로운 부부생활의 가치를 누구보다 잘 알고 있었다. 명종 15년(1560), 그의 나이 이미 예순이었는데, 갓 결혼한 손자 이안도에게 다음과 같이 조언했다.

부부는 도덕의 시작이고 만복의 근원이다. 아무리 친하고 가깝더라도 부부는 서로 올바른 자세를 가지고 언행을 삼가야 한다.

_《퇴계선생문집》 제40권

손자 부부의 행복을 기원하며 이황이 준 경고와 부탁의 말은 또 있었다. "서로 예의를 지키며 공경하라. 이런 예법을 잊기 때문에 부부간에 문제가 생기는 것이다. 부부는 어느 한쪽이 일방적으로 자세를 낮추는 것이 아니라, 양편 모두가 정성스럽게 서로 섬기고 공경해야 한다"(《퇴계선생문집》 제40권). 이것이 체험에서 우러난 이황의 가르침이었다.

여러 문헌에서 확인한 사실인데, 16세기 조선에는 파탄에 이른 부부가 흔했다. 학식과 덕망이 제일 높았던 이황조차도 행복한 부부생활과는 거리가 멀었다고 말하지 않았던가. 그의 제자 중에도 부부 갈등으로 애를 먹다가 스승에게 조언을 구하는 이가 있었다. 그런 고민이 담긴 편지를 받으면, 이황은 장문의 답장을 써 제자를 토닥였다.

매우 흥미로운 사실은, 그가 결혼생활 파탄의 책임을 여성에게 미루지 않았다는 점이다. 오히려 이황은 파경의 책임을 가장인 남성에게서 찾는 경향이 뚜렷하였다. 남성이 스스로 반성하고 책임을 자기 자신에게 돌려야 한다며, 이황은 제자에게 부부의 도리를 다하라고 채근했다.

이황은 그 당시 조선에서 여성의 사회적 처우가 열악하다는 점을 언급하였다. 그의 설명은 이런 식이었다. '옛날에는 이혼한 여성도 다시 시집갈 수 있었다. 그때라면 아내를 친정으로 되돌려보낼 수도 있었을 것이다. 그러나 이제 사정이 달라졌다. 여성은 오직 한 남편과 살아야 한다는 관념이 보편적이다. 그러므로 설사 마음에 맞지 않더라도 남성은 아내를 원수처럼 대하면 안 된다.'

어느 제자에게 보낸 답장에서 이황은, 더욱 깊이 생각해 자신의 잘못을 깨치고 스스로 아내를 대하는 태도를 바꾸라고 했다. 심지어 이

음란한 여성은 용서 불가

런 말도 서슴지 않았다.

> 부부 문제를 바로잡지 못한다면 우리가 어찌 학문에 종사한다고 하
> 겠으며, 도덕을 실천한다고 주장할 수 있겠습니까.
>
> _《퇴계선생문집》 제40권

　선비라면 끝끝내 아내를 존중하라는 주문이었다. 이러한 발언마저
도 가부장적인 발상에서 비롯된 것이라고 비판할 사람도 있을는지 모
른다. 그러나 이황은 16세기의 인물이다. 지금부터 500년 전의 일이
었다. 어느 시대든 그 나름의 한계는 있기 마련이다. 세월이 한참 흐르
고 보면, 지금 우리가 참신하게 여기는 것들도 대개는 빛을 잃을 것이
다. 부부란 언제나 서로 존중하고 공경해야 할 것이다. 이황이 몸소 실
천하기도 한 이 가르침이 예스럽기만 하다고 단언하겠는가. 내게는
새로운 느낌을 주는 좋은 말씀이다.

마을에도 규칙을 세워 도덕을 실천하다

　이황의 이야기가 나온 김에 한 가지 강조할 점이 또 생각났다. 아니,
이것이야말로 아내의 역사에서 더욱 중요한 대목이라고 생각한다. 한
마디로, 이황은 성리학적 도덕의 실천을 선비의 가족뿐만 아니라 지

위고하를 떠나 사람이라면 누구나 반드시 지켜야 할 철칙으로 보았다는 점이다. 그는 자신의 고향 마을에 그와 관련된 법규를 정해, 미시적인 차원에서 '성리학적 전환'을 실천하였다. 아래에서 그 이야기를 해볼까 한다.

알다시피 이황은 일찍이 벼슬을 버리고 고향으로 되돌아갔다. 조부인 진사 이계양 때부터 그의 집안은 예안의 온계리(경북 안동)에 모여 살았다. 이황은 이웃에 사는 여러 선비와 함께 '온계동약'을 정했다. 이는 성리학적 이상을 실천하기 위한 매우 구체적인 노력이었다.

두말할 필요도 없이 성리학은 조선 선비들이 추구하는 목가적 전원생활의 이념적 뿌리였다. 중종 때 조광조가 개혁 정치를 펼치면서 '향약'의 필요성을 강조한 이유도 그 점에 있었다. 엄밀히 말해 '향'(鄕)은 고을이요, '동'(洞)은 마을이다. 그러나 우리나라에서는 동약을 향약이라고 일컫는 경우도 많았다. 15세기 말 정극인이란 선비가 전라도 태인의 고현내에서 처음으로 동약을 실시한 것 같은데, 이것이 전국의 여러 지방으로 퍼져나가는 것은 시간문제였다.

이황이 귀향했을 때 고향 온계동에는 한 가지 난처한 사건이 일어났다. 노비들의 간통 사건이 문제가 된 것이다. 이황은 조용한 성품의 소유자답게 문제를 조용히 처리하고자 애썼으나 뜻대로 되지 않았다. 사태를 염려한 그는 온계동약의 운영 주체라 할 '동회'(洞會)에 한 통의 공개서한을 보냈다. 〈온계동내(溫溪洞內)에 보내다〉(《퇴계선생문집》 제40권)라는 글이다. 글을 읽어보면, 조심스럽고도 엄격한 이황의 성품

음란한 여성은 용서 불가

이 느껴진다.

　사건의 내막을 짤막하게 간추려보자. 종 범금이와 종 손이는 온계동의 한마을에 사는 친구였으나, 불행히도 손이가 일찍 사망했다. 그런데 범금이는 친구 손이가 살아 있을 때부터 손이 아내와 몰래 사귀었다. 손이가 죽자 그들은 함께 살기로 작정했고, 이 목적을 달성하기 위해 범금이는 멀쩡한 자신의 아내를 강제로 쫓아냈다.

　한편 손이는 사노(私奴, 개인의 종)였으나 살림은 유복한 편이었다. 그는 상당한 분량의 옷감과 곡식을 아내에게 유산으로 남겼다. 이를 물려받은 그의 아내는 재산을 몽땅 정부(情夫)인 범금이와 노느라 흥청망청 다 써버렸다. 보다 못한 손이의 옛 상전이 사람을 보내 그녀의 잘못을 꾸짖었다. 그러자 그녀는 상전에게 원한을 품고, 차마 입에 담기조차 어려운 욕설을 퍼부었다.

　손이 아내는 친척들과 모의하고, 마치 마을을 곧 떠날 것처럼 하였다. 사실은 정부 범금이와 이 마을에서 계속해서 살 생각이었다. 그녀는 마을 사람들의 반응을 알고자 했을 따름이다. 마을 사람들은 크게 분개했다. 그들은 두 사람을 붙들어다가 벌을 주었다. 그러나 그 뒤로도 범금이와 손이 아내는 동약의 규칙을 무시하고 멋대로 간통을 계속했다. 이황은 이러한 사정을 자세히 기록하여 '동회'에 서면으로 알렸다. 끝으로, 그는 자신의 견해를 기술했다.

　이 사람들의 죄상은 이와 같고, 윤리 도덕에 어긋남이 분명합니다. 설

사 국가의 대사령이 있다 하여도 용서할 수 없을 것입니다. '만약 믿
는 바가 있어서 다시 죄를 저지르면 목을 벤다'라는 옛날의 법이 있습
니다. 저의 생각은 개인적인 원한에서 비롯된 것이 결코 아닙니다. 그
들 두 사람의 죄는 도덕에 비추어 엄히 다스려야 합니다.

_〈온계동내에 보내다〉

손이 아내와 범금이를 극단적인 방법으로 처벌하지 않을 수 없다.
이것이 이황의 뜻이었다. 이 사건을 어물어물 넘기면 온계동약의 존재
의미는 사라지고 만다는 것을 강조했다. 이황의 경고는 대단히 엄중하
였고 이런 중죄인을 그대로 용인한다면 마을의 풍속은 퇴락해, 이후로
는 어떠한 도덕적 명령도 힘을 잃고 만다는 염려가 가득하였다.

누가 보아도 이황은 인자한 성품의 소유자였다. 그런데 그가 뜻밖
에도 마을에서 일어난 사건을 다루는 과정에서 극형(사형)을 주장했
다. '배우지 못한 종들은 어쩔 수 없다'라며 슬그머니 물러설 수도 있었
을 법한데, 그는 도덕의 칼날을 벼렸다. 왜 그러했을까. 이 사건에는 한
가지 중대한 역사적 의미가 있다고 판단해야 한다. 이제 조선 사회는
지역과 계층을 초월해 '도덕의 시대'에 접어들었다고 말이다.

누구든 성리학의 고전에 명기된 충성·효성·열녀의 길을 가지 않으
면 안 되는 시대가 본격적으로 왔다. 이른바 '삼강오륜'에 충실하면 충
신·효자·열녀가 되어 나라의 표창을 받으려니와 크게 빗나가면 목숨
도 내놓아야 마땅하다는 논리가 방방곡곡에서 강요되기 시작했다.

음란한 여성은 용서 불가

정치적 파장이 컸던 진주의 함안 이씨 사건

　퇴계 이황이 살았던 16세기에는 전국 여러 곳에 이름난 성리학자가 많았다. 그 가운데 한 명이 남명 조식이었다. 조식은 성품이 엄격하고 유난히 의리를 강조하였다. 그래서였을 테지만 아내의 역사와도 관련이 있는 한 가지 불미스러운 사건에 깊숙이 개입했다. 그의 고향 진주에서 살았던 함안 이씨 부인의 품행에 관한 사건이었다. 조식이 이 사건의 뿌리를 캐어 진실을 밝히려고 노력한 것은 나무랄 일이 아니었으나, 그 바람에 사건이 지나치게 확대되어 정치적 파란이 일어나기까지 한 것은 생각해볼 문제다. 이에 관한 이야기를 해보겠다.

　경상도의 남쪽에서 조식과 더불어 이름이 높은 당대의 선비로는 귀정 이정이 있었다. 그 또한 학행이 뛰어난 선비여서 두 사람은 평소에 서로를 아끼는 다정한 친구 사이였다. 그런데 그들은 진주에 사는 진사 하종악과도 가까웠다. 조식의 여조카는 하 진사의 아내였고, 이정의 첩은 하 진사의 여동생이었다. 그런데 하 진사의 아내 조씨가 일찍 세상을 떠나는 바람에, 진사는 함안 이씨와 재혼하였다. 일설에는 이씨가 이정의 첩과 인척이라고도 하였다.

　얼마 후 하 진사도 사망해, 이씨는 갑자기 과부가 되었다. 그러나 어찌 된 셈인지 이씨의 행실이 문란하다는 소문이 들렸다. 때마침 조식의 친구인 이희안의 후처도 남자관계가 좋지 않다는 말이 있었다.

　경상도 관찰사 박계현이 이정을 만났을 때, 이정은 이희안 집안에 대한 흉한 소문을 이야기해 주었다. 감사는 깜짝 놀라서 김해 부사 양희에게 조사를 부탁했다. 부사가 사위 정인홍에게 그 일을 맡기자, 정인홍은 스승 조식에게 의견을 구했다.

그러자 조식이 분노했다. 이정이 하필 이희안의 후처를 문제로 삼은 데는 자신의 친구인 이희안의 집안을 망치려는 계략이 숨어 있다고 억측한 것이다. 스승은 하 진사 집안의 추문을 제자에게 들려주었다. 그러자 조식의 제자들이 모두 일어나 함안 이씨의 실행을 성토하는 통문을 짓고, 이씨의 집까지 허물어버렸다. 그와 관계가 있다고 알려진 남성도 고향에서 축출하였다. 그들은 또 이정이 함안 이씨에게서 뇌물을 받고 허물을 은폐하려 한다는 이야기를 전파했다.

게다가 조식은 관찰사를 움직여 함안 이씨 사건의 실체를 파헤치게 하였다. 그러나 사건의 실체가 제대로 밝혀지지 않아, 수사를 맡은 관리가 파면되는 사태가 일어났다. 대사헌 박응남은 상소를 올려, 조식이 한양에 사람을 보내 조정 관리를 위협한 일, 그리고 그 제자들이 이씨 집을 찾아가 불을 지르고 때려 부순 것을 문제 삼았다. 훗날 실학자 성호 이익도 조식을 비판하였다. 별로 중요하지도 않은 일을 가지고 소란을 일으켰다는 취지였다. 그때 만일 고봉 기대승 같은 인사들이 조식을 옹호하지 않았더라면 곤욕을 치렀으리라고, 이익은 판단하였다(이익, 《성호사설(星湖僿說)》 제7권).

사건 당시의 《실록》을 내가 직접 확인해 보았다. 선조 2년(1569) 4월 29일, 기대승은 간통 사건은 본래 진상을 알기가 어렵다며, 되도

음란한 여성은 용서 불가

록 관련자를 너그럽게 용서하자고 주장하였다(기대승, 《논사록(論思錄)》, 상편도 참조). 약 한 달 뒤(5월 21일) 조정에서는 이 문제를 재론하였다. 여러 신하가 조식의 제자들이 남의 집을 훼손한 것을 비판하였다. 그러면서도 그들은, "조식이 무슨 사심이 있어서 이러한 일을 한 것이 아니다"라고 변명하였다.

불행히도 사건의 후유증은 길게 이어졌다. 이정 집안의 손자인 진사 이곤변의 대까지도 남명의 제자들은 심한 모욕과 공격을 계속했다(허목, 《기언별집(記言別集)》 제6권). 이곤변은 억울함을 참지 못해 조부 이정의 결백함을 주장하는 '졸변(拙辨)'을 지어 세상에 알렸다. 그러자 조식의 손자 조준명은 문제의 글을 반박하며 '반변(反辨)'으로 맞섰다.

이 사건이 일어난 이후 영남의 풍습이 일변하였다고 한다. 선비들이 몰려가서 타인의 집을 때려 부수고, 미워하는 인사를 고을에서 몰아내는 기이한 일이 벌어졌다(《선조수정실록》, 선조 2년 5월 1일). 사건이 일어났을 당시 이정은 자신의 친구인 퇴계 이황에게 편지를 보내, 자신의 딱한 처지를 설명하였다. 이황이 답신하기를, '친구끼리 사소한 일을 가지고 이렇게 외면하고 화해하지 못한다면 나로서는 이해할 수 없다'라고 하며 안타까워하였다. 세월이 한참 흐른 뒤 이황의 편지가 세상에 알려지자 정인홍은 이황을 심하게 비난하였다. 죽을 때까지도 그는 비난의 화살을 쏘아댔다. 《실록》은 기록하기를, "영남의 선비들이 당파를 나누게 된 화근이 이 사건에서 시작되었다"라고 하였다(《선조수정실록》, 선조 2년 5월 1일).

무서운 일이 아닌가. 작은 일이라도 정치적으로 악용되면 큰일이 되고야 만다. 조식이 함안 이씨 사건을 파헤치려고 했던 본의는 여성의 성적 일탈을 근본적으로 막으려는 데 있었을 것이다. 그러나 사건이 걷잡을 수 없이 확대되었고, 그 과정에서 정치적으로 악용된 것이다. 사실 여부도 확인되지 않은 한 여성의 개인적인 문제를 빌미로 선비 사회는 집단적으로 대립하였다.

이처럼 몇 가지 이야기를 풀어가면서 저절로 하나의 꼭짓점이 형성되는 것 같은 느낌이다. 세종이 착수한 그 나름의 문명화 사업은 16세기 후반에 이르러서야 거의 완성되었다고 보아야 하겠다. 이황의 주장대로 누구든지 성리학적 윤리 규범에서 벗어날 수 없다는 인식이 조선 사회를 지배하였다. 이제는 도덕이 곧 법이요, 이를 어기면 처벌도 감수해야만 하는 세상이 되었다. 조식이 함안 이씨의 문제에 집착하다시피 한 것도 따지고 보면 역시 같은 사고방식이었다. 남성이든 여성이든 평민이든 노비든 누구라도 선비와 똑같은 도덕률의 적용을 받는 세상, 이것이 과연 이상적인 세상이었을까. 곰곰이 생각해볼 일이다.

음란한 여성은 용서 불가

송덕봉, 미암 유희춘의 지기(知己)가 되다

16세기에는 김종직의 아내 창녕 조씨보다 훨씬 능동적이고 과감한 여성이 출현하였다. 기왕의 어떤 여성에 비해서도 활동 범위가 훨씬 넓고 학식이 더욱 풍부한 이였다. 또 아내로서 남편과의 관계에도 매우 적극적인 이였다. 아내의 역사를 새로 썼다고 해도 괜찮을 그이는 가정생활 전반에 걸쳐서 당당한 주역이었다. 덕봉이라는 호로 잘 알려진 홍주 송씨 부인을 말하는 것이다. 그의 남편은 점필재 김종직의 학통을 이은 선비로 미암 유희춘(1513~1577)이었다. 유희춘은 아내 송덕봉을 거침없이 '지기(知己)', 곧 최고의 친구라 부르며 우정을 확인했다. 16세기의 낭만적인 풍경이었다고 생각한다.

송덕봉 내외의 삶은 현대적인 느낌을 주기도 한다. 20년쯤 전, 독일

베를린자유대학교에 재직하던 시절 나는 현지 시민들 앞에서 송덕봉의 일생을 강연한 적이 있다. 당시 청중 반응이 기억에 새롭다. 아름다운 여름밤, 야외무대에서 펼쳐진 내 강연에 대한 시민과 동료 교수들의 반응이 한결같았다. 송덕봉이 너무 현대적이라 놀랍다는 것이다.

그의 남편 유희춘은 어떤 사람이었을까. 마침 유희춘이 노년에 쓴 〈과거급제를 읊다(登科吟)〉(《미암집(眉巖集)》 제2권)라는 시가 생각난다. 본인의 자술을 통해서 그의 일생을 더듬어보자.

과거에 급제한 지(중종 33년, 1538)도 사십 년이 되었네

세상 풍경 몇 번이나 바뀌었던가

임금님을 삼 년 동안 모시다가

멀리 함경도 종성(땅끝)에서 이십 년을 보냈지

대신(염매)이 되어 대궐에서 밤늦도록 일하다가

아내(기러기)와 함께 남으로 갔다네

다시 무궁한 즐거움을 누리게 되었네

서재 창가에서 보내는 세월 길기도 하여라.

登科今四紀 風色幾玄黃 殿上陪三歲 天涯閱廿霜

鹽梅前夜席 鴻雁伴南鄉 更有無窮樂 書窓日月長.

_〈과거급제를 읊다〉

파란 많은 삶이었다. 한창 젊어서는 문과에 급제해 호시절을 맞았

남편의 존경을 받은 능력자

다가 명종 즉위년(1445) 을사사화에 얽혀 변방으로 귀양을 갔다. 그러나 오래 세월이 흐른 뒤 다시 조정에 복귀하여 부귀영화를 누리다가 아내와 함께 낙향하였다. 말년에는 명성도 떨쳤을 뿐만 아니라 경제적으로도 여유가 있었다. 말년 운이 대단히 좋았다.

중년에는 남편의 귀양살이가 자꾸 길어지는 바람에 송덕봉 내외의 고심이 많았다. 그러나 그가 건강한 몸으로 조정에 복귀한 뒤에는 누구나 부러워할 만한 세월이 전개되었다. 선조 9년(1576) 정월 초하루, 남편이 지은 〈설날에 지은 시(元日詩)〉(《미암집》 제2권)를 읽어보면 송덕봉 일가의 당시 형편이 뚜렷이 떠오른다.

조정에 돌아온 구 년, 진땀이 적삼을 적셨네

새도 피곤하면 숲으로 돌아가 비로소 단잠 이루지

설날 마시는 이술(도소주) 한 잔 또 마시자 내 나이 예순넷이네

이제부터 경전을 구 년 동안 궁리할 걸세

아내가 음식을 마련해 주어 그저 한가롭다네

손자(유광선)가 가업을 이었군, 기쁘기 그지없다네

만사는 인연대로 되는 법, 좋을 것도 싫을 것도 없지

나는 오직 주자(회암)의 책을 읽으며 지극한 기쁨을 맛보네.

還朝九載汗沾衫 倦鳥歸林睡始酣 復飲屠蘇今八八 將窮黃卷更三三

妻能中饋聊多暇 孫解箕裘喜克擔 萬事隨緣無適莫 惟求至樂晦菴龕.

_〈설날에 지은 시〉

64세의 유희춘은 세상에 부러운 것이 하나도 없었다. 다행히 손자 광선이도 공부를 착실히 하는지라 집안의 미래도 걱정할 이유가 없었다. 이제 때가 되면 조정을 떠나 아내와 함께 전원으로 되돌아가서, 하고 싶은 공부를 죽을 때까지 마음껏 해보았으면 하는 것이 유일한 바람이었다.

유능한 아내

송덕봉은 과연 어떤 사람이었을까. 지금까지 나는 그에 관해 여러 편의 글을 쓸 기회가 있었는데, 생각할수록 참 대단한 인물이었다. 문인으로서 재능이 출중하였을 뿐만 아니라 개성이 강하고, 사업적 능력까지 갖춘 분이었다.

송덕봉은 세상을 떠나기 얼마 전, 정확히 말해서 선조 9년(1576) 2월 15일에 남편의 소망 하나를 이뤄주었다. 고향 담양에 시원하게 새집을 짓게 한 것이다. 남편은 연신 감탄하며 한 편의 시로써 자축하였다(〈아내 성중이 대청이 완성된 것을 보고 사운을 짓다(見成仲規畫大廳 因成四韻)〉, 《미암집》 제2권).

남편은 집의 규모가 자신이 예상한 것보다 큰 데 놀랐다. 이 모든 공사를 주관한 이는 아내 송덕봉이라서 그에게 찬사를 바치기도 하였다. "부인의 솜씨는 그 옛날 노나라의 이름난 목수 공수반(公輸般)과도 같고 순임금 때 착상이 기발하였던 수(倕)와도 같습니다(夫人心匠似殷倕)." 이만하면 극찬이었다.

남쪽이 확 트인 서실은 조명이 잘 되는 데다, 북쪽에는 누대가 있어 운치가 있는 새집이었다. 유희춘은 창가에 기대어 여유만만한 자신의 모습을 상상하였다. 자손들도 할아비를 본받아 열심히 글을 읽으리라 짐작하니 더욱 기뻤다. 옛날에 선친이 자신에게, 기회가 되면 고향 해남을 떠나 새로운 곳에 정착하라고 당부하시던 광경이 눈가에 떠올랐다. 매사에 과감하고 실천력이 있는 아내 송덕봉이 아니라면 이렇게 아름다운 집을 뉘라서 지을 수 있겠는가, 생각하니 아내가 새삼 고마웠다.

곰곰 생각할수록 아내 송덕봉은 집안에 공이 많았다. 유희춘이 종성에 유배되어 있던 시절, 명종 13년(1558) 2월에 시어머니 최씨 부인이 작고하였다. 유희춘은 유배지에 움막을 만들고 아침저녁으로 제사를 올렸다. 그때마다 고향이 있는 남쪽을 바라보며 구슬피 통곡하였다. 그리고 그 당시 아내 송덕봉이 남편을 대신하여 모든 상례를 예법에 맞게 치러 선비들을 놀라게 하였다(이호민, 〈시장〉, 《미암집》, 부록, 20권).

유희춘의 형은 일찍 세상을 떴다. 큰조카 유연개 역시 요절해 그의 어린 아들이 오갈 데를 잃었다. 아내 송덕봉은 그들을 불쌍히 여겨 모두 거두어서 자식처럼 돌보고 길렀다.

유희춘이 종성에 유배되면서 가지고 있던 몇 뙈기의 논밭을 모두 팔아 노자로 써버렸고, 나중에야 조정으로 되돌아왔다. 벼슬은 재상이었으나 그는 글만 읽을 뿐 살림을 조금도 알지 못했다. 그런데도 집안 살림이 원만하게 유지된 것은 오로지 송덕봉의 힘이었다《시장》.

그런데 아내 송덕봉은 중년부터 풍냉증이 있어 몸이 불편할 때가 많았다. 유희춘 역시 오랜 유배 생활의 고통을 이기지 못하고 병을 얻어 허리 아래가 얼음장처럼 차가워서 몸을 제대로 쓰지 못할 때가 많았다. 그런 이유로 복잡한 조정을 떠나 고향 집으로 돌아가 조용히 여생을 마치고 싶은 생각이 늘 머리를 떠나지 않았다(유희춘, 〈영상 이준경에게 답한 편지 기사년(答 李領(相 浚慶 書 己巳)〉, 《미암집》 제3권).

명종 때 정치적 혼란에 휘말려 20년이나 귀양살이를 한 터라, 유희춘은 조정의 무거운 공기가 부담스러웠다. 그는 벼슬의 행운이 오래 계속되기는 어렵다고 판단해 선조 2년(1569) 겨울에 병을 핑계 대고 아내와 함께 고향으로 되돌아갔다(유희춘, 〈경연일기〉, 갑술년(1574), 10월, 《미암집》, 18권).

그러나 영의정 이준경이 간절한 어조로 편지를 보내 유희춘을 조정에 다시 불러들였다. 선조도 유희춘의 탁월한 학식에 큰 기대를 걸고 있어, 그는 고향에서 마냥 한가롭게 지낼 수가 없는 처지였다. 말년의 그에게는 벼슬 운이 따랐다고 보아도 좋겠다. 이것은 물론 유배지에서 20년 동안 쉬지 않고 학문에 정진한 결과였다. 그 당시 조정에는 유희춘만큼 학식이 풍부하고 경전 해석에 정통한 이가 없었다고 한다.

이름난 관리의 부인이었으므로 송덕봉은 처신을 더욱 엄격히 하였다. 선조 원년(1568) 9월 29일에 쓴 유희춘의 〈미암일기(眉巖日記)〉에

남편의 존경을 받은 능력자

흥미로운 기록이 보인다. 송덕봉은 딸을 데리고 담양을 떠나 한양으로 출발하였다. 딸은 몸이 허약하여 말에 탈 수 없을 정도였으므로 사람들은 그를 가마에 태우라고 권하였다. 그러나 송덕봉은 가장 유희춘이 그렇게 하라는 명령이 없었다며 극구 사양하였다. 전주에 도착하자 부윤 노진도 가마를 하나 내어주며 딸을 태우라고 하였으나 송덕봉은 극구 사양하며 어른(유희춘)의 뜻이 아니라고 거절하였다. 부윤이 거듭 간청하였으나 끝까지 따르지 않자 모두 탄복하였다고 한다(유희춘, 〈일기〉, 무진년(1568), 9월, 《미암집》, 6권).

송덕봉은 명문가 출신이었는데, 남편 유희춘은 처남 송정수(송군직)와도 무척 친한 사이였다. 그의 죽음을 슬퍼하며 유희춘이 쓴 글에 그 관계가 역력히 기록되어 있다(유희춘, 〈송군직에게 바친 제문(祭宋君直文)〉, 《미암집》 제3권). 과거 젊은 시절에 그들은 서로 아끼며 십 년이나 한집에서 살았다. 그때 유희춘은 처남 송정수에게 역사책을 가르쳐주었다고 한다. 그러다 을사년에 유희춘이 귀양을 떠나게 되자 멀리 장성(전남 장성)까지 전송하였다. 이별할 때 눈물을 흘리며 노자를 보태주기도 하였다. 유배지에서 유희춘이 살아 돌아왔을 때는 누구보다 기뻐하며 손을 움켜잡고 함께 울며 기뻐하였다.

물론 처남과 매부가 늘 화목하기만 한 것은 아니었다. 유희춘의 일기를 자세히 읽어보면 서로 생각이 달라서 마음이 불편한 적도 있었다. 송정수는 둘째 딸을 박사 벼슬을 하는 조경중에게 시집 보내려고 했다. 그러나 송정수의 누이인 송덕봉과 매부 유희춘이 한목소리로 반대해서 서로 갈등한 적도 있었다. 유희춘 내외는 조경중의 나이가 너무 많다는 점을 문제 삼았다. 그때 일기에서 유희춘은 송정수의 학문과 취향이 고상하지 못하다고 심하게 비판하였다. 그러나 이런 일쯤이야 얼마든지 회복할 수 있는 작은 갈등이었다고 생각한다. 주목할 점은 그런 일이 생겼을 때도 송덕봉과 남편은 의견이 똑같았다는 사실이다. 이를 보아도 그들은 매우 잘 어울리는 한 쌍의 부부였다.

시를 주고받는 친구 같은 부부

남편 유희춘은 젊어서부터 아내에게 큰 기대를 걸었다. 결혼한 직후에 그는 처가가 있는 담양으로 이사하기를 원했다. 어떤 사정이 있어서 계획을 바로 실행하지는 못했으나, 아내의 고향에 있는 덕봉 아래로 옮기려고 했었다는 기록은 있다(유희춘, 〈덕봉 아래서 살까 하였다가 이사하지 않겠다고 써서 성중에게 보였다(更思留住德峯下不爲遷居計示成仲)〉, 《미암집》 제2권).

송덕봉은 유희춘의 두 번째 부인이었다. 첫 번째 부인과 사별했기 때문에 그는 재혼을 고려했는데, 처음에는 서씨 집안의 처자와 혼담이 무르익었다. 그러나 생각을 바꾸어 송씨로 결정하였다고 전한다. 재주가 뛰어난 송덕봉과 결혼함으로써, 유희춘은 중국 고전에 나오는 이름난 아내들처럼 매사에 현명한 아내를 맞이한 것으로 자부하였다.

그는 진나라의 고사(高士) 도잠(陶潛)과 그의 부인 적씨(翟氏)처럼 살기를 꿈꾸었다.

그들은 참으로 화기애애한 부부였다. 어느 날 남편 유희춘은 대궐에 나아갔다. 선조를 모시고 행차가 경복궁에 도착하였다. 왕이 별감에게 명하여 술도 주고 음식도 주었는데, 그 일부를 남겨 아내에게 보낸 적도 있다(유희춘, 〈일기〉, 기사년(1569), 8월 29일, 《미암집》 제7권).

무슨 특별한 계기가 있을 때마다 그들 부부는 시를 주고받으며 기쁨을 나누기도 하였고, 서로를 격려하거나 위로하기도 하였다. 드물게는 송덕봉, 유희춘 부부와 아들 유경렴까지 세 사람이 어울려 시를 쓰기도 했다. 그 이야기를 조금만 더 해보자.

마침 그날은 중구절(9월 9일)이었다. 《미암집》(제2권)에 〈중구절의 작은 술자리(重九小酌)〉라는 시가 있다. 먼저 남편 유희춘이 태평 시절을 노래하며 이렇게 시작하였다. 자신의 귀양 탓에 뿔뿔이 흩어졌던 가족이 다시 한데 모인 기쁨을 헤아리기 어려웠다.

> 대궐에서 은총을 입은 날이지
> 노랑 국화꽃을 술잔에 띄우기 좋아라
> 집안에 식구 대여섯이 모여
> 태평 시절을 함께 즐긴다오.
> 紫極承恩日 黃花泛酒時 一堂親五六 同樂太平期.
>
> _〈중구절의 작은 술자리〉

다음은 아내 송덕봉의 차례였다. 부인 역시 오랜 유배 끝에 남편이 돌아와 조정에 다시 서게 된 일을 감개무량한 어조로 적었다. 꿈이 현실이 된 기쁨을 노래한 것이다.

옛날에는 우리가 남북으로 헤어졌지요
어찌 이런 좋은 시절이 다시 올 줄 알았겠어요
맑은 가을 좋은 절기에 모였네요
천 리 먼 길에 우리가 서로 기약하였듯이 말이지요.
昔日分南北 那知有此時 淸秋佳節會 千里若相期.

_〈중구절의 작은 술자리〉

끝으로 큰아들 유경렴이 시를 읊었다. 효심을 담아서 이 경사스러운 날의 기쁨을 표현하였다.

학처럼 흰머리 우리 부모님 당상에 계십니다
울긋불긋 색동옷 입고 춤을 추옵니다
우리 집안에 한없는 즐거움이 있사옵니다
이 밖에 다시 무엇을 더 바라겠사옵니까.
鶴髮俱堂上 斑衣舞此時 吾家無限樂 此外更何期.

_〈중구절의 작은 술자리〉

남편의 존경을 받은 능력자

송덕봉과 유희춘 부부는 서로의 마음을 깊이 헤아리며 행복한 노년을 보냈다. 멀리 유배를 떠난 사람이야 조선 시대에 어디 한둘이었을까마는 이 부부처럼 속정이 깊은 이들은 아마 없었을 것이다. 그들은 한양 생활을 접고 고향으로 내려왔다. 함박눈이 내리던 어느 겨울밤, 송덕봉 내외는 고향의 새집에서 화롯불을 두고 한가로이 마주 앉아 시를 주고받았다. 《미암집》(제2권)에 실린 〈눈 내리는 밤(雪夜)〉을 적어 본다.

먼저 유희춘이 한 수를 건넸다. 영광스러운 경연관 생활을 정리하고 무사히 향리로 돌아와 새집에 앉았으니 기쁘기 짝이 없다는 말이었다. 새집에는 다양한 서적도 간수되어 있어 흐뭇하기 짝이 없다고 하였다.

경연관 9년에 임금님의 옥음을 자주 들었네
조용히 아뢰고 또 아뢰어 신도 아셨던지
향리로 돌아감을 허락해주셔서 지극한 복락을 얻었지
새집에 비치된 만 권 서적, 나의 보물이고말고.
談經九載德音頻 啓沃從容久會神 恩許歸田尋至樂 新堂萬卷是吾珍.

_〈눈 내리는 밤〉

바로 그 새집을 지을 때 처음부터 끝까지 공사 비용을 조달하고 시공을 감독한 이가 아내 송덕봉이었다. 아내 역시 기쁜 마음을 담아서 남편에게 응답하였다. 이제부터 남편이 마음 편히 책도 읽고 마음공부도 하시기를 부탁하며, 자신이 바라는 것은 물질적인 부가 아니라고 고백하였다. 여기서 확인되듯, 아내 송덕봉은 성리학적 가치를 내면화한 여성 선비임이 분명하였다.

> 임금님의 은총이 더욱 커지는 이때 벼슬은 왜 버리셨소
> 벼슬 버리셨으니 숲속에서 정신을 닦으시기 바랍니다
> 황금이 가득한 상자는 제가 바라는 바 아니랍니다
> 새로 지은 집과 맑은 시내가 유일한 보물이지요.
> 聖眷方隆何事退 休官林下養精神 黃金盈櫃非吾願 新室淸溪亦一珍.
> _〈눈 내리는 밤〉

유희춘은 한양의 조정에서 고관의 임무를 지녔을 때도 아내와 많은 이야기를 나누었다. 그는 조정에서 벌어지고 있는 일에 대해서도 아내의 의견을 물을 정도였다. 아내는 학식이 풍부해 서재에 비치된 수많은 책도 직접 정리할 때가 많았다.

유희춘은 선조의 명을 받들어 《속몽구분주(續蒙求分註)》를 편찬하기도 하였다. 중국의 후당 때 이한(李瀚)이 저술한 《몽구(蒙求)》를 보충하기도 하고 새롭게 많은 항목을 추가한 저술이었다. 중국 역사상의 주요 인물에 관하여 일화 중심으로 소개하는 책자인데, 정몽주와 길재 등 우리나라 인물도 일부 포함되었다.

남편의 존경을 받은 능력자

이 밖에도 유희춘은 여러 종류의 책을 저술하였는데, 그때마다 송덕봉이 곁에서 도왔다고 한다. 특히 아내는 한자 어휘를 정확히 우리말로 어떻게 표현하는 것이 옳은지를 잘 알고 있어서 사전을 만들거나 언해 작업을 할 때 크게 도움이 되었다.

아내의 편지

송덕봉 부부라고 해서 왜, 아무런 갈등이 없었겠는가. 남편 유희춘이 유배지에서 돌아와 홀로 한양에서 벼슬할 때였다. 한번은 그들 사이에 뜻밖의 긴장이 조성되었다. 《미암집》에 실린 한 통의 편지가 나의 관심을 끈다. 발신자는 송덕봉이요, 편지의 수신자는 남편 유희춘이었다. 편지는 단순히 상대방의 안부를 묻는 것이 아니라, 부부 사이의 애정 문제를 토로한 것이라는 점에서 여간 흥미로운 것이 아니다.

보내주신 편지를 자세히 읽어보니 그대가 제게 얼마나 관대한 척하시는지를 짐작하겠습니다. 그런데 제가 듣기로, 군자(君子)는 항상 스스로 법도에 맞게 행동하며 자신의 사소한 감정까지 온전히 다스린다고 합니다. 이것이 바로 성현께서 가르치신 바일 것입니다. 성현의 말씀을 따르는 것은 한 사나이가 자신의 아내나 아이들을 위하여 실천에 옮기는 하찮은 것이 될 수 없습니다. 만일 그대가 진정으로 탐욕스럽고 잡된 생각을 전혀 갖지 않아 마음이 지극히 맑다면, 이미 군자가 될 바른길을 걷고 있다 하겠습니다.

한데도 그대는 어찌하여 꽉 막힌 규문(閨門) 뒤에 웅크리고 있는 아내에게 그대가 관대하게 대해줬다는 인정을 받으려고 안달하시는지 모르겠습니다. 그대가 그저 서너 달 동안 첩실을 아니 두고 홀로 지내셨다 하여, 마치 그 덕이 넘치는 것으로 자부하며 그렇게 뻐기시는 것인가요? 그대는 정말로 나의 호감을 크게 살 만한 일을 하셨다고 믿으시는가요?

_《미암일기초(眉巖日記草)》 11책

이 편지가 발송된 것은 선조 3년(1570) 6월, 송덕봉의 나이 이미 50세였다. 당시 그녀는 담양의 본가에 남아 있었고, 남편은 한양에서 벼슬을 하고 있었다.

송덕봉은 16세에 결혼하였는데, 결혼한 지 3년째 되던 해에 남편이 과거에 급제하였다. 그러나 10년도 못 가서 액운이 닥쳤다. 앞에서도 말하였듯, 유희춘은 사화에 연루되어 20년가량을 변방에서 쓸쓸히 지내야 했다.

따지고 보면 그들 부부는 떨어져 지낼 때가 많았던 셈이다. 남편의 학업과 벼슬 그리고 유배 생활 때문이었다. 그런데 한양으로 가서 조정에 복귀한 남편이 불과 3개월의 외로운 생활을 구실로 첩을 들이겠다고 투정을 한 것이다.

아내 송덕봉은 속이 상했다. 그녀는 남편의 첩살림을 반대하였기 때문에, 성리학의 가르침을 빌려서라도 첩을 두고자 하는 남편의 의지를 꺾고 싶었다. 위에 인용한 편지에는 송덕봉과 유희춘 부부의 다툼이 어떤 식으로 진행될지를 암시하는 단서가 보인다.

남편은 자신이 다른 사람들보다 관대하다는 점을 강조했다. 아울러 함부로 바람을 피우지 않은 자신의 품행을 스스로 높이 평가했다. 이만큼 잘했으니까 한양에 머무는 동안 첩을 두어도 될 만하다는 식이었다.

그러나 아내 송덕봉의 반격이 심상치 않았다. 그녀는 성현의 가르침을 이념적 무기로 삼아서 남편을 공격했다. 군자라면 자신의 선행을 과시하는 일이 있을 수 없다는 논조였다. 과연 아내에게 뻐기고 자랑할 만한 무슨 공이 있는지를 깊이 생각해보라고 다그치기도 했다.

그들의 삶을 자세히 들여다보면 송덕봉의 주장에는 근거가 없지 않았다. 남편이 함경도로 귀양을 떠날 때 그녀는 패물을 팔아 남편과 동행할 첩까지 딸려 보냈다. 그러고는 남편도 없이 홀로 고향에 남아 시부모를 끝까지 극진히 봉양해 사람들의 칭송이 자자했다.

앞의 서술에서도 충분히 드러난 것처럼 송덕봉은 한 사람의 여성 선비로 살았다. 그녀는 성리학적 질서를 자신의 가치관으로 받아들이면서도, 그것을 통해서 아내인 자신의 권리와 역할을 강화하고자 노력했다.

마침내 남편 유희춘이 항복했다. 그는 빙긋이 웃으며 아내의 뜻을 따랐다. 남편의 일기장에는 송덕봉의 편지가 그대로 갈무리돼 지금까지 그대로 남아 있다. 그러한 사실만 보아도 유희춘이 아내를 얼마나 깊이 사랑하였는지를 충분히 짐작할 수 있다. 나아가 그가 당시 기준으로 보면 매우 개방적이고 합리적인 사고의 소유자라는 점도 의심할 여지가 없다고 본다.

누구나 다 알 듯, 조선 사회는 유교 사회다. 근대 이전에는 유대교 사회든 이슬람 사회든 모두 남성 중심 사회였다. 기독교나 불교 사회도 예외가 아니었다. 그런 점에서 유희춘처럼 나이도 있는 데다가 학식도 높고 벼슬까지 가진 남성이라면 웬만한 것은 자신의 마음대로 결정할 권리가 있었다. 그들에게는 이 세상이 바로 지상낙원이었을 것이다. 권력과 부와 정치적 이데올로기를 독점하고 있었으므로 딱히 아쉬움이 없는 처지였다.

하건마는 아내 송덕봉은 사회적 강자인 남편 유희춘의 뜻에 고분고분 따르지 않았다. "당신이 정말 군자라면 어떻게 이런 편지를 보내 자기 자신의 행실을 자화자찬하십니까. 어떻게 저에게 당신을 존경하라고 강요하실 수가 있냐는 말씀입니다." 아내의 항변에 남편 유희춘이 움찔했다는 사실이 흥미롭다고, 나는 생각한다.

송덕봉은 성리학적 질서 속에서 사회적 약자였으나, 강자의 전유물과 다름없는 성리학적 논리를 빌려서 강자를 제압했다. 송덕봉처럼 세상의 모든 약자가 어떤 식으로든 자신의 자존감을 지킬 수 있으면 좋겠다. 나는 그것이 누구나 천부적으로 가진 최소한의 재량권이라고

남편의 존경을 받은 능력자

부르고 싶다. 그러나 세상에는 그런 최소한의 권리마저 누릴 수 없는 사람이 많으니 안타깝기만 하다.

16세기에는 송덕봉 내외 같은 부부가 상당수였다

송덕봉 유희춘 부부는 친구와도 같아 그윽한 우정이 넘쳐흘렀다. 아내의 역사를 빛낸 조선 시대 최고의 부부가 아니었을까 싶다. 그들의 삶은 극히 예외적이었다고 생각하지만, 그 주위를 자세히 살펴보면 상당히 비슷한 부부가 눈에 띄는 것도 엄연한 사실이다.

유희춘의 가장 친한 친구이자 사돈이기도 하였던 하서 김인후와 부인 여흥 윤씨도 친구처럼 살았다. 일찌감치 벼슬에서 물러난 김인후는 아내와 함께 술도 마시고 시도 지으며 신선처럼 살았다 해도 과언이 아니었다.

유희춘의 후배 고봉 기대승도 부인 함풍 이씨와 친구처럼 다정한 사이였다. 기대승은 조정의 복잡한 정치적인 상황을 싫어해, 하루빨리 고향으로 돌아가서 아내와 함께 조용히 살고자 했다. 그러나 그의 꿈은 이뤄지지 못했다. 기대승은 향년 46세를 일기로 작고하였다(선조 5년, 1572). 세상을 뜨기 전, 기대승이 아내와 함께 한잔 술을 마시며 귀향을 다짐한 시가 《고봉집(高峯集)》(제1권)에 있어서 잠깐 소개할 생각이다.

백 년도 이제는 취한 사람의 꿈속일 같다오

기뻐서 놀기로 하면 어디인들 청안하지 않으리오

밤이 오면 등잔불 밝히고 그대와 함께 앉아

밀회를 약속하듯 자세히 검토하며 늘그막의 전원생활 꿈꾸네.

百歲如今醉夢間 歡遊何處不淸安 夜來燈火唯君共 細討幽期卜晚閒.

_〈〈술 마시고 아내에게 드리다(醉贈細君)〉

기대승과 함풍 이씨가 등잔 심지를 돋우며 밤이 깊어가는 줄도 모르고 미래의 한가한 생활을 꿈꾸었다는 이야기가 너무나도 정답지 않은가.

16세기는 아내의 역사에서 매우 특별한 시기였다. 이제는 아내도 성리학의 이데올로기에 완전히 적응하였다. 송덕봉처럼 '창'과 '방패'를 남편과 바꿔서 들고 자신의 권리를 적극적으로 주장하는 이도 나타났다. 이념적 한계 상황에서도 역으로 자신의 운신을 넓힌 그이들의 지혜와 용기에 박수를 보낸다.

남편의 존경을 받은 능력자

탁월한 여성 작가의 출현

내 생각에, 16세기는 아내의 역사에서 새로운 이정표를 세운 시기다. 아내들 가운데서 탁월한 예술가가 다수 배출되었으니 말이다. 작가의 탄생은 앞 장에서 꺼낸 송덕봉의 이야기를 통해 어느 정도 짐작할 수 있는 일이었다. 그 시대에 재주와 명성으로 이름을 얻은 여성이 연달아 나왔다는 것은, 조선 여성의 문화 활동이 활발하였다는 증거이다. 바로 그 중심에 신사임당과 허난설헌이 자리하였다.

알다시피 신사임당은 이름난 성리학자 율곡 이이의 모친이기도 하였고, 허난설헌은 문장가가 많은 양천 허씨 명문가 출신으로 그 작품이 중국과 일본에까지 알려질 정도였으니 대단한 일이었다. 조선의 여성이 작가로서 국외에 알려지기는 아마도 역사상 최초의 일이 아니었던가 한다. 선비의 나라 조선이라서 그랬을 터인데, 여성이 오랜 기간 남성의 고유 영역이었던 시서화(詩書畵)의 영역에서 훌륭한 창작자로 인정받기에 이르렀다. 대개는 우리가 이미 아는 사실이다.

아래에서는 알려진 사실을 소개하는 데 그치지 않고, 우리가 미처 몰랐던 몇 가지 사실을 구체적으로 알아보기도 하고 우리의 상식과는 조금 달랐던 역사의 진실을 밝히려고 한다. 공부를 더 할수록 16세기 조선은 아내의 역사에 황금기요, 하나의 분기점이 아닌가 하는 확신이 강하게 든다.

시서화에 모두 뛰어난 신사임당

신사임당(1504~1551)이 역사적으로 과대평가되었다고 생각하는 사람도 많다. 그가 율곡 이이라는 대학자의 어머니라서, 후대가 사임당을 유명 인물로 조작하였다는 주장을 펴는 사람도 있다. 사임당의 작품에 낙관이 없다는 점을 문제 삼기도 한다. 또, 당대의 역사 기록에 그가 그린 초충도에 관한 정확한 언급이 없다며, 사임당의 예술적 성취에 관하여 의혹을 품는 이도 제법 여럿이다. 과연 신사임당은 사실과 달리 한껏 부풀려졌는가. 그는 후대가 조작한 명성의 주인공일까.

사임당의 예술적 재능을 의심하거나 부정하는 추측은 흥미롭지만 역사적 사실과는 거리가 멀다. 조선의 역사가 이긍익이 《연려실기술

〈燃藜室記述〉》에서 다음과 같이 기록한 사실을 되짚을 필요가 있다. 그는 사임당 신씨가 "포도와 풀벌레 그림을 잘 그렸다"라고 말한 다음에 그의 아들 옥산 이우도 어머니의 재능을 닮아서 시서화에 탁월하였고 거문고도 잘 탔다는 점을 적어두었다〈이긍익, 〈문예전고(文藝典故)〉, 《연려실기술》, 별집 14권〉. 이긍익은 이우를 이이의 형이라고 잘못 기록하는 실수를 범하기는 하였다. 그럼에도 사임당이 〈설중매죽도〉, 〈수과초충도〉, 〈포도도〉 등을 그린 서화가요, 그의 아들 이우는 물론이고 다시 이우의 딸과 외손까지도 대대로 서화에 재능을 가졌다는 사실은 조선 시대의 여러 문헌에 나와 있는 역사적 사실이다.

사임당이 그린 초충도(草蟲圖)가 극사실적이었다는 호평은 여러 곳에 보인다. 특히 송상기(1657~1723)의 《옥오재집(玉吾齋集)》(제13권)에서 분명한 사실을 발견할 수 있다. 그는 〈사임당화첩에 대한 발문(思任堂畫帖跋)〉을 지어, 자신이 직접 정필동(정종지, 1653~1718)이 소장한 사임당의 화첩을 본 소감을 기록하였다. "꽃과 오이 등의 여러 물건이 하나하나 정밀하고 오묘하게 표현되었고, 벌레나 나비 등은 더욱 신묘한 경지에 이르러 마치 살아 움직이는 듯하여 도저히 붓으로 그린 물건 같지 않다."

그보다 앞서 송상기는 신사임당의 그림을 소장한 어느 친척에게서 그림 솜씨가 예사롭지 않다는 이야기를 들은 적이 있었단다. 그의 전언에 따르면 장마철의 습기를 제거하려고 사임당의 초충도를 잠깐 볕에 말리려고 마당에 널었더니 닭이 쪼아내는 바람에 그림에 구멍이

났다고 하였다.

이런 기록으로도 알 수 있듯 신사임당의 그림은 17~18세기의 여러 사대부 가문에 소장되어 있었다. 물론, 이이라고 하는 대학자의 어머니라서 신사임당의 명성이 더욱 빛난 것은 부정할 수 없는 사실이었다. 그의 그림에는 "율곡 선생의 어머니께서 손수 그린 그림이다"라는 평가가 덧붙어, 후대가 더욱 사랑하고 아끼는 보물이 될 것은 누가 보아도 의심할 수 없는 일이었다. 그렇다 하더라도 후세가 없는 그림을 조작하여 신사임당의 허명을 만들었다고 주장한다면 이치에 어긋난다. 신사임당의 작품은 앞으로도 길이 빛날 명작임이 틀림없다.

신사임당은 묵란(墨蘭)에도 조예가 깊었다. 그가 그린 난초는 우리에게 익숙한 문인화 풍이 아니고, 그의 개성을 보여주는 독특한 그림이다. 이 그림은 우암 송시열이 쓴 감상문과 함께 오늘날까지 전해진다(송시열, 〈사임당의 난초 발(師任堂蘭草跋)〉, 《송자대전(宋子大全)》 제146권).

송시열은 이 그림이 전해온 내력도 상세히 기록하였다. 그가 이 그림을 직접 보았을 당시에는 이이의 종(從)증손 이백종이 그림을 소장하였다. 지난 세월 동안에 이 그림의 소유권은 다른 집안으로 넘어간 적도 있었다. 그랬는데 이백종이 현종 즉위년(1659)에 한양에 사는 이씨 성을 가진 사람에게서 되찾았다. 이백종은 사임당의 〈묵란도(墨蘭圖)〉를 다시 표구하여 집안의 영원한 보물로 삼았다. 송시열은 그와 같은 사정을 상세히 기록한 다음, 이백종이 이 그림을 영원무궁토록 잘 보관하기를 당부하였다.

그러면서 그는 이이가 어린 시절에 효심을 담아서 그렸다는 그림이 사라지고 없어서 매우 유감이라고, 깊이 탄식하였다. 사임당의 〈묵란도〉에 관한 그의 평가는 적절하여 참고할 점이 있다. 송시열은 이렇게 말하였다.

> 그 손끝에서 나온 이 그림은 순수하게 저절로 이루어진 느낌이다. 마치 사람의 힘이 보태지지 않은 것만 같다.
>
> _〈사임당의 난초 발〉

〈묵란도〉를 살펴본 사람은 송시열의 평가에 고개를 끄덕일 줄 안다. 사임당의 난초 그림은 자연스럽기 그지없어, 여느 선비가 그린 난초처럼 인위적이지 않다. 수수한 자연 그대로의 난초 모습이 도리어 낯설기까지 하다.

신사임당은 누구인가. 그가 강릉에 살았던 진사 신명화의 딸이라는 점을 모르는 사람은 별로 없을 터인데, 신 진사는 바로 조광조와 함께 개혁을 꿈꾸다가 처벌을 받은 '기묘명현(己卯名賢)'이었다. 사임당은 그처럼 유서 깊은 집안에서 태어나 "예법에 능숙하였고 시(詩)에 밝았다. 또한 여성이 지켜야 할 성리학적 법도, 즉 여범(女範)이라면 모르는 것이 없었다"(김장생, 〈행장(行狀)〉, 《율곡선생전서(栗谷先生全書)》 제35권, 부록(附錄) 3).

이이의 수제자였던 김장생의 말에 따르면 사임당은 한마디로, 성리학적인 교양이 탁월한 여자 선비였다. 이 짤막한 논평에는 사임당의 그림이나 글씨에 관한 언급은 보이지 않으나, 그림 같은 것은 성리학자의 눈으로 볼 때 특별히 의미를 부여할 일이 아니라고 보았기 때문일 것이다.

사임당의 예술적 재능이 후대로 계속 이어졌다는 점도 특기할 일이다. 이이의 아우로 참봉을 지낸 이우는 글씨를 잘 썼다. 그의 서첩은 당대에 이미 호평을 받았다(권호문, 〈상산 이 참봉의 서첩에 쓰다(題商山 李參奉 書帖)〉, 《송암집(松巖集)》 제3권). 이우의 글씨 쓰는 재능은 어머니 사임당에게서 물려받은 것이었다. 세평이 그와 같았다.

심지어는 이우의 서녀(庶女), 즉 신사임당의 서(庶)손녀인 이씨까지도 서화에 뛰어나 세상의 이목을 끌었다. 16세기 후반의 이름난 문장가 최립이 이에 관해 쓴 글은 참고할 만하다. 최립은 이우의 딸 이씨가 신사임당("東陽夫人")의 손녀로 붓글씨가 뛰어나서 그가 쓴 글씨가 세상에 많이 퍼져 있다고 기록하였다(최립, 〈주인인 사상의 부실 이씨에 대한 만사(主人使相副室李挽詞)〉, 《간이집(簡易集)》 제8권). 이씨의 죽음을 애도하는 이 글에서, 최립은 이씨가 "사임당(동양)이 전해준 오묘한 서법"을 물려받았고, 큰아버지 율곡 이이가 "깨우쳐준 시 세계"를 이었다고 평가하였다. 이씨 부인 역시 시서(詩書)가 뛰어나다는 사실이 명백하다.

사임당 이야기가 나왔으니, 그와 아들 율곡 이이와의 특별한 관계에 대하여도 두세 가지를 간단히 언급한다.

첫째, 이이는 어머니 신사임당과 심리적으로 매우 깊이 연결되어 있었다. 이이가 아직 다섯 살이던 시절의 일인데, 사임당이 병에 걸려서 위독하였다. 식구들이 모두 크게 걱정하였다. 그때 이이는 남몰래 외할아버지 신 진사의 사당에 홀로 서서 기도하였다. 마침 이이의 이모가 사당 곁을 지나가다가 발견하고 경탄하였다고 한다. 어린 마음에도 어머니요 스승인 사임당의 병환이 얼마나 걱정되었는지를 짐작할 수 있다(김장생, 〈행장〉, 《율곡선생전서》 제35권).

이이가 열여섯 살이었을 때 불행히도 사임당이 작고하였다. 3년 동안 여묘(廬墓) 살이를 마친 뒤에도 이이는 어머니를 잊지 못하여 밤낮없이 울부짖으며 비탄에 빠졌다. 그리하여 어느 날 봉은사를 찾아가 불경을 읽고 깊이 감동하여 속세를 떠날 결심을 할 정도였다.

둘째, 이이가 작고한 뒤에 그의 제자들이 스승 이이의 무덤은 물론이고, 그 어머니 사임당과 아버지 감찰 이원수의 묘소까지 돌보았다는 점이다. 현종 9년(1668) 겨울, 송시열은 친구 홍중보에게 보낸 편지에서 이이의 자손이 미약하므로 그의 학통을 이은 후배들이 묘소를 돌보는 것이 마땅하다고 주장하였다.

오늘날 조정 대신과 선비들은 말끝마다 이 선생(이이)을 존경한다고 하지만 묘소가 황폐하여도 그대로 방관하고 제대로 관리하지 않으니, 이 어찌 매우 부끄러운 일이 아니겠습니까.

_송시열, 〈홍원백 중보에게 보냄—무신년(1668) 10월 28일
(與洪遠伯 重普 戊申十月二十八日)〉, 《송자대전》 제44권

송시열의 제창으로 이이의 묘소와 비석이 온전한 보호를 받게 되었고, 신사임당 내외의 묘소에도 비석을 세우게 되었으니, 다행한 일이었다.

셋째, 후대의 성리학자들은 이이의 학문을 극도로 존경한 나머지, 그가 머리를 깎고 한때 불법에 귀의한 사실조차 거론하지 못하게 막는 경향이 있었다. 그 중심에는 역시 송시열이 있었다. 그는 스승인 김장생의 서자 김규에게 편지를 보내, 이이가 머리를 깎았다는 '낙발설'을 함부로 퍼뜨리지 말라고 엄중히 경고하였다.

> 율곡이 머리를 깎지 않았다는 근거는 선생의 문집(본집)이나 여러 선비들의 글에 많이 나오네. 노선생(老先生. 김장생)이 어찌 그런 말씀을 하셨겠는가. (중략) 노선생이 이런 말씀을 하지 않으셨는데도 자네가 유행하는 소문에 빌붙어 감히 어버이를 무함하려고 했다면 우주 간에 용납되지 못할 일이네. 어찌 이럴 이치가 있겠는가.
>
> _송시열, 〈김규에게 답함─을축년(1685), 숙종 11년, 선생 79세
> (答金奎 乙丑十月十七日) 10월 17일〉,《송자대전》제118권

모친인 사임당의 죽음에 깊은 충격을 받은 나머지 이이가 정식으로 불가에 입문하였는지를 알아보는 것이, 나에게는 별로 중요한 문제로 보이지 않는다. 지금 내가 꺼낸 사임당 이야기의 핵심은, 16세기에 사임당처럼 아들을 훌륭하게 키워 가정적으로도 성공한 동시에 시서화

의 재능을 마음껏 발휘하여 세상을 놀라게 한 작가가 존재하였다는
점이다.

아내로서 신사임당이 남편 이원수와 어떠한 관계였는지는 자세히
알 수 없다. 그들이 송덕봉 유희춘 부부처럼 알콩달콩 재미있게 살았
던 것 같지는 않다. 그러나 유난히 사이가 나빴거나 불화하였다고도
생각하지는 않는다. 다만 그 당시의 일반적인 기준에 비추어 조화로
운 관계였을 것은 분명해 보인다. 남편 이원수가 강릉의 처가에 거주
하며 여러 명의 자녀를 낳았고, 그들이 앞에서 설명한 이우와 이이 형
제처럼 훌륭하게 장성한 것으로 보아 의심할 여지가 없는 일이었다.
남편 이원수가 아내의 재능을 적극적으로 개발할 정도는 아니었으나,
그것을 못마땅하게 여긴 것은 물론 아니었다고 짐작하여도 무방하겠
다. 그랬기에 신사임당의 귀중한 작품이 후세에까지 전해질 수 있었
다고 생각한다. 참고로, 이원수는 아내 사임당이 작고한 뒤 적어도 여
러 해 동안 생존하였다.

문인 허난설헌, 후세에 거센 논란을 일으키다

16세기는 크고 작은 여류 작가를 배출한 시대였는데, 그 가운데
는 한문으로 탁월한 문장을 지어 명성이 자자한 이도 있었다. 옛날부
터 중국에는 이름난 여성 문인이 여럿이었으나, 15세기까지 조선에

는 이렇다 할 여류 작가가 없었다. 그런데 16세기에 들어와서 많은 작가가 등장하였고, 특히 이름이 높은 이는 세 사람이었다. 우리나라에서는 드물게 보는 일로 기이하다 하겠다. 그 세 사람 가운데 하나는 문인 조원의 첩인 옥봉 이씨(이원)요, 또 하나는 송강 정철의 첩 유씨였다. 유씨는 남원 기생으로 강아라 불렸으나 본래 이름은 진옥이었다고 한다. 나머지 한 사람은 선비 김성립의 아내 허씨, 곧 허난설헌(1563~1589)이었다.

난설헌은 남편 김성립보다 한 살 아래였는데, 장안의 명문대가 출신이었다. 그의 부친은 재상 허엽이다. 오빠로는 이름난 문인 허성과 허봉이 있으며, 그보다 여섯 살이 적은 남동생 허균이 있다. 큰오빠 허봉과 둘째 오빠 허성은 모두 미암 유희춘의 제자였다. 허봉과 동생 허균은 시인으로 이름이 높았는데, 허난설헌의 명성도 그에 못지않았다. 난설헌의 호는 경번당(景樊堂)이고, 대표작은 〈백옥루 상량문(白玉樓上梁文)〉이었다. 당대의 문장가로 벼슬이 우의정에 이른 심수경이 쓴 《견한잡록(遣閑雜錄)》에 보면, 난설헌을 비롯한 여성 작가에 대한 간단한 소개와 함께 적극적인 호평이 실려 있다.

그 당시 많은 사람은 여성에 관하여 편견을 가졌다. 남편이 원하는 술과 음식으로 봉양을 잘하면 그뿐이라는 것이었다. 그런데 허난설헌은 양잠과 길쌈을 마다하고 오직 시를 읊었으니, 이것은 아름다운 행실이 아니라는 비판이 쏟아졌다. 그러나 심수경의 견해는 달랐다. "나는 그 기이함에 감동할 뿐이다." 이 한마디보다 진솔한 호평은 어디서도 찾기 어려웠다.

서애 유성룡도 여성 작가 허난설헌에 크게 주목하였다. 그는 본래 허봉의 친구였다. 친구가 죽은 지 한참 뒤, 하루는 친구의 동생 허균이 《난설헌고(蘭雪軒藁)》를 가지고 와서 유성룡에게 보여주었다. 글을 읽고 난 유성룡은 이렇게 감탄하였다.

훌륭하여라. 이것은 한갓 여성의 말이 아니다. 어찌하여 허씨 집안에
는 뛰어난 재주를 가진 이가 이렇게도 많은가.
_유성룡, 〈난설헌집 뒤에 씀(跋蘭雪軒集)〉, 《서애선생 별집(西厓先生 別集)》 제4권

유성룡은 허난설헌의 글이 맑고 영롱하여 눈여겨보지 않을 수가 없다고 감탄하며, 빼어난 몇몇 작품은 중국 고대의 한나라와 위나라의 문인들보다도 뛰어나고, 대개의 작품은 당나라 전성기(盛唐)의 작품과 비길 만하다고 평하였다. 간혹 세태를 비판한 대목에 이르면 열사의 기풍이 느껴지기도 한다고 말하였다. 그러면서 유성룡은 허균에게 신신당부하기를, 좋은 작품을 간추려서 보배처럼 간직하여 후세에 전하는 것이 좋겠다고 하였다. 유성룡이 이러한 자신의 생각을 담아 발문을 쓴 때가 임진왜란이 일어나기 이태 전(선조 23년, 1590) 겨울이었다(〈난설헌집 뒤에 씀〉).

유성룡이 허난설헌의 시를 호평한 데는 진심이 담겨 있었다. 상대가 막역한 친구의 여동생이라서 예의상으로 건넨 말이 아니었다. 그

는 〈시에 능한 여자(女子能詩)〉라는 별도의 글을 지어서 허난설헌의 시를 특별히 인용하기도 했다(유성룡, 《서애선생 별집》 제4권). 허난설헌 외에도 문인 조원의 첩 이옥봉을 여성 시인으로 기렸다.

여기서는 유성룡이 극찬한 허난설헌의 시 가운데 한 수를 소개하고 싶다.

달 비친 누대 가을밤은 깊어가는데 어여쁜 병풍은 비었네
서리는 갈대에 내리고 저물녘 강가에 기러기도 내려앉네
비파 한 곡조가 다하도록 사람은 자취도 없고
부용은 들판의 연못 속으로 굴러떨어지네.
月樓秋盡玉屛空 霜打蘆洲下暮鴻 瑤瑟一彈人不見 藕花零落野塘中.

_〈시에 능한 여자〉

시는 처연하고도 아름다운 가을밤의 정경을 한 장의 그림처럼 그려냈다. 유성룡의 시평은 이러했다. "세속을 초연히 벗어나 당나라 시와 같으니 사랑할 만하다." 허난설헌은 나이 스물 남짓에 죽었으니, 가인 박명이라는 옛말대로 재주가 너무 많아서 단명하였던가.

그런데 임진왜란이 일어나는 바람에 세상은 큰 혼란에 빠졌고, 유성룡이 써 준 〈발문〉은 어디론가 사라졌다. 전란이 끝나고 여러 해가 지나서 허균은 편지를 보내, 유성룡에게 그 〈발문〉을 다시 보내주기를 간청하였다. 때는 선조 37년(1604) 8월이었다. 허균은 자신이 〈발문〉

을 받은 해조차 정확히 기억하지 못하였으나, 유성룡은 자신이 쓴 글을 온전하게 간직하고 있었다. 유성룡은 너그러운 선비였기에, 허균이 요청한 〈발문〉이 그의 수중으로 다시 돌아간 것은 당연한 일이었다 (허균, 〈서애 정승께 올림 갑진년(1604) 8월(上西厓相 甲辰八月)〉, 《성소부부고(惺所覆瓿藁)》제20권 참조).

동생 허균 덕분에 허난설헌의 시는 중국에까지 알려졌다. 그러나 얼마 뒤에는 표절 시비에 휩싸여 말썽이 일어났다. 죽음이 임박하자 허난설헌은 자신의 작품을 모두 불태우라는 유언을 남겼다고 한다. 그런데 동생 허균이 그 작품을 아껴 하나도 없애지 않았다. 동생은 명나라에서 사신으로 온 시인 주지번에게 허난설헌의 시집 원고를 보여주었다. 이것이 인연이 되어, 선조 29년(1606) 허난설헌의 시집이 먼저 명나라에서 간행되는 기이한 일이 벌어졌다. 100년이 지나자 일본에까지 그 명성이 자자해, 숙종 8년(1711, 일본은 호에이 8년) 일본 사람 분다이야 지로(文台屋次郎)가 허난설헌의 시집을 출판하였다.

하지만 그 시집이 유명해지면서 시비가 분분하였다. 가장 먼저 문제를 제기한 이는 상촌 신흠이었던 것 같다. 그는 자신의 문집 《상촌집(象村集)》에서, 문제의 본질을 두 가지로 정리하였다. 첫째, 《난설헌집(蘭雪軒集)》에는 옛 문인의 글이 절반 이상이나 통째로 삽입되어 있어서 여간 큰 문제가 아니라고 한탄하였다. 둘째로, 신흠은 이런 문제가 발생한 이유는 허난설헌 때문이 아니고, 그 아우 허균이 한 짓이라고 적시하였다. 허균은 세상 사람들이 잘 모르는 중국의 시를 표절해서 본래의 작품에 뒤섞어 넣고는 누나에게 명성을 선사하려고 했다는 것이다.

내가 생각해도, 신흠처럼 견문이 너른 문인이 허난설헌의 표절 여부를 분간하지 못할 이유는 없었을 것이다. 그러나 허균이 과연 그런 못된 장난을 쳤는지는 함부로 판단하기 곤란하다. 신흠과 동시대의 문인 김시양은 허난설헌의 표절을 재차 확인하였다. 그가 쓴《부계기문(涪溪記聞)》에는 다음의 두 이야기가 나온다.

첫째, 김시양은《난설헌집》에 관한 악의적인 소문, 즉 '남의 시를 표절한 작품이 많다'라고 하는 말을 자주 들었다. 그러나 자신의 눈으로 작품들을 확인하기 전에는 그런 주장을 믿지 않았다고 한다.

둘째, 자신이 직접 검토한 결과 허난설헌의 표절은 정도가 매우 심하다고 판단하였다. 그는《명시고취(明詩鼓吹)》라는 명나라 시대의 시집을 읽어보았는데, 거기에는 허난설헌의 시집에 나오는 율시 여덟 구절이 글자 하나 틀리지 않고 그대로 들어있었다고 증언하였다. 영락(1403~1424년) 연간에 오세충(吳世忠)이 쓴 작품을 그대로 옮겨 적은 것이었다. 그는 "남의 작품을 훔쳐서 중국인의 눈을 속이려 하였으니, 이것은 남의 물건을 훔쳐서 도로 그 사람에게 파는 것과 다르지 않다"《부계기문》,《대동야승(大東野乘)》참조)라고 말했다.

이후 중국에서도 허난설헌의 표절 문제를 거론한 사람이 등장하였다. 전겸익(錢謙益)의 첩 하동군 유여시(柳如是)였다. 그는《난설헌집》에서 위작에 해당하는 작품을 일일이 지적하였는데, 그 소식은 조선에도 전해져 조선 문인의 위신이 추락하였다고 부끄러워하는 사람이 많았다.

숙종 17년(1691)에는 문인 남구만 역시 허난설헌의 시를 검토해 표절이 발생한 사실을 재확인하였다. 남구만의 손에 들어온 중국 시집은 《명원시귀(名媛詩歸)》로, 그 가운데 허난설헌이 지었다는 〈양류사(楊柳詞)〉 2수가 수록되었다. 남구만은 그 시가 표절이라는 의심이 들어서 《열조시집(列朝詩集)》과 비교해보았다. 그랬더니 석연치 않은 점이 발견되었다고 하였다. 그러나 남구만은 허난설헌을 혹독하게 비난하지는 않았다. "그 명성이 우리나라를 벗어나 중국까지 알려진 사실을 알 수 있다"라며 다소 유보적인 태도를 취하였다(남구만, 〈임벽당의 칠수고 뒤에 쓰다 신미년(題林碧堂七首稿後 辛未)〉, 《약천집(藥泉集)》 제27권).

18세기의 실학자 이덕무도 허난설헌의 시에 문제점이 많다는 사실을 말하였다. 가령 그가 쓴 시에, "저(妾)는 직녀가 아니요(妾身非織女) 낭군이 어찌 견우이랴(郎豈是牽牛)"라는 구절이 있는데, 이것은 중국의 시를 그대로 베낀 것이라고 주장하였다(이덕무, 〈필담(筆談)〉, 《청장관전서(靑莊館全書)》, 63권). 또, 다른 곳에서도 허난설헌이 옛 문인의 말을 끌어다가 쓴 곳이 많아서 유감이라고 말하였다(이덕무, 〈쇄아(瑣雅)〉, 《청장관전서》, 5권).

이미 앞에서 말하였듯, 신흠은 허균이 누나 허난설헌의 시작품 상당수를 멋대로 조작하였다고 확신하였다. 이 허균 조작설은 과연 믿을 만한 것일지 궁금해진다. 신흠과 동시대의 인물로 박식하기로 소문난 지봉 이수광의 증언이 나의 눈길을 끈다. 그는 〈유설(類說)〉에서, 허균이 허난설헌의 작품을 위조했고 그 과정에서 이재영이 도와주었다면서 다음과 같이 증언하였다.

> 참의 홍경신(1557~1623)은 정랑 허적(許徯)과 한집안 사람처럼 친하게 지냈다. 그런데 그가 평소 한 말에 따르면, 난설헌의 시는 2~3편을 제외하면 모두 위작이라고 한다. 〈백옥루상량문(白玉樓上樑文)〉도 사실은 그의 아우 허균이 문인 이재영(李再榮, 1553~1623)과 합작한 것이라고 한다.
>
> _〈유설〉

여기서 우리는 한 가지 의심을 품게 된다. 그렇다면 허난설헌이 썼다는 다수의 시작품은 과연 어디로 간 것일까. 세상에 널리 알려지지 못한 시작품의 진본이 어딘가에 깊숙이 간수되어 있을 가능성은 없는가. 이런 궁금증을 가졌던 사람은 과거에도 있었다. 19세기의 실학자 오주 이규경이었다. 그는 이덕무의 손자로서 우리 역사에서 백과사전적 지식이 가장 출중하였는데, 다음과 같이 증언하고 또 분석하기도 하였다.

> 김성립(허난설헌의 남편)의 후손으로 정언 김수신(金秀臣. 정조 20년 문과, 순조 때 지평)이란 분이 있는데, 그의 집은 광주(경기도)에 있다. 어떤 사

람이 그에게 물었다. '간행된 《난설헌집》 말고 책상자에 간직된 비본
(秘本)이 있습니까?' 그러자 이런 대답을 들을 수 있었다. '난설헌이
손수 기록한 수십 장의 글이 있습니다. 그 시는 간행본과는 아주 다릅
니다.' 그러면서 다음과 같이 덧붙였다. '지금 세상에 전해지는 간행
본은 … 허균이 만든 가짜 책입니다.'
후손의 주장이 이러한 것으로 보아, 그 집안에 대대로 내려오는 것이
실제 작품(眞本)일 것이다. 이수광(지봉)의 사실적인 기록과 신흠(상촌)
의 바른 견해, 그리고 후손의 사실적 진술이 모두 일치하므로 쌓였던
의혹이 한 번에 풀렸다.

_이규경, 〈경번당에 대한 변증설(景樊堂辨證說)〉, 고전간행회본 권46),
《분류 오주연문장전산고(五洲衍文長箋散稿)》, 경사편5 — 논사류2)

한마디로, 이규경은 허균이 누나의 글을 조작한 것이 틀림없는 사
실이고, 실제의 시 작품은 경기도 광주에 있는 김씨 집안에 보관되어
있다는 것이다. 내가 보기에도 적절한 분석이라 생각된다. 아직도 허
난설헌의 작품이 잘 보관되어 있는지는 모르겠으나, 19세기 전반까
지도 남아 있었다는 증언이 있다(〈경번당에 대한 변증설〉).

그래도 한 가지는 여전히 의문이다. 도대체 왜, 표절 시비가 일어난
것일까 궁금하다. 19세기 후반에 귤산 이유원이 쓴 한 편의 글이 이러
한 표절 문제를 이해하는 데 도움이 된다. 이유원은 16세기 이후 조선
에 새로운 문예 사조가 수용되었다고 진단하였다. 그 당시 명나라에

서는 의고주의(擬古主義)가 유행하였고, 조선에도 많은 선비가 그 영향을 받았다는 것이 사실이다. 구체적으로 말해, 명나라 문인 이반룡(李攀龍)은 무슨 글을 짓든지 중국 고대의 진한(秦漢) 시대의 글을 그대로 모방하였다. 그는 항상 당나라 전성기(盛唐) 이전의 시만을 본떴다. 왕세정(王世貞) 역시 의고주의의 선구자로서 비슷한 태도를 유지했다. 그들의 영향으로 조선에서도 많은 문인이 표절을 일삼아, 창의적인 시작 활동이 위축되었다고 한다(이유원, 〈우리나라 사람들이 시를 논한 일(華東玉糝編)〉, 《임하필기(林下筆記)》, 33권). 과연 16~17세기 조선에는 "집구(集句)"라 하여 옛사람이 지은 글귀만 모아서 새로 시를 만드는 경향도 있었다.

허균이 직접 개입하였든 아니면 허난설헌이 그랬든, 위작은 분명히 위작이었다. 하지만 그것이 오늘날 우리가 생각하는 것처럼 중대한 문제는 아닐 수도 있었다. 게다가 허난설헌의 시를 문제 삼은 문인은 대부분 서인에 속했다는 점도 고려할 필요가 있다. 당파로 보아, 그들은 북인 허균과는 대립하는 진영의 선비들이었다. 여러 가지 시비도 끊이지 않았고, 실제로도 문제가 없지 않았던 것은 사실이나, 냉정하게 생각해보면 이야기는 조금 달라질 수 있다.

아마 그래서였을 터인데 위작설이 계속되는 와중에도, 허난설헌을 조선을 대표하는 유명 작가로 인정하는 분위기가 조성되었다. 숙종 4년(1678), 청나라의 사신인 시위(侍衛) 갈(噶)이 조선의 대표적인 문헌을 보여 달라고 하였을 때, 조정에서는 석주 권필과 읍취헌 박은 등의 문집을 제공하였다. 그 가운데는 하곡 허봉과 그 여동생이자 김성립의 아내인 허난설헌의 문집도 포함되었다(이긍익, 〈사대전고(事大典故)〉, 《연려실기술 별집》 제5권).

많은 사람이 허난설헌을 이야기할 때 그의 남편 김성립과의 관계가 나빴다고 주장한다. 심지어 남편 김성립이 못나고 무능한 인물이었다는 말도 서슴지 않는다. 널리 퍼져 있는 그릇된 전설에 불과하다. 첫째, 김성립은 명가의 자손으로서 선조 22년(1589), 28세의 젊은 나이에 문과에 급제한 수재였다. 훗날 처남인 허균과 사이가 나빠졌기 때문에 그를 못난 사람처럼 만들어 후세의 이목을 호도하였다.

둘째, 김성립과 허난설헌의 부부관계 또한 허균이 일방적으로 주장한 것과는 많은 차이가 있었다. 이 문제는 허난설헌의 호인 경번당의 유래와 관계가 있어, 많은 사람의 관심을 끌었다. 우선 《열하일기(熱河日記)》에 나오는 박지원의 이야기부터 들어보겠다.

연경에 갔을 때 일이다. 어느 날, 박지원은 중국인 친지들과 한자리에 앉아서 허난설헌에 관한 두어 가지 에피소드를 꺼냈다. 첫째, 중국에 유행하는 전기에 따르면 허난설헌이 "여관(女冠)", 즉 여성으로서 도교의 사제였다고 하는데, 사실과 다르다는 설명이었다. 조선에는 도교를 전담하는 종교 시설이 전혀 없으므로 낭설에 불과하다는 식의 해명이었다.

둘째, 허난설헌의 호가 경번당(景樊堂)이라고 하는데, 그 유래에 관하여 중대한 오해가 있다고 지적하였다. 속설에는 남편 김성립의 용모가 초라해서 그의 친구들이 이렇게 조롱하였다고 한다. "그대의 아내는 잘생긴 두번천(杜樊川) 곧 시인 두목(杜牧)을 사모한다." 그런데 이는 사리상으로 보아 절대로 있을 수 없는 일이라고 하였다(박지원, 〈태학유관록〉, 가을 8월 9일 을묘, 《열하일기》).

박지원은 경번당이라는 호 때문에 허난설헌의 남편 김성립이 한갓 웃음거리로 전락한 점을 불쾌하게 여겼다. 그리하여 《열하일기》 가운데서 다음과 같이 한탄하였다.

"난설이란 호를 가진 것으로도 분에 넘치는 영광이거늘, 경번이라는 이름으로 다들 잘못 알고서 여러 책자에 기록하였다. 천추에 씻지 못할 폐를 끼친 것이다. 어찌 후세의 재주 많은 규중의 문사들이 경계로 삼을 거울이 아닐까 한다"(박지원, 〈피서록〉, 《열하일기》). 박지원은 여성의 문예 활동에 대해서도 그리 환영하는 편이 아니었다. 그런데 경번이란 호까지 잘못 알려져 남편에게 씻지 못할 모욕을 안겨주었다며 속상해한 것이다.

사실관계를 정확히 알 수는 없을까. 이규경은 앞에서도 소개한 글, 즉 〈경번당에 대한 변증설〉에서 이 문제를 탐구하였다. 그에 따르면, 그간의 논의는 다음 세 가지로 압축될 수 있다.

첫째, 허난설헌은 정작 경번당과 같은 호를 쓴 일도 없었는데 잘못 전해진 것이라는 주장이 있었다. 앞서 살핀 박지원과 이서구 등이 이런 의견을 가졌다.

둘째, 허난설헌과 남편 김성립의 금슬에 관한 새로운 해석이 나왔다는 것이다. 이규경의 조부 이덕무는 그들 부부가 평온하고 정상적인 관계였다고 논증하였다. 이덕무는 허난설헌의 시작품을 세밀하게 검토해, 결혼한 지 불과 수년 만에 귀여운 딸아이와 귀여운 아들을 연달아 얻은 점에 주목하였다. 그는, "부군과의 사이가 나빴다는 말은 허위"라는 결론에 도달하였다. 어느 정도 신빙성이 있는 주장이라고 할 수 있다. 두 사람의 관계가 소원하였으면 어찌하여 아이가 연달아 생겼을지 의문이다.

셋째, 허난설헌이 경번당이라고 하는 호를 사용하였을 가능성이 있으나, 그 배경은 속설과 완전히 다르다는 주장도 나왔다. 18세기의 문인 신돈복은 《학산한언(鶴山閑言)》이란 이야기책에서 이 문제를 깊이 다루었다. 그는 한 가지 새로운 사실을 발견하였는데, 허난설헌이 존경한 인물은 두보가 아니라 중국 고대의 번고(樊姑)라는 여성이었다는 가설이다. 그는 유강의 아내로 격조가 매우 높아서 여성 신선의 우두머리였다. 그 이름이 《열선전(列仙傳)》에 기록될 만큼 유명한 인물이므로, 난설헌은 그를 흠모한 나머지 경번당이라는 호를 썼을 것이라는 추측이었다. 이규경은 신돈복의 이 글을 읽고 통쾌하게 여겼다. 의심할 여지 없이 옳은 이야기로 확신한 것인데, 논리적으로 보아 옳은 추정이라고 생각한다.

요컨대 허난설헌은 남편과 비교적 원만한 사이였고, 경번당을 호로 사용하였을 가능성도 커 보인다. 그의 동생이든 아니면 그 자신이든 의고주의라는 시류에 젖은 나머지 큰 죄의식 없이 중국의 옛 시인을 무단으로 표절하였을지도 모르겠다. 사후 수백 년 동안 많은 비난이 쏟아졌으나, 그럼에도 허난설헌은 조선을 대표하는 문인의 한 사람이었다는 점은 누구도 부정할 수 없는 역사적 사실이다.

알다시피 17세기에는 성리학적 윤리와 도덕이 맹위를 떨쳤다. 그렇지만 임진왜란이 발생하기 전 16세기 전반기 조선의 여성 지식인은 아내로서든 작가로서든 상당히 자유로웠다고 생각한다. 아내의 역사에서 가장 평화롭고 여유로운 시기였다. 다수의 여성 작가가 잇따라 배출되어 문예의 전성시대를 이루었다. 하필 남성 지식인에게만 "목릉성세(穆陵盛世)", 즉 선조 시대에 일어난 문화부흥의 기쁨이 허용된 것은 아니었다.

하지만 시간은 모든 것을 바꿔놓는다. 임진왜란과 병자호란을 연달아 겪고 나자, 조선의 아내들은 견디기 어려운 굴곡을 강요당한다. 사회적 분위기가 한층 경직됨에 따라 이념의 굴레가 아내들을 심하게 옥죄었다. 그렇기에 우리가 살핀 신사임당과 허난설헌은 한겨울의 동장군이 내려오기 직전에 핀 아름다운 장미꽃과도 같았다.

상촌 신흠이 쏟은 눈물

전란의 파도가 두어 차례 이 땅을 온통 휩쓸었다. 국가가 존망의 위기에 빠지자 선비의 아내도 규방에서 한가로이 문예 창작에 시간을 보낼 수 없는 세상이 왔다. 세상은 아내에게도 매사에 투철함과 강직함을 요구하였다. 이제는 대의를 알고 명분에 밝은 여성을 모두 입 모아 찬미하는 시절이 되었다.

전쟁의 참화 속에서 많은 사람은 유리걸식하다 못해 어쩔 수 없이 타락하고 악과 타협할 수밖에 없었다. 남녀노소와 지위고하를 떠나서 대다수 사람이 궁지로 내몰려, 윤리고 도덕이고 땅에 떨어졌다. 그러나 바로 그러한 까닭에 지배층은 대의명분을 더욱 절대적인 것으로 여겼다. 이와 더불어 시대적 분위기가 급속히 경직되어, 성리학적 가치를 극단적으로 실천하는 여성도 곳곳에서 나타났다.

16~17세기의 문장가 상촌 신흠(1566~1628)의 글을 읽으면, 17세기에는 전혀 새로운 유형의 아내가 등장한 느낌이 든다. 그와 같은 모습이야말로 우리에게 익숙한 조선의 전형적인 여성상이었다.

신흠은 시대의 요구에 부응한 문인이라고 불러도 좋겠다. 그는 수많은 외교 문서를 만들었고, 여러 문장에 능통해 월사 이정구, 계곡 장유 및 택당 이식과 더불어 조선 중기의 4대 문장가로 손꼽혔다.

신흠은 선조의 총애를 받았는데, 그의 장남 신익성은 왕의 딸인 정숙옹주와 혼인해 부마가 되었다. 덕분인지 그는 주요 관직을 두루 역임하고 예문관과 홍문관 대제학을 지낸 후에 영의정의 자리에까지 올랐다. 그러나 광해군 때는 선조의 명을 받들어 영창대군을 보호했다는 이유로 춘천에 유배되기도 하였다. 인조 5년(1627) 정묘호란이 일어났을 때는 좌의정으로서 소현세자를 모시고 피란길에 오르기도 하였다. 그 또한 전란으로 어려움을 겪기는 하였으나, 재능도 뛰어나고 관운도 남달랐던 한평생이었다.

아내 전의 이씨는 조선 후기 여성의 전범

신흠은 아내 전의 이씨를 무척 자랑스럽게 여겼다. 전의 이씨는 그와 동갑이었다. 어릴 적부터 덕성이 높아 명성이 있었다. 15세에 신흠

대의명분에 투철한 아내 전의 이씨

과 결혼하여, 광해군 15년(1623) 김포(경기 김포)의 시골집에서 작고하였다. 향년 58세였으며 슬하에 2남 5녀를 두었다. 신흠은 아내를 잊지 못해 〈작고한 아내 이씨의 행장(亡室李氏行狀)〉(《상촌집(象村集)》 제29권)을 지었다. 아래의 내용은 그 글에 기대어 쓴 것이다.

나는 신흠이 쓴 아내 이씨의 행장을 자세히 읽어보았다. 적어도 그는 다음의 일곱 가지 점에 지극하였다. 각 항목을 간단히 정리해보겠는데 물론 이렇게 항목을 나누고 서술의 순서를 정한 것은 신흠이 아니라, 현대의 역사가인 내 몫이었다.

첫째, 아내 전의 이씨는 '봉제사'에 최선을 다했다. 제사를 모시려면 값비싼 제수 용품도 구해야 하고, 찾아오는 손님 대접도 융숭하게 해야 하므로 큰 재물이 필요하였다. 그런데 신흠은 어린 나이에 부모를 여의었고 물려받은 가산도 거의 없었다. 아내 이씨는 어린 나이에 살림을 주관하였으나 살림 솜씨가 남달라서, 수많은 제사를 치르면서도 아무 문제가 일어나지 않았다. 전의 이씨가 재물을 얼마나 잘 다루었던지 신흠이 이렇게 고백할 정도였다.

나는 재산 모을 줄을 몰라서 집안이 몹시 가난하였다. 그러나 부인이 힘써 노력하여 생계를 꾸렸고, 항상 나를 풍족하게 공대하였다. 조상을 받드는 데에도 생선과 고기 및 채소 등 제사 물품을 조금도 부족함이 없이 다 갖추었다.

_〈작고한 아내 이씨의 행장〉

둘째, 전의 이씨는 헛된 이익을 추구하지 않았다. 그는 남의 부귀공명을 부러워하지도 않았고, 물건을 매점매석하여 폭리를 노리는 사람을 멀리했으며, 고을의 관아에 공납을 청부받아서 폭리를 취하지도 않았다. 궁중에 뇌물을 보내 임금의 권력을 이용할 리도 없었다. 아내 이씨의 경제 활동은 손수 길쌈을 하는 것이었다. 그가 이룬 재산은 절약과 부지런함으로 마련한 청복(淸福)이었다.

셋째, 누구보다 명분이 투철했다. 이씨의 성품은 지극히 청렴결백하여 조금이라도 의리에 어긋난 물건은 절대로 받지 않았다. 남편이 소과에 합격했을 때 친정어머님이 기뻐하며 사내종을 주었을 때도 정색하고 사양하였다.

> 오라버니들이 소과에 합격했을 때는 종을 나눠주지 않으셨는데, 어찌 제가 감히 받을 수 있겠습니까.
>
> _〈작고한 아내 이씨의 행장〉

남편 신흠이 인사를 담당하는 이조와 병조의 참판을 역임하였고. 특히 병조에 재임한 것이 여러 차례였다. 혹자가 남몰래 뇌물을 보내어 자리를 구하기라도 하면 아내 전의 이씨가 모두 거절하였다. 이로 인하여 집안이 더욱 청렴해졌다.

광해군이 인목대비를 유폐시키려고 하여 조정이 한창 시끄러웠다. 그때 큰아들 신익성이 신변의 위협을 느껴 장차 어떻게 할지를 묻자,

대의명분에 투철한 아내 전의 이씨

이씨 부인은 단호하게 대답하였다. "비록 걱정스럽고 두려운 점은 있으나, 내가 어찌 너에게 옳지 못한 일을 하게 하겠느냐." 이처럼 대의에 통달하고 결단력이 있었다.

당시에는 평소에 사대부로 행세하다가도 이익을 도모하느라 타인의 무덤을 파내거나, 아부를 일삼는 사대부가 즐비하였다. 전의 이씨의 당당하고 의젓한 행실과는 감히 비교할 수도 없을 지경이었다.

넷째, 검소하기가 이루 말할 수 없었다. 신흠에게는 내외 친척이 매우 많았는데, 가문의 모임이 열릴 때마다 다들 음식과 의복 또는 탈것을 사치스럽게 꾸며 마치 서로 경쟁이라도 하는 듯하였다. 그러나 이씨 부인은 태연하게 낡은 옷을 입고 단장도 소박하게 하였다. 이런 모습을 보고 더러 비웃는 이도 있었으나, 선비의 검소함을 평가할 줄 아는 사람이라면 누구나 부인의 모습을 우러르며 옷깃을 바로잡았다.

자녀들이 비단옷을 지어 드리기라도 하면 곧 상자에 넣으면서 이렇게 말하였다. "나는 화려한 옷을 입으면 불편하다. 나의 성질이 본래 그러하다."

다섯째, 남편을 향한 사랑과 정성이 지극하였다. 광해군 때 정치가 혼란하여 신흠은 깊이 상심하였고, 병에 걸려 죽기 직전까지 갔다. 그러자 부인은 가지고 있던 패물을 모두 처분하여 귀한 음식을 차려 남편을 봉양하였고, 항상 남편이 먹을 약을 맛보아 가면서 간호에 힘썼다. 무려 해를 넘겨가면서도 허리띠를 풀거나 머리를 단정하게 꾸미지도 않고 남편을 돌보는 데 최선을 다하였다.

신흠이 광해군의 미움을 받아 벼슬에서 쫓겨나 귀양을 가게 되었을 때도 전의 이씨는 남편을 위해 모든 힘을 다했다. 남편은 그때 일을 다음과 같이 기술하였다. 아내의 변함없는 마음씨와 정성에 깊이 감동하였다는 사실을 분명히 알 수 있다.

내가 계축년(광해 5년, 1613)에 화를 당했을 때였다. 부인은 죄인처럼 머리도 빗지 않고 얼굴도 씻지 않은 채, 마당에 거적을 깔고 거처하였다. 밥도 먹지 않고 가슴을 치며 통곡하였다. 목숨을 끊으려고 시도한 적도 여러 번이었다.

내가 귀양을 갔는데도 화가 멈출 기미를 보이지 않았다. 사람들은 내가 사약을 먹고 죽으리라 짐작하여, 평소에 친하던 이들도 자취를 감추었고 종들까지도 어디론가 떠나갔다. 그러나 부인은 이러한 환난 속에서도 도리에 어긋남이 없이 나를 도와주었다.

_〈작고한 아내 이씨의 행장〉

여섯째, 이씨 부인은 형제간에 우애가 깊었고 자선을 실천하였다. 여러 악재가 겹친 신흠의 누님은 과부가 되어 가난을 벗어나지 못하였다. 그러자 전의 이씨가 그 시누이를 모셔와서 한솥밥을 먹으며 30년을 봉양하였다. 누구도 그들 사이를 이간하지 못할 만큼 가깝게 지냈다. 신흠의 아우도 친동기간처럼 친애하여 형제가 화평하였고, 조카들을 몹시 사랑하여 친자식처럼 여겼다.

조카딸 중에도 운수가 기박하여 갈 곳이 없어 방황하는 이들이 생겼는데, 이씨가 그들을 모두 거두어 집으로 데려와서 입히고 먹였다. 또, 불우한 친정 오빠를 거두어서 무려 4년 동안이나 한집에서 살다가 임종을 맞았다.

전의 이씨는 날마다 새벽에 일어나서 손수 식사를 준비하였다. 숟가락질을 제대로 할 줄 모르는 비천한 어린아이들과 이웃의 늙고 병든 이에게는 자신이 직접 밥을 떠먹여 주기도 하였다.

일곱째, 이씨 부인은 미신을 조금도 믿지 않았다. 평생 무당을 멀리하여, 그들에게 부탁하여 재앙을 물리치는 일도 하지 않았다. 부인은 성리학 이외의 모든 종교를 멀리하였다.

전의 이씨에 관한 세평은 그야말로 으뜸이었다. 정승을 지낸 백사 이항복이 신흠 일가와 이웃에 살았으므로 모든 일을 자세히 알고 있었다. 그는 이렇게 평하였다. "우리 마을에 재상가의 부인이 많으나, 청렴결백한 분은 오직 이 부인뿐이시다"(〈작고한 아내 이씨의 행장〉).

남편 신흠의 평은 어떠했을지 궁금하다. 그는 자신이 못나고 가난하였어도 큰 잘못을 저지르지 않고 살 수 있었던 것은 오로지 부인의 내조 덕분이라고 극찬하였다. 그러면서 후세에 아내의 행적을 전할 만한 글을 누군가에게 부탁하려 하여도 우선은 사정을 가장 잘 아는 자신이 대강이나마 적어놓지 않을 수가 없다고 고백하였다.

왜란 중에 쓰러진 지인의 아내

전쟁 중에는 안타깝게 목숨을 잃은 아내들도 많았다. 선조 27년 (1594) 겨울날 친구 이유경이 신흠을 찾아와, 한 해 전에 요절한 자신의 아내 허씨의 묘지명을 부탁하였다. 신흠은 친구를 위해 〈의인 허씨 묘지명(宜人許氏墓誌銘)〉을 작성하였다(신흠, 《상촌집》 제24권). 그 사연이 매우 애처로워 읽는 이의 마음을 아프게 한다.

왜란이 일어나자 양천 허씨는 가족과 함께 피란을 떠났다가 함경도 이성현에서 병으로 사망하였다(선조 26년, 1593). 향년 31세에 불과하였으니 안타까운 노릇이었다.

허씨 부인은 일곱 살 남짓 되었을 때 한자를 알았고 자라서는 여훈 (女訓) 등의 글을 모두 익혔다. 결혼한 뒤로는 시부모를 정성껏 섬겼다. 뜻밖에 시아버지의 상을 당하자 시어머니와 함께 여막에 머물며 시어머니를 모셨고 3년 동안 예법대로 도리를 다했다.

한번은 남편이 병에 걸려 위독한 지경에 이르렀다. 그러자 왼손가락을 잘라 피를 흘려 남편에게 먹이고 하늘에 울부짖으면서 차라리 자신이 대신 죽게 하여달라고 애원하였다.

임진년(선조 25년, 1592)에 왜적이 쳐들어오자 그는 항상 긴 칼을 몸에 지니고 다녔다. 누군가 그 이유를 물었더니, "만약에 적과 마주치면 그 자리에서 이 칼로 죽고 말 것이다"라고 대답하였다. 그처럼 비상한 각오로 자신의 몸을 닦았다.

대의명분에 투철한 아내 전의 이씨

    그 이듬해에 허씨의 시숙이 함경도 이성현의 지방관이 되자, 남편 이유경이 가족을 데리고 그곳으로 따라갔다. 피란을 겸한 것이었다. 그런데 의인 허씨가 길에서 의식을 잃고 쓰러졌다. 고을에 당도하자 병세가 더욱 위급하여 죽게 되었다.

    임종 때가 되자 허씨 부인은 자신에게 네 가지 죄가 있다며 하나씩 짧게 이야기하였다. 하나같이 여성의 도리에 직접 관계되는 것이었다. 첫째, 친정아버님이 영남에 계시는데 생사를 알지 못하는 것이고, 둘째, 친정어머님이 한양에 계시는데 생사를 함께하지 못하여 죄송하고, 셋째, 늙으신 시어머님께 걱정을 끼쳐드리는 것이 큰 죄이며, 끝으로, 자신이 요절하여 낭군(郞君)에게 슬픔을 끼치는 것이라고 하였다. 그러고는 조용히 세상을 떴다.

    허씨 부인은 성리학의 경전과 역사책을 두루 읽어 학식이 출중하였으나 남에게 과시하지 않았다. 하지만 무슨 일이든지 자신의 견해를 말할 때가 되면 주위의 예상을 뛰어넘는 탁견을 냈다.

    신흠은 난리 중에 아내를 잃은 친구를 위로하며 다음의 두 가지 주장을 꺼냈다.

    첫째, 그 당시에는 규중의 규범이 잘못되었다며 세태를 비판하였다. 가령 똑똑한 여성이라면 으레 친지들이 모인 곳에서 자기주장을 잘하는 여성을 떠올리는 경향이 있다고 지적하였다. 이미 앞 장에서 살펴보았듯, 16세기에는 과연 허난설헌과 같이 출중한 여성 작가들이 잇따라 나타났다. 그런 영향이겠으나, 활발하고 지적인 여성이 세인의 관심을 끌었다.

둘째, 이야기의 주인공인 허씨 부인에 관한 평가인데, 주로 그의 성품을 호평하였다. 허씨 부인은 순후하고 곧은 마음을 속에 지녔고, 정숙하고 한결같으면서도 온화하고 단정하며 은혜로운 인물이라고 하였다. 또, 음식도 잘 만들어서 시부모님을 정성껏 공경하였으므로 "여성 선비(女士)"라고 불러야 마땅하다고 하였다.

아마 그 시절에는 사람을 칭송할 때는 남성이든 여성이든 "선비"라고 해야 상대가 만족할 정도로, 선비 제일주의가 팽배하였던 것 같다. 의인 허씨에 관한 신흠의 서술만 놓고 보아도 그가 어릴 적부터 공부를 잘하였다거나 전란을 당해서도 자결을 항상 염두에 두었고, 임종 때에도 선비처럼 도리만을 생각하였다고 강조하였다. 게다가 그가 평소에 자신의 지식을 과시하지는 않아도 출중한 의견의 소유자라는 점을 충분히 강조하였다. "여성 선비"라는 호칭은 이 모든 서술을 한마디로 요약한 셈이었다.

남편을 기다리는 아내

임진왜란 중에 남편 신흠은 자신의 삶을 회상하였다. 그때는 아직 30대의 젊은이였으나 7년에 걸친 전쟁을 겪느라 이미 노인이 되어버린 듯하였다. 이는 《상촌선생집》(제5권)에 실린 장편 시, 곧 〈회포를 서

대의명분에 투철한 아내 전의 이씨

술하다(述懷))란 글에 나타난다. 시의 줄거리를 따라 그의 전반기 생애를 세 시기로 나누어 간단히 적어보겠다. 그때마다 신흠이 자기 자신을 무어라 평가하였으며, 아내에 관하여는 또 무슨 생각을 하였는지도 알아볼 생각이다.

첫째, 철없던 어린 시절의 회상이다. 그는 유난히 좋은 옷 입기를 좋아하였다고 한다. 소년 시절에도 늘 정갈하게 차려입기를 즐겼단다. 그래도 어렸을 때부터 포부만큼은 누구보다도 컸다고 한다.

둘째, 청년기에는 탄탄대로를 걸었다고 하였다. 젊은 나이에 한양으로 올라가 과거시험에 급제하였다. "명성이 천하에 넘쳐흘렀다"라고 말할 정도로 출셋길이 활짝 열렸다. 자신이 지닌 값진 구슬 같은 보배가 반짝반짝 촛불처럼 빛났다고도 하였다. 득의의 시절이었다.

셋째, 그런데 위기의 계절이 닥쳤다. 임진년 여름에 일어난 왜란이 문제였다. "포악한 왜놈들이 우리 조정을 겨냥하여 이천 리 먼 길을 침략하자 더러운 먼지에 뒤덮여 천지가 깜깜했네." 국가의 안위는 조정의 대신이 책임져야 하는데도 왕은 어찌 그렇게 서둘러 한양을 버리고 서둘러 떠났을까, 참았던 탄식이 그의 입에서 터져 나온다. 백만을 헤아리는 백성이 들판에서 왜놈의 총에 맞아 피 흘리고 쓰러졌다며, 전쟁의 참상을 떠올렸다. 신흠에게 임진왜란은 씻기 어려운 내상을 입힌 것 같다. 어디 그 혼자만 그랬을까.

벼슬아치는 한 마리 새처럼 보금자리를 찾아서 허둥지둥 갈 바를 몰랐다. 대대로 살던 집은 사라지고 처자식은 왜놈의 칼날에 맡기는 꼴이었다. 다행히 명나라의 구원병이 와서 겨우 살아나기는 하였으나 정유재란을 겪으면서 나라는 다시 쑥대밭이 되고 말았다.

전하는 말에, 호남과 영남의 외곽에는 백 리에 걸쳐 사람의 자취조차 끊겼다네. 살아남은 이도 있기야 하겠으나 어떻게 농사를 지을 수 있을까.

_〈회포를 서술하다〉

이런저런 걱정 끝에 신흠은 꽤 자조적인 분위기에 휩싸인다. 그래서 이런 말을 쏟아낸다. 자기는 못난 사람이라 쓸모가 없고, 부질없이 기개만 높다고 하였다. 소금 실은 수레를 끄는 준마와도 같다고 하였다. 근래에는 나그네 신세나 다름없이 부평초마냥 이리저리 떠돌아다니면서 쓸데없이 분주하다고 하였다. 머나먼 경상도 해안가에서 말을 타고 돌아다니느라 옷 모양새도 온전하지 않고 호주머니에는 돈도 다 떨어졌다고 한탄하였다. 그 당시 신흠은 조정의 명령을 받아서 영남 일대를 돌아다니면서 현지 사정을 자세히 조사하였다(선조 31년 10월).

고난의 여행 중에도 신흠의 뇌리를 한시도 떠나지 않는 것은 가족의 모습이었다. 그는 이렇게 기록하였다.

아내는 내가 돌아오기만 기다릴 것일세
쑥대 같은 머리 한번 감지도 못하지

대의명분에 투철한 아내 전의 이씨

아이들도 날마다 문밖에서 기다리겠지.

山妻候我歸 蓬鬢不曾沐 童兒日候門.

_〈회포를 서술하다〉

그렇게 말하면서 신흠은 어서 전쟁이 끝나고 평화가 돌아오기만을 꿈꾸었다. 온 가족을 거느리고 시골로 들어가서 손님도 모두 사절하고 초가집이라도 좋으니 한가로이 살았으면 좋겠다고 생각하였다. 연잎을 따서 옷을 지어 입고 고깃배를 타고 강으로 나가서 달밤에 피리를 불며 살 수 있으면 세파에 시든 낯빛이 다시 어린 시절의 붉은 얼굴로 되돌아갈 것이고, 신선 아닌 신선이 될 것만 같았다. 평화로운 시절이 돌아오면 전원에서 사랑하는 아내와 함께 조용히 늙어가리라는 결심, 이는 신흠이 곤경을 참고 견딜 수 있게 만드는 주문 같은 것이었다.

아름다운 자연 속에서 함께 늙어갈 고상한 아내가 있다오
세상 인연 때문이라며 어찌 안절부절 허둥대겠는가.
共老煙霞有逸妻 世緣何事却棲棲.

_신흠, 〈귀향을 꿈꾸며(憶歸)〉, 《상촌선생집》 제12권

자신이 중심을 잃고 허둥댈 때마다 신흠은 주문 아닌 주문을 외워댔음이 틀림없었다. '나에게는 전원 속에서 곱게 늙어갈 고상한 아내가 있다.' 늘 이렇게 자신을 위로할 수 있었던 신흠은 얼마나 행복한 사

람이었을까 싶다.

이 장을 마치려니, 누구보다 대의에 투철하였던 그의 아내 전의 이씨의 의연한 모습이 생각난다. 이씨 부인은 강직한 선비를 떠올리게 한다. 그러나 무슨 운명의 장난이 있었는지 몰라도 그는 남편 신흠을 남겨두고 먼저 세상을 떠났다. 그에게도 임진왜란의 상처는 아마 너무 깊었던 것이 아니었을까. 자신이 이상형으로 여기던 아내를 여읜 신흠은, 그 후 5년을 더 살다가 정묘호란을 겪고 나서 마침내 눈을 감았다.

미수 허목이 시대의 풍경을 기록하다

처음에는 일부 진보적 성리학자만 신봉하던 윤리와 도덕이었다. 그
것이 조선 사회의 맨 아래층까지 도달하였다. 심지어 신분이 매우 낮
은 여성들까지도 절개를 지키려고 목숨을 내거는 상황이 일반화되었
다. 세종이 정력적으로 추진한 '성리학적 전환'이란 역사적 프로젝트
가 드디어 성공한 것이다. 왕이 《삼강행실도(三綱行實圖)》를 펴내고,
한글까지 창제한 것도 따지고 보면 최종적인 목표는 성리학적 도덕의
실천에 있었다. 이제 국토의 남쪽 끝 동래에 살던 노파도 궁벽한 시골
의 여성들까지도 모두 열녀가 되고 절부가 되었으니, 지하의 세종은
크게 감동하였을까.

세상이 이렇게 변하자 선비의 아내란 과연 무엇인가, 그는 어떻게

살아야 하는가, 하는 물음이 다시 제기되었다. 우리 현대인으로서는 이해하기 어려운 뜻밖의 상황이었다. 놀랍게도 17세기 후반에는 아내의 외모나 성적 매력을 애써 외면하는 엄숙한 사회 분위기가 자연스러운 일이 되었다. 위선이 판치는 뜻밖의 세상이 문을 활짝 연 것이다. 아내의 역사가 또 한 번 굽이친 셈이었다.

그런 세상이 되자 가정 안에서 아내의 기능과 역할은 극도로 강조되었다고 볼 수 있다. 바람직한 아내는 언행이 간결하고 단정하고, 엄숙하며, 도리에 따라 의리를 지키는 존재였다. 그의 용모는 아리따울 필요가 없었으나, 한 집안의 살림을 홀로 떠맡은 집사와도 같고, 남편의 도학적 동반자와도 같은 역할은 해야 했다. 이렇게까지 성리학적 가치관이 강조된 시기가 어느 나라에 다시 있었던가.

그 시대의 아내가 모두 한결같이 그런 모습으로 살았던 것은 아니다. 허다한 변형과 일탈이 왜 없었을까마는, 앞에 말한 이념으로 채색된 아내의 이상형이 널리 퍼진 것이 엄연한 사실이었다. 우리가 막연하게 떠올리는 조선 여성의 전형적인 모습이 그 시기에 만들어진 것이었다. 그런 모습을 가장 잘 소개한 이가 남인의 영수 미수 허목 (1595~1682)이었다고 생각한다. 그래서 나는 그의 문집에서 발견한 몇 가지 예를 소개해보려 한다.

시대의 격랑을 헤쳐나간 무명의 아내들

동래 할머니, 어머니를 찾으러 일본에 가다

할머니는 젊은 시절에 경상도 동래부(부산)에서 몸을 팔아 살았다 (私娼). 그런데 뜻밖에도 임진왜란이 일어나 온 나라의 많은 보물과 여성이 그들의 수중에 들어가게 되었다. 당시 30여 세였던 우리 이야기의 주인공도 그때 일본으로 붙들려가서 10여 년을 살았다(허목, 〈동래노파(東萊媼)〉, 《기언(記言)》 제22권).

선조 39년(1606) 봄, 일본과 조선이 조약을 맺어 평화로운 관계를 회복하자, 조선이 사신이 귀국할 때 많은 포로가 되돌아오게 되었다. 할머니도 그 일행에 끼어 동래로 귀향하였다. 그런데 그에게는 연로한 어머니가 있었다. 임진왜란 때문에 서로 향방을 몰랐던 것이 당연한 일이었다.

그가 어머니 계신 곳을 두루 물어본 결과, 난리 속에서 왜적에게 잡혀갔는데 아직 돌아오지 못한 것 같다고 하였다. 그러고 보면 모녀는 모두 일본에 억류되어 있었던 셈이다. 이에 할머니는 자신의 어머니를 찾기로 굳게 결심하였다.

"어머니를 찾지 못하면 되돌아오지 않겠다." 친지들에게 이렇게 맹세한 그는 다시 배를 얻어 타고 일본으로 돌아갔다. 그러고는 걸인이 되어 일본 땅 곳곳을 돌아다니며 어머니의 행방을 수소문하였다. 드디어 어디선가 어머니를 찾아내는 데 성공하였다. 모녀는 모두 노인이 되어 있었다. 그때 어머니는 70세가 넘었으나 아직도 정정하였다.

일본 사람들도 놀라서 눈물을 흘리며 감탄하는 이가 많았다. 그들은 할머니가 어머니를 모시고 함께 조선으로 귀국하는 것을 허락하였다.

무사히 고향으로 돌아왔으나 그들은 아무런 재산도 없어 살기가 막막하였다. 그러나 할머니는 좌절을 몰랐다. 그는 고향 동래에 살고 있던 언니와 함께 어머니를 업고 낙동강을 건너 함안의 방목리라고 하는 마을로 이사해, 품팔이로 어머니를 정성껏 봉양하였다. 거기서 80여 세까지 살다가 사망하였다. 마을 사람들이 '동래 할머니'라고 불러서 그 이름으로 세상에 널리 알려졌다.

이야기를 마치며 허목은 자신이 느낀 바를 이렇게 기록하였다.

> 만리타국의 험난한 바닷길에서 모녀가 다시 만날 수 있었으니, 이것은 하늘이 돌본 것이다. 남성도 하지 못할 일을 해내어, 세상에 우뚝한 절행(節行)을 세우셨구나. 일본 사람(오랑캐)을 감화시킬 정도가 되었으니 참으로 어질도다.

_〈동래 노파〉

동래 할머니 이야기는 개성이 뚜렷한 한 평민 여성의 개인사이다. 그러나 꼭 그렇게만 단정할 수 없다. 수백 년째 세상이 온통 성리학적 가치를 권장하다 보니, 누구라도 그 도덕적 가치를 신봉하게 되었다는 뜻으로 풀이해도 좋은 것이다. 젊은 시절의 창녀조차 "절조 높은 행동(節行)"으로 세상을 감동하게 만들었으니 말이다.

시대의 격랑을 헤쳐나간 무명의 아내들

궁벽한 시골의 이름 없는 열녀들

동래 할머니 이야기만큼 극적이지는 않아도, 17세기에는 방방곡곡에 열녀가 쏟아져 나왔다. 17세기 남인을 대표하는 정치가요 문장가인 미수 허목은, 그들에 관한 이야기를 문집의 곳곳에 적어두었다. 그 가운데서 두 대목만 간단히 뽑아보았다.

첫째는 허목이 경기도 연천의 한 시골 마을, 횡산에서 들은 이야기였다(허목, 〈횡산기(橫山記)〉, 《기언별집》 제9권). 연천강 북쪽의 횡산 마을에서는 여종조차 정절을 지켰다. 금월이라는 이름의 여성인데 일찍이 과부가 되었으나 평생 수절하였다. 80여 세가 되도록 장수하였는데, 항상 자손들에게 타이르기를, "남을 속이지 말고 남과 다투지 말라"고 하였다. 그리하여 이 마을은 유난히 아름다운 풍속을 유지하게 되었다고 한다. 허목은 마을의 노인들에게서 그런 이야기를 들었다고 하였다. 어디 횡산뿐이겠는가? 당시에는 평민의 마을이든 노비의 마을이든 대체로 모두 그러했을 것이다.

그 부근에서는 병자호란 때도 절부(節婦)가 두 사람이 나왔다. 만주족에게 성폭행을 당하느니 스스로 죽음을 선택한 이들이었다. 청나라 군대가 지나가는 길목이라 피해가 많이 발생했음을 미루어 짐작할 수 있다.

둘째, 경기도 적성의 의로운 여성(절부)에 관한 이야기이다. 어느 해인가, 허목은 친구인 백호 윤휴 등과 함께 적성에 있는 운계사를 방문하였다. 그때 현지에서 들은 인상적인 이야기를 적었는데, 그 가운데 는 병자호란 때 목숨을 걸고 절개를 지킨 한 여성이 등장한다. 신산에 사는 평민 이귀남의 아내였다. 그는 만주족을 피해 산속에 숨었으나 적에게 발각되어 끌려가게 되었는데, 자기 집 앞에 이르자 적을 꾸짖고는 가만히 서서 꼼짝도 하지 않았다. 적병이 칼로 그의 살점을 베고 배를 갈라서 죽일 때까지 한 걸음도 움직이지 않았다고 한다. 그가 죽자 그 집에서 기르던 개가 사흘 동안이나 시신을 지켜, 까마귀와 솔개가 범접하지 못하였다고 한다(허목, 〈유운계기(遊雲溪記)〉, 《기언별집》 제 9권).

세상에 이처럼 애통하고 안타까운 사연이 어디에 또 있을까 싶다. 평민 여성들까지도 목숨 걸고 절개를 지키던 시대에 조선의 운명을 책임져야 마땅한 왕과 벼슬 높은 선비들은 어디서 무엇을 하고 있었을까.

온 가족이 도덕을 실천한 선비들

17세기에는 어디에 사는 누구라도 성리학적 윤리와 도덕에 충실하여야 했다. 그럼 그때 선비 가족은 어떤 모습을 보였어야 할까. 그들은 뭔가 더욱더 특별한 모범을 보여야 한다는 강박에 시달리게 되었다. 그렇게 말해도 틀린 표현이 아닐 것이다. 허목이 쓴 전기적 글에는 모범적인 선비 가족이 자주 등장하였다. 현대의 우리에게는 좀 지루한 이야기가 될 수 있을지 모르나, 당사자들에게는 대단히 자랑스러운 일이었다.

한 가지 예만 들어보자. 허목이 조선 선비 가족의 전형으로 제시한 것은 신사임당의 외손인 조영과 그 아내 창녕 성씨 가족이었다. 《기언 별집》(제25권)에 나오는 〈한양 조공과 절부 성씨의 쌍묘명(漢陽趙公節婦成氏雙墓銘)〉을 간단히 살펴보겠다.

글의 주인공 조영은 문성공 율곡 이이의 조카였다. 그는 15세에 아버지를 여의었는데, 상례에 관한 모든 일을 예법에 맞게 하여 주위 사람을 놀라게 하였다. 그는 성품이 너그러워 다른 사람에게 성을 내는 적이 없었으며, 시를 잘 읊고 그림을 잘 그렸다. 외할머니 신사임당을 닮았는지 산수화를 잘 그렸다. 군자다운 이라서 세상의 번거로운 일에는 마음을 두지 않았다.

임진왜란이 일어나자 그는 배를 타고 피란을 떠났다. 왜적이 충청도를 함락시키자 다시 배를 얻어 타고 북쪽으로 향하였다. 그런데 함께 피란하는 친구의 아내가 마침 임신 중이었다. 같은 배에 탄 사람들이 임신부를 배에 태우면 좋지 않다는 미신을 믿고는 고집스레 승선을 거부하였다. 조영은 그렇다면 나는 의리상 친구를 버리고 떠날 수 없다면서 하선을 결정하였다. 다행히 일행 중 사리를 아는 사람이 있어, 과연 임신한 부인 한 명 때문에 우리가 다 죽는 일이 있겠느냐며 일행을 꾸짖었다. 덕분에 친구의 가족도 무사히 피란할 수 있었다. 조영은 사람됨이 이처럼 비범하고 의리도 있었으나 불행히도 35세에 요절하였다.

그의 아내 창녕 성씨는 열네 살 때 어머니를 여의었다. 늙고 병든 할머니를 지성으로 섬겼으며, 효성이 지극하여 어버이를 섬김에 온 마음을 다하였다. 또한, 어려운 친척을 보살펴 많은 사람이 혜택을 입었다.

그는 남편이 병들자 날마다 정성껏 간호하였다. 그러나 끝내 회복하지 못하고 작고하자 남편을 위하여 6년이나 상복을 입었다. 멀리 사는 사람들까지도 그의 행실이야말로 '절개 있는 부인'의 표준이라 여겼고, 나라에서는 그 마을에 열녀정문을 내려 기리게 하였다. 부인이 열녀인 것은 두말할 것도 없으려니와 그 부군 조영의 선비다운 행실도 듣는 이의 마음에 큰 울림을 주었다. 이제 선비라면 누구든지 이처럼 모범적으로 살아야 한다는 의무감이 세상을 지배하였다.

허목의 처가에서도 열녀가 쏟아져 나와

열녀는 허목 가까이에도 있었다. 그의 처가 전주 이씨 집안에서도 자매 두 사람이 열녀가 되었다. 그들은 선비 집안의 서녀(庶女)였는데, 정치적인 격변과 전란의 소용돌이 속에서 죽음으로 절개를 지켰다.

허목의 처조부는 문충공 오리 이원익이다. 이야기의 주인공은 문충공의 서녀이므로, 허목에게는 처가 쪽으로 서(庶)고모가 된다. 그이는

시대의 격랑을 헤쳐나간 무명의 아내들

박윤장의 아내였는데, 남편이 광해군의 복위를 꾀하였다는 죄명으로 죽임을 당하였다. 남편이 죽자 아내인 전주 이씨는 따라서 죽기를 맹세하고 날마다 통곡하였다. 그는 날마다 겨우 한 줌의 쌀로 죽을 끓여 마시며 상복을 벗지 않고 5년을 애통해하다가 숨졌다. 그리하여 이야기를 듣는 이마다 슬퍼하지 않는 사람이 없었다(허목, 〈열녀전(烈女傳)〉, 《기언》 제45권).

또 한 사람의 열녀는 바로 앞에 말한 열녀의 동생이었다. 그는 오성 이항복 대감 집안의 서손(庶孫)인 이시행과 결혼하였다. 남편은 일찍 작고하였고 그 뒤에 만주족이 병자호란을 일으켰다. 가족이 강화도로 피란하였으나 섬이 곧 적의 수중에 들어갔다. 적들이 그와 자녀들을 몽땅 포로로 삼아서 끌어가려 하자, 저항하며 이렇게 부르짖었다. "나는 돌아가신 완평군 이 정승(이항복)의 딸이다!"(〈열녀전〉). 그러고는 스스로 목을 찔러서 자결하였다. 이야기를 듣는 이마다 눈물을 흘리며, 이 정승이 훌륭하여 그 딸들까지도 절개가 있다고 감탄하였다.

오리 이 대감의 큰딸인 숙부인 이씨는 자신의 동생이 만주족에게 굴하지 않고 자결하였다는 소식을 듣고 구슬프게 통곡하면서 이런 말을 하였다. "훌륭하게 숨졌도다. 몸은 죽었으나 아름다운 그 이름은 사라지지 않으리라"(〈열녀전〉).

이렇듯, 사대부 가문의 구성원이라면 적서(嫡庶)를 떠나 당당한 명분을 지키고, 목숨을 던져서라도 절개를 지켜냄을 마땅하게 여겼다. 17세기 사대부의 삶은 너무나 무거웠다.

어머니 정경부인 나주 임씨는 선비

허목의 어머니는 정경부인 나주 임씨로, 이름난 문장가 백호 임제의 딸이었다. 임제는 송도 기생 황진이의 묘에 제사를 지냈다고 하여물의를 일으킨 적이 있는 선비였다. 임제가 살았던 16세기는 멋과 낭만이 있었으나, 그 이후로는 세상 풍조가 경직되었다. 사정이 그렇게바뀐 까닭이었을까. 임제의 딸이요 허목의 어머니인 정경부인 임씨는, 언행에 빈틈을 추호라도 용납하지 않는 철저한 성리학자처럼 살았다. 아들의 눈으로 바라본 어머니의 언행에는 다음의 두 가지 특징이 있었다(허목, 〈돌아가신 어머님 정경부인 나주 임씨 묘비(先妣貞敬夫人羅州林氏墓碑)〉, 《기언》 제43권).

첫째, 공평무사함이었다. 부인은 친손자라도 특별히 더 아끼고 사랑하지 않았다. 촌수가 먼 일가친척이라도 가족과 똑같이 대우하였다. 집안의 첩이나 하인에 이르기까지 모두 세밀하게 살펴 정답게 대우하였으며, 까다롭게 괴롭힌 적이 없었다. 자선을 아끼지 않아서 추후 부인이 돌아가시자 온 마을 사람들이 눈물을 흘렸고, 나이가 들었다고 집으로 돌려보낸 노비 중에는 부인의 고마움을 잊지 못해 천 리밖에서 달려와 조문한 이도 있었다. 부인의 이러한 행실은 덕망이 높은 선비를 방불케 하였다.

둘째, 부인의 일상은 엄격한 선비와 조금의 차이도 없었다. 부인은욕심이 없어서 애착을 둔 물건이 하나도 없었다. 돌아가실 때가 가까워지자 날마다 일찌감치 세수하고 머리를 빗고 물을 뿌린 다음 깨끗이 청소하여 거처가 매우 엄숙 단정하였다. 의복도 반드시 단정히 갖춰 입었고, 사용하는 도구도 매우 청결한 상태를 유지하였다. 이 역시 전형적인 선비의 행실이었다.

이쯤 말하고 보면, 17세기에는 선비 가문의 남성과 여성은 절개와 의리를 강조하는 점에 있어서 차이를 발견하기 어렵다. 도무지 그 시대에는 통속적 의미의 여성다움 같은 것은 어디론가 멀리 사라져버린 것도 같았다.

아리따운 자태 없어서 더욱 좋은 아내 전주 이씨

허목의 아내 전주 이씨는 어떤 인물이었을까 더욱 궁금해진다. 알고 보면, 그는 매우 담담하고 간결한 성품의 주인공이었다. 남편 허목이 보기에는 그것이 부인의 장점이었단다. 두 사람은 매우 밋밋한 사이였다. 요즘 식으로 말해 재미가 조금도 없어 보이는 사이였다. 그런데 허목은 바로 그 점이 좋았다고 말했다. 나로서는 이해하기 어려운 대목이지만, 시대마다 가치관이 다르므로 평가는 얼마든지 엇갈릴 수 있다.

아내는 41년간의 결혼생활을 뒤로한 채 향년 57세로 영원히 눈을 감았다(효종 4년, 1653). 그로부터 23년이 지난 숙종 원년(1675), 허목은 아내를 추억하며 〈정경부인 전주이씨묘명(貞敬夫人 全州李氏 墓銘)〉을 지었다(허목, 《기언》 제43권) 그 직전에 허목은 팔순의 나이에도 불구하고 우의정이 되었다. 대단한 일이었다.

남편 허목이 쓴 〈묘명〉을 읽어보면 아내 전주 이씨에게는 다음의 네 가지 특징이 있었던 것 같다. 하나씩 간단히 정리해보자.

첫째, 제사를 모시고(봉제사) 손님을 접대하는 데(접빈객) 성의를 다하였다. 물론 시부모님을 모시고, 시가의 친척을 돌보고, 남편이 친구를 사귀는 데에도 최선을 다하였다. 이른바 부인의 도리(婦道)에 충실하였다고 평가할 만하였다.

둘째, 나의 귀에는 정말 의외의 이야기로 들리지만, 허목은 아내가 여성적이지 않아서 좋았노라고 말했다. "시원하고 구차스럽지 않아서 조금도 부인의 아리따운 자태 같은 것이 없었다"라며, 남편 허목은 아내를 칭송하였다.

셋째, 아내는 항상 남편의 공부를 뒤에서 도왔다. 허목은 집이 가난했으나, 아내가 가난을 조금도 탓하지 않아서 다른 걱정을 하지 않고 날마다 고전에 해당하는 좋은 서적을 마음껏 읽었다고 하였다. 허목은 아내의 내조에 힘입어서 고문에 통달하였고, 제자백가에도 정통하였다는 것이다.

넷째, 허목의 아내는 마음만 먹었더라면 친정아버지의 도움을 빌려서 남편을 출세시킬 수도 있었다. 앞서 언급하였듯 전주 이씨의 부친은 유명한 오리 이원익 대감으로 대동법을 시행하는 데 공헌한 인물이었다. 그런데 아내는 남편이 자력으로 성취하기를 믿고 바래, 이른바 '아버지 카드'를 한 번도 사용하지 않았다. 참으로 통이 크고 대범한 인물이었다.

그런 전주 이씨가 세상을 떠나자 많은 조문객이 찾아왔다. 그들은 입을 모아, 허목과 그 아내가 매우 잘 어울리는 한 쌍이었다며 깊은 애도를 표시하였다. 그리고 허목은 아내에 대한 자신의 속마음을 다음과 같이 간단명료하게 표현하였다.

그대의 간결한 언행

바르고 옳았던 가치 기준

이제는 모두 지난 일이 되었소

무덤에 그것을 새김은

마음을 서로 알아준 일에 보답하려는 것이오.

簡潔之風 方正之規 今其已 而銘其塚 報相知.

_〈정경부인 전주이씨묘명〉

이만하면 정말 '쿨'하지 않은가도 생각한다. 아웅다웅한 맛은 없었어도, 그들에게는 또 다른 부부의 정이 있었으리라 생각한다. 마치 함께 도를 닦는 친구와도 같은 사이였을 것이다. 17세기의 부부에게는 이런 맛이 있었다.

명재 윤증이 눈물로 쓰다

역사상 당파 싸움이 가장 치열한 시기도 아마 17세기였을 것이다. 왜란과 호란으로 인해 민생은 극도로 피폐해졌으나 조정 대신들은 그 문제를 해결할 역량이 부족했다. 그들은 상대 당파에 책임을 서로 미루며, 치열하게 권력 투쟁을 벌였다. 여기서 나는 어느 당이 옳다, 그르다를 따지려고 하는 것이 아니다. 그 시절의 왕과 벼슬아치들은 국가와 백성을 위해서 모든 노력을 다하였노라 항변할지 모르겠으나, 내가 보기에는 그렇지 않았다. 그들이 보인 통치 결과는 참담하였다.

아내의 역사라는 관점에서 보면 더더욱 가슴 아픈 일이 많았다. 계속된 전쟁 중에 많은 여성은 성폭행에 무력하게 노출되었고, 심지어 많은 이가 포로가 되어 적국으로 끌려갔다. 또, 요행히 그런 신세를 피한 사람이라도 당쟁 때문에 사랑하는 남편과 아들을 잃은 이도 적지 않았다.

아래에서 우리가 만날 명재 윤증(1629~1714)의 누나 파평 윤씨는 내우외환에 모든 것을 잃었다고 하여도 과언이 아니다. 그는 호란으로 어머니를 잃었고, 자기 자신은 포로가 되어 국경선인 압록강까지 끌려갔다. 천신만고 끝에 돌아와 젊은 학자 남편 박세후를 남편으로 맞았으나 그는 24세를 일기로 요절하고 말았다. 나중에는 양자 박태보를 정성껏 키웠으나 그마저도 당쟁에 휘말려 목숨을 잃었다. 파평 윤씨는 평생 좌절하지 않고 최선의 노력을 하였으나, 운명은 그의 편을 들어주지 않았다. 그렇게 말해도 전혀 과장된 표현이 아니었다.

알고 보면, 윤씨 부인처럼 기막힌 사연을 남몰래 가슴에 품고 속앓이를 해야 했던 아내가 여기저기에 있었다. 비극이 어디에나 만연하였다는 점에서도, 17세기는 아내의 역사에서 예외적인 극단의 시기였다. 자, 그럼 이제부터는 윤씨 부인의 삶을 조금만 더 자세히 들여다보기로 한다.

누님은 기구한 운명의 주인공

숙종 25년(1699)에 대학자 윤증은 누님 윤씨의 일생을 글로 정리하였다. '묘지(墓誌)' 형태의 글인데, 구구절절 한숨과 눈물이 배어 있다. 그 첫 부분을 잠깐 옮겨보겠다.

박세후의 부인 파평 윤씨는 나의 누님이다. 열 살에 모친을 여의었고, 23세에는 과부가 되었으며, 노년에는 양자(박태보)마저 비명에 쓰러졌다. 슬픔과 고통 속에서 일생을 마치셨으니, 애통한 일이다.

_윤증, 〈자씨 묘지 기묘년(姊氏 墓誌 己卯年)〉, 《명재유고(明齋遺稿)》 제37권

파평 윤씨는 여러 방면에 걸쳐 타고난 재능이 탁월하였던 데다, 성품도 매우 학구적이었다. 겨우 일고여덟 살이 되자 친가와 외가 조상의 이름을 다 외웠다. 조금 더 자라서는 남자 형제들이 글을 배우는 것을 보고 어깨너머로 모두 익혔다. 그리하여 어린 나이에 여러 경전을 섭렵하여 모르는 것이 없었다고 했다.

동생 윤증이 다른 곳에서 기록한 바와도 일치한다. 윤씨는 매우 총명하여 길쌈과 바느질 같은 집안일은 한 번 보기만 해도 바로 배워서 무엇이든 정교한 솜씨로 누구보다 잘하였다. 기억력도 뛰어나서 무슨 책이든지 한 번만 보고 들어도 외울 정도였다. 그리하여 《소학(小學)》과 《열녀전(列女傳)》 등에 두루 통달하였다(윤증, 〈선고와 선비의 묘지(先考先妣 墓誌)〉, 《명재유고》 제37권). 참고로, 다른 집안에도 윤씨와 비슷한 딸들이 상당히 많았다. 17세기 선비 집안에서는 재능 있는 딸에게 글을 가르치는 풍습이 상당히 널리 퍼져 있어, 많은 여성 지식인이 있었다고 보아야 할 것이다.

호란과 당쟁으로 얼룩진 누님의 일생

모친을 여읜 슬픔을 겪은 뒤, 열다섯 살이 되자 아버지 윤선거가 장래가 촉망되는 박세후를 신랑감으로 골라서 시집을 보냈다. 그러나 기축년(효종 즉위년, 1649)에 시어머니의 상을 입었고, 신랑은 슬픔을 이기지 못해 중병이 들어 곧 세상을 떠나고 말았다. 딸의 아픔을 통감한 친정아버지 윤선거는 사위의 장례를 주선하고는 홀로된 딸을 데리고 고향인 이산(충남 논산)으로 돌아왔다. 친정에서는 파평 윤씨에게 따로 집 한 채를 지어주고 남편의 신주(神主)를 받들며 지내게 하였다.

　윤증의 누님은 남편의 상복을 벗은 후에도 고기를 피하고 나물만 먹고 죄인처럼 지내며, 친정아버지를 효성으로 받들었다. 윤씨는 친정 아우 윤추가 아내 풍양 조씨를 잃자, 두 명의 조카를 맡아서 그들이 장성할 때까지 친자식처럼 온 힘을 쏟아서 길렀다.

　윤씨 부인에게도 본래 딸 하나가 있었으나, 일찍 병으로 죽었다. 부인의 시동생은 이름난 학자 서계 박세당이었다. 학문적 자유를 추구한 박세당은 독창적인 경전 해석으로 후세에 이름을 남겼는데, 그는 둘째 아들 박태보를 돌아가신 형님 박세후의 양자로 삼았다. 윤씨 부인은 깊이 감사하며, 박태보를 손수 키웠다. 그는 남편을 따라 죽지 못한 것이 한이라며, 이제부터는 아들을 따라야겠다며 고향을 떠나 한양의 시가로 되돌아갔다.

　박태보는 어릴 적부터 성품이 효성스럽고 공부에 뛰어난 재능이 있었다. 윤씨 부인의 정성스러운 돌봄이 효과 있었던지, 그는 젊은 나이에 과거에 급제하여 학자로서 또 청년 관리로서 명망이 높았다. 그러나 그 시절에는 조정에 당파싸움이 유독 심하였다. 그래서 윤씨 부인은 아들의 장래를 걱정하지 않을 수 없었다. 숙종 15년(1689) 봄, 부인은 친정 동생인 윤증에게 한 통의 편지를 보내어 걱정을 털어놓았다.

> 요즘 벌어지고 있는 일은 마치 바람에 날아다니는 불똥과 같네. 언제 누구의 집에 떨어질지 모르겠네.
>
> _〈자씨 묘지 기묘년〉

그해 궁중에서는 왕비와 후궁 장씨 사이에 암투가 벌어졌다. 숙종은 희빈 장씨의 편을 들어 인현왕후 민씨를 폐위할 작정이었다. 그러자 반대 여론이 높았다. 윤씨 부인의 아들 박태보는 왕의 처사가 심히 편파적이라며 민비의 폐위를 반대하였다. 왕은 노여움을 참지 못하고, 즉각 박태보를 체포하여 심하게 고문하였다. 그러고는 진도(전남 진도) 유배를 결정하였다. 그러나 고문의 후유증이 심해 박태보는 노량진에서 죽고 말았다.

이때 숙종은 조정에서 서인을 모두 쫓아내고 남인에게 권력을 넘겨주었다(기사환국). 그로부터 5년이 지난 숙종 20년(1694)에는 남인들이 역모를 꾸몄다는 혐의가 제기되어, 숙종은 남인을 내쫓고 다시 서인 특히 소론 세력을 다시 조정에 불러들였다. 그때 숙종은 자신이 쫓아낸 인현왕후를 복위시켜 다시 대궐로 데려왔다(갑술환국). 왕이 환국정치를 펴는 사이 각 당파에서 많은 희생자가 나왔다.

아들이 비명에 죽고 말자 파평 윤씨는 깊은 절망에 빠졌다. "이 또한 나의 운명이다. 여성이 지켜 마땅한 삼종지도(三從之道)가 모두 끊어져 버렸다. 이제 살아서 무엇을 하겠는가." 부인은 이렇게 말하고는 시름시름 앓다가 이태 뒤 억울하게 죽은 아들을 따라가기라도 하듯 이승을 떠나고 말았다(숙종 17년, 1691). 실로 한 많은 부인의 일생이었다.

파평 윤씨의 기구한 일생은 전쟁과 당쟁으로 말미암은 것이었다. 만약 당쟁이 그처럼 심하지 않았고 병자호란의 세찬 회오리가 없었더라면 어떠하였을까. 지극히 평안하고 안락한 일생을 보내게 되지 않았을까 싶다. 앞에서는 미처 자세히 말할 겨를이 없었으나, 병자호란이 윤씨 부인에게 입힌 상처는 더욱 근원적인 것이었다.

운명을 바꿔놓은 병자호란

인조 14년(1636)에 일어난 병자호란은 세 가지 점에서 파평 윤씨의 삶에 씻지 못할 상처를 입혔다. 하나는 이 난리로 어린 나이에 어머니를 앗겼다는 사실이다. 또 하나는 그때 윤씨가 적의 포로가 되어, 극도의 불안과 공포 속에서 한겨울에 천 리 길을 걸어서 오갔다는 점이다. 끝으로, 이 전쟁으로 인하여 아버지 윤선거는 죄인 아닌 죄인이 되어 평생 뜻을 펼 수 없게 되었고, 그것이 결국에는 정치적 분란으로 확대되었다는 끔찍한 사실이다. 이제 하나씩 이야기해보자.

첫째는 어머니 공주 이씨의 의롭고 비참한 죽음이다. 병자호란 때 많은 사람이 강화도로 피란하였다. 그러나 적의 예봉(鋭鋒)을 꺾지 못해 그 이듬해(인조 15년, 1637) 정월, 강화가 적의 수중에 들어가고 말았다. 1월 22일, 적은 한강을 건너 강화성 안으로 밀고 들어왔다. 그때 아버지 윤선거는 피란 중인 다른 선비들과 함께 장차 이 난국을 어떻게 헤쳐 나아갈지 궁리하였다.

어머니 이씨 부인은 사정이 급하게 나빠지고 있음을 직감하고, 자결을 선택하였다. "적의 손에 죽느니 차라리 자결하는 편이 낫겠습니다"(〈선고와 선비의 묘지〉). 이 한마디 말로 그는 남편 윤선거를 영결하고, 피란처에서 스스로 목을 매어 세상을 떠났다. 1월 23일 아침의 일이었다. 그때 윤씨의 나이는 고작 열 살이었고, 동생 윤증은 아홉 살에 불과하였다. 그들 아래로 훨씬 나이가 어린 동생들도 있었다. 하루아침에 어머니를 잃은 자녀들의 슬픔이 어떤 것이었을지, 우리로서는 상상조차 하기 어렵다.

그때 강화도에 피란 온 선비 집안에서는 이와 같은 일이 많았다. 비명에 죽은 아내와 어머니가 한둘이 아니었다. 적에게 항복하여 몸과 마음을 더럽히느니 차라리 절의를 지키기 위해 스스로 목숨을 끊은 선비와 아내가 여럿이었다.

둘째는 포로 생활의 고통이었다. 앞을 헤아릴 수 없는 혼란이 강화도를 휩쓸었다. 전란의 와중에서 어린 윤씨 남매도 만주족의 포로가 되었다. 장차 그들의 운명이 어찌 될지 알 수 없는 급박한 상황이 되자,

동생 윤증이 자신의 허리에 차고 있던 수건을 풀어서 그 안에 고이 간직한 자그마한 족보를 꺼냈다. 동생은 누나에게 족보를 건네주며 이렇게 말하였다.

> 만약에 우리가 서로 헤어지게 되기라도 하면 누님은 장차 이것으로 신표를 삼기 바라오.
>
> _〈선고와 선비의 묘지〉

악운이 겹쳐서 그들 오누이는 결국 뿔뿔이 헤어지게 되었다. 다행히도 동생 윤증은 적의 부대가 김포에 이르렀을 때 조정과 협상이 잘되어 포로 상태를 벗어났다. 그러나 윤씨 소녀는 계속해서 적진에 억류되었고, 결국은 북쪽으로 끌려가는 신세였다. 소녀는 중간에 믿을 만한 조선 사람이 보이기만 하면 족보를 꺼내 보이며 하소연을 하였으나 도움을 얻지 못하였다. 포로의 행렬이 평안도 의주에 이르렀을 때 드디어 기적이 일어났다. 압록강을 건너기 직전에 참판 이시매가 소녀를 알아보고 서둘러 몸값을 내고 자유를 샀다. 동생 윤증이 신표로 준 족보 덕분이었다.

알다시피 병자호란 때는 적어도 10만 명의 조선 사람이 포로로 붙들려 만주로 끌려갔다. 그 가운데는 왕족도 있고, 이름 높은 양반가의 가족도 상당수 포함되었다. 소녀 시절의 윤씨도 그 가운데 하나였다. 그나마 윤씨는 운이 좋아서 국경을 넘기 전에 풀려난 것이다. 부인은 엄동설한에 포로로서 겪은 고난을 아마 평생 잊지 못했을 것이다.

끝으로, 병자호란의 부정적인 영향은 윤씨 집안 전체에 커다란 상처로 남았다는 사실이다. 나아가 서인이란 거대한 당파가 노론과 소론으로 나누는 결과를 가져오기도 하였다. 바로 그 중심에 윤씨 부인의 친정이 있었다.

동생 윤증이 기록한 아버지의 삶을 간단히 알아본다. 아버지 윤선거는 병자호란이 일어나기 직전 강경파 유생의 대표였다. 그는 성균관 유생들을 이끌고 상소를 올려 후금(청)에서 온 사신의 목을 베고 화친을 거부하자고 주장하였다. 그 기세가 실로 대단하여 많은 선비가 그를 따랐다. 그해 겨울 적이 침략하자 가족을 이끌고 강화도에 들어갔는데, 앞에 말한 것과 같은 불상사가 일어났다.

본디 윤선거는 김상용, 권순장, 김익겸과 함께 죽음으로 충절을 지키기로 다짐했고, 친구들은 약속대로 자결하였으나 약속을 지키지 못하였다. 그때는 남한산성이 아직 포위된 상태였고, 아버지 윤황이 산성에 남아 있었다. 윤선거는 어머니 성씨 부인을 모시고 가까스로 강화도를 빠져나와, 남한산성에 들어가 아버지를 모시고 최후를 함께 맞을 생각이었다. 그러나 산성에 들어가지도 못하였기에 그는 평생 떳떳하지 못한 신세가 되고 말았다.

치욕스러운 전쟁은 삼전도(서울시 송파구)에서 인조가 항복함으로써 막을 내렸다. 아버지 윤선거는 묵묵히 시골에 은거하며 학문을 닦았다. 세월이 흐르자 그의 학문과 행실은 사람들의 마음을 움직여, 갈수

호란과 당쟁으로 얼룩진 누님의 일생

록 칭송의 목소리가 높아졌다.

조정에도 그런 사실이 알려져 역대의 국왕이 거듭 특명으로 윤선거에게 벼슬을 주고 조정으로 불렀다. 하지만 그때마다 윤선거는 극구 벼슬을 사양하고 스스로 죄인으로 자처하였다. 그는 조정에서 내려준 관직을 자신의 이름 앞에 쓰지 못하게 했으며 청나라의 연호도 절대로 사용하지 않았다. 자나 깨나 지난날 강화도에서 벗들과 함께 자결하지 못한 일을 후회하고, 자신의 부족함을 나무랐다. 그러다가 현종 10년(1669) 초여름, 병으로 작고하였는데 향년 60세였다(《선고와 선비의 묘지》).

아버지 윤선거가 세상을 뜨자 윤씨 부인의 동생인 윤증은 아버지의 친구이자 자신의 스승인 우암 송시열에게 묘지명을 부탁하였다. 그런데 강화도에서의 일에 관한 송시열의 서술에 불만이 생겼다. 윤증은 아버지 윤선거의 처신을 좀 더 적극적으로 변호해주기를 기대하였으나, 스승 송시열은 그 요구를 끝내 거절하였다.

이로 인해 두 사람의 사제관계는 파탄에 이르렀다. 그 사건을 두고 선비들의 여론도 크게 갈려, 연로한 우암 송시열의 주장이 옳다고 확신하는 사람들은 노론(老論)이 되었고, 윤증을 동정한 이들은 소론(少論)이 되었다. 아버지 윤선거가 강화도에 어떻게 처신하는 것이 옳았는가를 둘러싸고, 결국에는 서인이 두 편으로 갈라졌다. 윤증은 그 아버지와 마찬가지로 평생 벼슬에 나가지 않고 초야에 머물렀으나, 소론이라는 한 당파의 지도자로 지목되었다.

동생 윤증과 아들 박태보의 연대

동생 윤증이 소론의 영수로 떠오르자, 세상 사람들은 윤씨 부인의 아들 박태보와 그의 생부 서계 박세당을 소론의 핵심 세력이라고 인식하였다. 박태보는 학식이 출중하고 성품이 강직한 젊은 선비로, 조정의 여러 가지 사안에 관하여 자신의 소견을 거리낌 없이 밝혔다. 결과적으로, 당파 간의 대립과 충돌은 더욱 격화되었다.

윤씨 부인의 양자 박태보는 윤증에게는 조카가 되므로 두 사람은 당대의 정치적 현안에 관하여도 의견을 주고받을 때가 많았다. 박태보가 변을 당하기 5년 전, 외삼촌 윤증이 그에게 보낸 편지 한 장을 소개하려고 한다.

편지의 서두에서 외삼촌 윤증은 자신이 송시열과 주고받은 편지의 사본을 조카에게 보내게 된 사정을 설명하였다. 숙종 9년(1683) 송시열의 손자 송주석이 문과에 급제하여 예문관 검열에 임명될 예정이었으나, 조정에는 반대의견이 제기되었다. 사실 그보다 앞서 송주석의 집안에 불의의 사고가 있었다. 그의 계모가 실성하여 물에 빠져 죽는 비극이 일어났던 것인데, 과연 자살인지 의심스럽다는 여론이 있었다. 그러므로 조정 일각에서는 송주석의 기용에 반대하는 의견이 있었다. 만약 송주석의 계모가 타살된 것이라면 사실을 제대로 밝혀야 하고, 그때까지는 송주석에게 명예로운 '한림'(예문관 검열)의 직책을 주면 안 된다는 의견이었다. 그러자 송시열은 윤증에게 편지를 보내, 손

호란과 당쟁으로 얼룩진 누님의 일생

자의 출세를 방해하지 말라고 항의하였다(숙종 10년, 1684).

그 편지 가운데서 송시열은 이런 표현을 하였다. "자네가 자신의 처지를 미루어, 다른 사람을 생각해주지 않는 사실에 나는 한탄하고 있네." 이것이 무슨 말일까. 송시열은 윤증의 어머니 공주 이씨가 강화도에서 자결한 사실을 떠올리면서, 자신의 손자를 그만 괴롭히라고 따진 것이었다. 윤증과 그 아버지 윤선거는 강화도 사건으로 인하여 수많은 고통을 겪은 것이 사실이었다. 그런데도 왜, 송주석의 어머니가 익사한 사실을 악용하여 그의 출세를 막느냐면서, 송시열은 항변한 것이다.

윤증에게는 참으로 어이가 없는 편지였다.

첫째, 강화도의 불행한 옛일을 가지고 윤씨 일가를 괴롭힌 장본인이 바로 송시열이었다. 자신과 송시열의 사제 관계가 끊어지고 만 것도 윤선거가 강화도에서 보인 처신을 송시열이 문제 삼았기 때문이었다. 그런데 또다시 그가 과거의 일을 거론하다니 용납하기 어려웠다.

둘째, 송주석의 계모가 어떻게 사망하였는지는 윤증이 자세히 알지 못하는 데다가, 조정의 관리들에게 그 일로 가타부타 선동한 적도 없었다. 그런데도 송시열이 일종의 확증 편향을 가지고 손자의 앞길을 막았다고 항의하였으니, 실로 어처구니가 없었다. 외삼촌 윤증은 송시열의 편지를 받고 분노를 삭이기 어려웠다. 그래서 한양에 있는 조카 박태보에게 편지를 보내 억울한 심정을 털어놓은 것이었다. 외삼촌은 이렇게 말하였다.

이런 이야기는 모두 중간에서 누군가 조작한 것일 터인데, 그 말을 믿고 (송시열이) 돌아가신 부친(윤선거)을 욕하였습니다. 세상에 어찌 이런 일이 있을 수 있습니까.

_윤증, 〈박태보 사원에게 보냄 8월 2일(與朴泰輔士元 八月 二日)〉,

《명재유고》 제20권

이 밖에도 송시열 일가는 윤증의 아버지 윤선거를 모욕하는 발언을 여러 차례 거듭하였다. 그런 사실을 염두에 둔 듯, 외삼촌 윤증은 조카에게 이렇게 탄식하였다.

지금부터라도 대문을 닫아걸고 자중하며 죽기를 기다리고 싶습니다. 그러나 그마저도 이제 너무 늦은 것 같아서 이 아픔을 어찌하여야 할지 모르겠습니다.

_〈박태보 사원에게 보냄 8월 2일〉

윤증은 그해 초가을 옥천(충청 옥천)에서 한 유생이 올린 상소를 떠올렸다. 그것은 윤증을 비판한 것으로, 상소문에는 박태보 역시 비판의 대상이 되어 있었다. 상소를 작성한 이는 김엽으로, 그는 윤증이 송시열을 비판한 일에 대해 과거에 정인홍이 이황을 모욕한 사건과 마찬가지라며 윤증을 마구 공격하였다. 외삼촌으로서 윤증은 조카 박태보에게 자신의 미안한 마음을 전하고, 당부의 말을 덧붙였다.

호란과 당쟁으로 얼룩진 누님의 일생

그대에게까지 누가 되어 이 지경에 이르렀으니 부끄럽고 한스럽기 그지없습니다. 내가 바라는 것은, 그대가 외부의 시끄러운 일로 인하여 자신의 내면을 수양하는 공부를 그만두지 말았으면 하는 것입니다. 이럴수록 더욱 침잠하여 본성을 확충하고 학문을 천명하기 바랍니다. 그리하여 퇴계(이황)와 율곡(이이) 선생이 제시한 공부의 과정을 목표로 삼으십시오. 이것이 나의 간절한 소망입니다.

_〈박태보 사원에게 보냄 8월 2일〉

이 편지를 읽어본 여러분의 소감이 어떠할지 모르겠으나, 나는 세 가지 생각이 든다.

첫째, 송시열이 자신의 친지와 제자를 노골적으로 공격하고 여론을 선동한 것과는 달리, 윤증은 과격한 언사로 남을 함부로 공격하지 않았다는 점이다.

둘째, 외삼촌 윤증은 나이도 많았고 학문적으로도 명망이 높았으나, 조카 박태보에게 어떤 행동을 명령하거나 지시하지는 않았다. 그는 여러 증거를 통해 자신의 억울한 입장을 합리적으로 해명하는 데 그쳤다.

끝으로, 윤증은 조카가 학문적으로 대성하고 덕망 있는 인물이 되기를 바랐을 뿐이었다. 자신으로 말미암아 조카가 정쟁에 휩쓸린 점을 그는 매우 미안하게 여기고 있었다.

젊은 시절 나는 미국 하버드대학교의 노성한 한국학자 에드워드 왜 그녀 교수를 만났다. 한번은 그분이 의외의 발언을 하여 놀란 기억이 있다. 만약 우리가 조선 시대에 태어났더라면 어떤 당파를 지지할 것인가 하는 문제가 우리의 화제였다. 왜그너 교수는 박사 학위 논문으로 〈조선 시대의 사화〉를 썼을 정도로 정치사에도 조예가 깊은 분이었다[*]. 그는 조금 망설이다가 소론을 지지한다고 대답하였다. 내가 이유를 물었더니, 소론이 여러 당파 가운데 가장 합리적이고 온건하기 때문이라고 하였다. 나는 당시 그 뜻을 정확히 알지 못하였다. 그런데 시간이 흐르고 보니 과연 옳은 말이었다고 생각한다.

앞에서 우리가 살펴본 대로, 윤씨 부인의 동생 윤증은 당파를 만들어 권력 투쟁을 일삼은 인물이 아니었다. 노론의 영수 송시열이 사사건건 자기를 지나치게 공격하였으므로, 최소한으로 방어를 하였을 뿐이다. 후세는 마치 윤증이 소론을 조종하여 당쟁을 벌인 것처럼 오해하는 경향이 있다. 이것이 과연 누구의 죄인지 나는 모르겠다.

윤증의 누님, 이 글의 주인공 파평 윤씨의 삶은 더더욱 안타까운 인생이었다. 그는 여러 가지 출중한 능력을 갖춘 여성 선비였으나, 일생에 풍파가 그치지 않았다. 그러나 거듭되는 재난 속에서도 자포자기하지도 않았고, 정성껏 조카를 키우고 양자 박태보를 당당한 선비로

---

[*] Edward Willett Wagner, *The Literati Purges: Political Conflict in Early Yi Korea*, Harvard East Asian Monographs Volume 58, Harvard University Press, 1974.

길렀다. 윤씨 부인은 언제나 방향을 잃지 않고 평생을 조심하며 지냈는데도 끝내는 당파싸움의 파도를 피하지 못하고 좌초하고 말았다. 그 거센 파도는 한 사람의 인간이 인내와 성실한 마음으로 감당하기에는 벅찼다. 윤씨 부인처럼 역사의 수렁에 빠져 억울한 마음을 품고 세상을 떠난 수많은 아내가 우리 역사에 존재하였다. 그런 사실을 기억하고 싶다. 우리의 기억이 그들에게 따뜻한 위로가 될 수 있기를 바란다.

여성과 가족에 관한 실학자의 새로운 해석

성호 이익(1681~1763)은 18세기를 대표하는 실학자다. 내 생각에 그의 가장 훌륭한 특기는 백과사전을 만드는 데 있었다. 유명한 그의 저서 《성호사설》도 백과사전, 그것도 역사 백과사전이다. 그는 역사적 고찰을 통해서 사물의 이치를 합리적으로 설명하려고 노력하였다. 백과사전의 편찬은 이익이 세상 문제를 진단하고, 나아가 문제를 근본적으로 해결하는 방법을 찾기 위함이었다.

오랜 연구를 통해서 이익은 18세기 조선 사회의 약점과 폐단을 정확히 이해하였다. 가령 허례허식도 그중 하나였는데, 그로 말미암아 개인과 가족의 삶이 쓸데없이 고통을 받는 일이 많았다. 이익이 주장한 해결책은 역시 그가 만든 백과사전에 적혀 있었다. 그는 여성과 가족의 삶에 관한 충실한 기술을 남겼고, 이는《성호사설》속에 녹아들었다.

아래에서는 이익이 만든 백과사전을 중심으로 18세기 아내의 역사에서 주목할 두어 가지 점을 조금 자세히 들여다볼 생각이다. 후대의 역사에도 이익이 개척한 지적 전통을 계승한 이가 없지 않았다. 가장 대표적인 존재는 혜강 최한기였다. 그 역시 백과사전적 저술을 통하여 당대의 과제를 해결한 방법을 궁리하였다. 마치 18세기 프랑스에서 드니 디드로 등이 사회 비판적인 백과사전을 편찬해 일반 시민을 계몽한 것처럼 그들도 역사적 과제를 해결하는 데 그와 똑같은 방법을 사용하였다. 흥미로운 사실이 아닌가.

벼슬 없는 선비로 살다

이익은 당쟁의 여진에 시달리느라 평생 조정에 서지 못하였다. 그의 아버지 이하진은 대사헌까지 지냈으나 유배지에서 목숨을 잃어, 그는 홀어머니 슬하에서 자랐다. 스승처럼 믿고 따르던 형님 이잠까지도 상소 한 장 때문에 매를 맞고 옥중에서 세상을 하직하였다.

초야에서 한평생을 보냈으므로 이익은 늘 한가하게 사는 것처럼 보였으나, 자나 깨나 학문에 정진하느라 실은 무척 고되고 바쁜 삶을 살았다. 그는 식구가 먹고살 계획을 마련하는 등 가난과 싸우느라 늘 편하지 못했다.

몸을 닦고 식구 수를 세어 생계를 꾸리네
아내는 실을 잣고 하인은 호미를 잡는다오.
度身計口全生術 妻執盆繅僕把鉏.

_이익, 〈우연히 짓다(偶成)〉, 《성호전집(星湖全集)》 제2권

    몸이 약했던 그는 손에 쟁기를 쥐고 농사일을 직접 하지 못하였다.
그러나 계획을 세워 가정 경제를 운영하는 것은 가장인 이익의 몫이
었고, 아내는 길쌈을 게을리하지 않았다. 전답에 나가 땀 흘려 일한 것
은 겨우 몇 명에 불과한 노비들이었다. 조금이라도 생활을 윤택하게
하려고, 이익은 손수 닭을 많이 기르기도 하였다. 워낙 자상하고 빈틈
이 없는 성격의 소유자라 수십 년간 살림에 정성을 쏟은 결과 중년이
되자 가난에서 완전히 벗어났다고 한다.

    이익은 평생 두 번 결혼하였다. 첫째 부인은 고령 신씨였는데 수년
후에 사별하였고, 이어서 사천 목씨와 재혼하였는데 서로 뜻이 잘 맞
아 행복하게 살았다. 그는 아내를 매우 사랑해, 언젠가 아내가 심하게
아팠을 때 병구완에 힘써준 족손 이익환에게 깊이 감사하는 마음을
표현하기도 하였다. 그 글은 대개 아래와 같았다.

돌림병이 휩쓸어 온 마을 사람이 모두 걸렸지. 이익환(자네)의 병이 조금 나은 듯하자 나의 아내가 사경을 헤매었지. 갑작스레 병이 심해져, 자네에게 도움을 부탁하였지. 자네가 몸이 아직 성하지 않은데도 급히 달려와서 내 아내의 병을 살폈지.

_이익, 〈백겸에 대한 제문(祭伯謙文)〉, 《성호전집》 제57권

그렇게 고마운 족손 이익환이었는데 갑자기 세상을 떠나버렸다. 이익과 아내 사천 목씨는 부부가 마주 바라보고 울며 슬픔을 금할 수 없었다고 한다. 이러한 일화에서도 실학자 부부의 다정한 모습을 엿볼 수 있다. 아내 사천 목씨와 이익 사이에는 공부 잘하는 아들 하나가 있었을 뿐이고, 질서정연한 이 집안에는 세상 번뇌와는 무관하게 평화로움이 흘러넘쳤다.

그러나 이익은 불공평한 세상을 어떻게 해서든지 바꾸는 데 마음을 두고 있었다. 날카로운 그의 눈에는 가정생활에서도 고쳐야 할 폐단이 많아 보였다. 그리하여 그는 우선 결혼 풍습부터 바로잡아야 하겠다고 결심하였다. 이제 이익이 만든 백과사전에서 관련 항목 몇 가지를 살펴보기로 하자.

시집 보내기

그의 지론은 무엇이든지 검소하고 예의에 맞게 하자는 것이었다. 결혼식도 예외가 될 수 없었다. 함부로 재물을 소비하여 집안의 경제 사정을 위기에 빠뜨리거나, 잘못된 풍습을 고집하여 체모를 잃는 것이 문제라고, 이익은 지적하였다.

그런 점에서 그 당시 많은 사람이 고집하는 친영의 절차, 곧 시집에서 결혼식을 치르자는 의견도 탁상공론이라며 배척하였다. 이익은 《맹자(孟子)》의 내용을 깊이 파헤쳐, 성현도 친영을 철칙으로 주장한 적이 없다는 점을 밝혔다. 그 밖에도 성리학의 여러 고전을 두루 궁리하여, 결혼식을 신붓집에서 하느냐 마느냐는 당사자의 상황에 따라 유연하게 결정하자고 주장하였다. 이처럼 그의 주장은 정통 성리학자들이 친영을 고집한 것과는 큰 차이를 보였다.

결혼식 상차림을 어떻게 할지도 그는 면밀하게 살펴보았다. 근세의 학자들은 매우 복잡한 격식을 주장하였으나, 이익의 주장은 완전히 달랐다. 《가례》를 자세히 살펴보면, "음식을 차린다"라고만 하며 반드시 무엇을 얼마나 차려야 하는지는 정해진 기준이 없다.

이익은 자신의 그러한 발견을 토대로 당대의 사치스러운 풍속을 비판하였다. 사람들은 서로 남보다 잘 차리려고 경쟁을 일삼아 남보다 상차림이 허술하면 수치로 여겼다. 이를 극복할 해결책을 제시하고자, 이익은 가난한 집에서도 상차림에 어려움을 겪지 않게 상차림을

성호 이익이 만든 백과사전

간소화하였다. 가령 밥과 국수로 메기장과 찰기장을 대체하고, 과일 두 가지로 고깃국과 간장을 대신하기를 제안하였다. 또, 채소 절임은 간단한 물김치를 사용하고, 젓갈도 식해(食醢)를 쓰자고 하였다.

신부의 단장도 부유하면 가발을 사용해도 좋으나 형편에 맞게 하는 것이 좋다고 하였다. 신부가 입을 예복도 고전에 예시된 복장을 반드시 착용할 필요는 없고, 시속에 따라도 무방하다고 했으며, 궁벽한 시골에서는 예복을 제대로 마련하기 어려우므로 형편대로 하면 좋다고 주장하였다.

이 밖에도 이익은 혼인 예절에 관하여 많은 지면을 할애하였다. 어느 항목이든지 고전에 무엇이라고 기록하였는지를 꼼꼼히 살피고, 시속에 어떠한 문제가 있는지도 일일이 따져보았다. 그러고는 되도록 사치를 피하고, 경건하지만 검소한 예식이 될 수 있도록 무엇을 어떻게 바꿔야 할지를 깊이 검토하였다.

세상이 이익의 주장을 그대로 따를 리는 없었으나, 그는 자신이 내놓을 수 있는 최선의 개혁안을 만들기에 항상 분주한 모습이었다. 진정한 실학자란 그와 같아야 할 것이다.

여성의 재혼도 가능하다

"충신은 두 임금을 섬기지 않고 열녀는 두 지아비를 섬기지 않는다." 누구나 한 번쯤 들어본 말일 것이다. 고대 중국에 전국시대가 있었고, 그때 제나라의 왕촉(王蠋)이란 선비가 한 말이다. 이 말을 근거로 후대의 유학자들은 신하의 의리와 아내의 도리를 단정하였다. 특히 성리학이 지배한 조선에서는 지위 고하를 막론하고, 홀로된 모든 여성에게 수절을 강요하는 풍습이 절대적이었다.

이익은 여러 고전을 검토하여, 왕촉의 주장이 타당한지를 검토하였다. 《논어(論語)》만 보아도 임금이 신하의 제안을 받아들이지 않거나 도리에 어긋난 행위를 일삼으면, 다른 나라로 떠나갔다. 신하와 임금 사이에는 의리가 끊어질 수 있고, 그런 다음까지 다른 임금을 섬기지 말라는 법은 없었다. 그러므로 부부가 한 번 혼례를 거행하였으면 그 의를 죽도록 지켜야 한다는 것도 틀린 말이 아닌가. 남편이 일찍 죽었는데, 아내가 어찌하여 그 남편이 살아 있을 때처럼 해야 하는가? 이익은 이런 예법은 존재할 수 없다고 판단하였다.

더구나 어떤 여성이 시부모가 죽은 다음에 삼년상도 치르기 전에 쫓겨났다면 어떠할 것인가. 시집 사람들이 내쫓았기 때문에 다시는 그 집으로 돌아갈 수도 없는 여성이라면 이미 부부의 의리가 끊어졌으므로 타인이라고 보아야 한다. 자발적으로 정절을 지키고자 하는 사람에게는 그 도덕성을 인정해 칭찬하는 것이 좋으나, 거기에 구애될 필요가 없다. 이것이 이익의 견해였다.

그런데도 조선에서는 예법(禮法)을 제정할 때 무리한 규정을 세웠다. 이유도 없이 여성의 재혼을 무조건 막은 것이다. 결과적으로, "나이도 어리고 의지할 데도 없는 여성이 원한을 품은 채 일생을 마치게 하였으니, 지나친 일이다"(이익,〈출부(出婦)〉,《성호사설》제7권).

이익이 고대 중국의 예법을 조사해 보니, 한 가지 흥미로운 점이 발견되었다. 갓 결혼한 여성은 3개월이 지나서야 시댁의 사당을 알현하게 하는 법이었다. 왜, 새색시를 3개월 동안이나 사당에 참예하지 못하게 막았을까를 이익은 궁구하였다. 그것은 아직 이 결혼이 확정되지 않았다는 뜻이었다. 아내를 얻을 때 상대의 성품을 알지 못하고 결혼하는 것이 보통이었기 때문에, 3개월 정도는 지나야 서로 상대에 관하여 결론을 내릴 수 있다고 본 것이었다. 요즘 식으로 말해, 결혼한 뒤 처음 3개월 이내에는 결혼 계약을 물릴 수 있었다는 뜻이다. 그 기간이 끝나기 전에 친정으로 돌아간 여성은 다른 남성과 결혼할 수 있다는 여지를 둔 것이다. 이익은 그렇게 풀이하였다.

세상 사람들은 며느리가 아들을 낳지 못하면 쫓아내도 된다고 말하지만, 이익이 공부한 바로는 그것이 결코 죄가 될 수 없었다. 유교의 성현은 아들을 낳지 못한 며느리를 쫓아내라고 말한 적이 없었다. 어떤 이유로든 시집에서 쫓겨났으나 재혼하지 않는다면 이는 그 여성의 고상한 행실을 보여줄 뿐이다. 성현이 이렇게 무리한 제재를 구상한 것이 결코 아니다. 따라서 남편과 의리가 이미 끊어진 여성이라면 재혼의 선택권이 있다. 이것이 이익의 새로운 지적 발견이었다.

이혼법을 제정해야 한다

이익은 조선의 법전에 이혼(出妻)에 관한 조항이 하나도 없다는 사실을 문제 삼았다. 과거에 어떤 사람이 아내가 음란한 행실을 하였다며 관가에 고발하고 두 번이나 소송을 제기했으나 재판이 성립되지 않았다. 그 아내는 성질이 여간 고약하지 않아 가정이 제대로 유지될 수 없었으나, 대신들은 법률에 이혼 조건이 전혀 없다면서 이혼을 반대하였다고 한다.

설사 법률에 명시된 이혼 사유가 없더라도 이혼은 가능해야 한다는 것, 이것이 이익의 주장이었다. 아내를 쫓아내는 강제 이혼의 경우, 폐단이 없지 않으나 불가피할 때도 있다는 것이 이익의 생각이었다. 시부모에게 불효하고 음란한 행실이 있다면 그대로 좌시할 수 없을 터인데, 이런 여성도 법률에 해당 사항이 없다는 이유로 죽을 때까지 함께 살아야 하는가. 이익은 이를 심각한 문제라며 통탄하였다.

조선은 가부장적 성리학 사회였으므로, 모든 아내는 남편과 시부모에게 절대적으로 복종하며 허리를 굽히고 살았다고 짐작할 사람도 많은 것 같다. 이익이 전하는 18세기의 사회상은 달랐다. 그때도 안하무인 격인 아내가 적지 않았단다. 그의 말을 들어보자.

남쪽 지방에 사는 어느 양반의 아내는 성질이 악독하기로 악명이 높았는데, 하루는 어디론가 달아나고 자취를 알 수 없었다. 관청에서는 그 여성이 피살되었을 것으로 추정하고 남편을 심하게 고문하였으나 사실관계를 알 수 없어서, 미제의 사망사건으로 일단락하였다. 얼마 후 남편은 다시 명문가의 규수와 재혼하였다. 그런데 그제야 달아났던 아내가 다시 나타났다.

여기서 이익은 한 가지 질문을 던진다. 이럴 때 과연 남성의 재혼은 합법적인가, 달아났던 여성과는 이혼한 것으로 봐야 하는가? 아무 죄도 없이 여성이 쫓겨나는 것을 막아야 하는 것은 옳다. 그러나 상대가 큰 잘못을 저질러도 강제로 이혼할 수 없다면, 이 또한 폐단임을 왜 무시하는가? 이익은 조선에도 이혼에 관한 합리적인 법률이 필요하다는 점을 역설하였다. 그러면서 악처에게 시달리는 남성에게 이혼을 허락하라는 주장을 폈다.

> 지금 풍속은 악독한 아내 앞에서 숨을 죽이고 눈을 감는다. 그리하여 황하의 동쪽 기슭에서 사자가 으르렁거리는 것처럼, 사나운 아내가 남편에게 큰 소리로 욕하는 일이 많다.
>
> _이익, 〈이혼(離昏)〉, 《성호사설》 제15권

아내의 역사라는 측면에서 볼 때, 정말 흥미로운 발언이 아닐 수 없다. 조선 후기에도 거친 아내에게 억눌려 지내는 남편이 그렇게 많았을까. 알 수 없는 일이다.

억센 아내가 집안을 보전한다.

　실학자 이익이 여성을 악마처럼 여긴 것은 물론 아니었다. 그는 집안 살림이 잘되려면 아내의 능력이 중요하다고 보았다. 특히 우리나라는 전통적으로 인구에서 여성이 차지하는 비중이 남성보다 높은 나라이기 때문에 더욱 그렇다고 생각하였다.

　정말 한국은 여성이 다수를 차지하는 곳이었을까. 나로서는 의심이 드는데, 옛사람들은 다들 그렇게 보았다. 《성호사설》(제12권)에 〈여다남소(女多男小)〉라는 글이 있다. 거기서 인용하는 중국 고대의 역사책 《한서(漢書)》〈예문지(藝文志)〉에는 인구의 성비가 한쪽으로 기운 고장이 여럿 나온다. 가령 유주에는 남성 하나에 여성이 셋인데 비하여, 기주에는 남성 다섯에 여성이 겨우 셋이라는 식이었다. 지역마다 성비가 다른 까닭을 설명하려고 고대인은 기수를 동원하였다. 즉, 지역마다 하늘의 수(天數)와 땅의 수(地數)가 달라서 음이 양보다 많으면 여성이 많이 태어난다고 보았다. 그런데 이익은 이런 식의 설명은 합리성이 부족해 믿을 수 없다고 보았다.

　알다시피 우리나라는 지리적으로 유연(몽골 초원 지대)과 가장 가깝다. 그래서인지 전통적으로 여성의 숫자가 남성보다 많았다고 한다. 이익은 그렇게 성비가 치우쳤기 때문에 서민들까지도 한 명의 남성이 두어 명의 아내를 두게 된 것이 아닐까 추측하였다.

　흥미롭게도 이익은 자신이 관찰한바, 조선 사회에서는 가정의 주도권이 아내의 수중에 있다고 하였다. "오늘날 가정을 살펴보건대 그 권세가 모두 안방에 있어, 남편이 강하고 아내가 부드러워 안팎이 정상적으로 유지되는 가정은 열에 한둘도 없다. 그런데 아내가 억세면 남편이 유약하더라도 오히려 가문을 보존할 수 있다." 그러고는 덧붙이기를, 우리나라는 지리상 중국의 유연에 가까워서 풍속도 비슷한 것일지 모르겠다고 하였다.

심지어 고려의 여성은 발언권이 더욱 강해 조정에서 추진하던 축첩제까지 좌절시킬 정도였다면서, 이익은 고려 시대의 사료를 근거로 제시하기도 하였다. 《고려사(高麗史)》에도 나와 있는 이야기로, 충렬왕 때 국가 재정을 관장하던 박유라는 대신이 중국의 예를 인용하면서 일부다처제의 도입을 주장하였다. 평민까지도 한 명의 아내와 한 명의 첩을 두도록 하되 서자라도 아무런 차별을 받지 않고 본인의 능력대로 벼슬할 수 있게 하자고 주장했다. 박유가 제안한 일부다처제는 인구를 증가시키는 데 주된 목적을 두었다. 그런데 당시 재상 가운데 아내의 반대를 두려워하는 이가 있어 이 제도가 도입되지 못했다고 한다.

이익이 판단하기로, 고려 때만큼은 아니라 해도 조선 시대에도 가정의 지배 권력은 아내의 수중에 있었다. 이익은 그러한 상태를 못마땅하게 보았으나, 사회 전체를 위해서는 다행한 점이 있다고 했다. 억센 아내는 생활력도 강해서 식구를 굶기지 않고 어떻게 해서든 집안을 유지한다는 점이었다. 이 말이 과연 사회현실에 정확히 부합하였는지는 알 수 없으나, 현대 한국 사회도 그와 비슷하지 않을까.

가난해도 혼례는 치를 수 있다

이익은 솔직하였다. 그래서 남성도 여성도 본능적 욕망이 있다는 사실을 주저 없이 긍정하였다. 그렇다면 누구든지 때가 무르익으면 결혼할 수 있어야 한다는 결론이 나오는 것은 당연하겠다.《성호사설》(제21권)에 실린 〈표매 사균(摽梅死麕)〉이라는 글에 나와 있다.

'표매'와 '사균'은 유교 고전인《시경(詩經)》에 나오는 소제목이다. 두 편 모두 '소남'에 실려 있다. 이 생소한 제목 아래 실린 여러 편의 시에서는 여성이 남성에게 성폭행을 당할까 두렵다는 내용이 나온다. 합리주의자 이익은《시경》을 읽으면서 한 가지 커다란 의심을 품게 되었다고 한다. 여성은 충분한 교양을 갖춰서 성적인 문제를 일으키지 않는데, 오직 남성만은 끝내 교양 수준이 낮아서 이런 범죄를 저지른다는 것일까?

> 봄을 그리는 여성이 있어, 멋진 남성이 유혹하였다네.
> 有女懷春吉士誘之.
>
> _〈표매 사균〉

이런 시구가 오히려 맞는 말이 아니냐는 반문이었다. 여성이 봄을 그리워하였고 멋진 남성이 그의 마음을 얻었다면, 여기에 무슨 폭력이나 추행이 있겠냐는 문제 제기였다.

고대 중국에서는 남성이 나이 서른이면 아내를 얻었다. 여성은 스무 살이 되면 으레 시집을 갔다. 만약 이러한 혼기를 놓치게 되면 어떤 일이 일어날까. 남성은 유혹을 일삼고, 여성은 이성을 그리워하는 것이 당연한 일이다. 이익의 생각이 여기에 미치자, 자연스럽게 맹자의 한 구절이 떠올랐다.

> 남성으로 태어난 이상 아내를 얻고자 하는 것이요
> 여성으로 태어났으니 남편을 두고자 한다.
>
> _〈표매 사균〉

남녀에게는 서로를 향한 본능적인 욕망(정)이 있다. 이것을 금지하거나 함부로 억누를 수는 없다. 그런 줄을 알았으므로, 고대에는 흉년이 들면 예물을 줄여서라도 결혼식을 집행하였다. 이익은 인간의 역사를 그런 식으로 읽었다. 남성이든 여성이든 사춘기가 되면 이성을 그리워하게 되므로 그들의 결합을 금할 수 없다. 하여 성인은 백성의 이와 같은 마음을 살펴서 혼인의 법을 정하였다. 시선을 돌려 이익은 18세기 조선 사회의 문제점을 날카롭게 꼬집었다.

내가 보기에 외롭고 가난한 집안은 결혼에 필요한 혼례 물품을 제대로 장만할 수가 없다. 그래서 장성한 자녀가 식을 치르지 못하고 헛되이 세월을 보내는 경우가 왕왕 있는 것 같다. 원통하고 억울하기가 이보다 더한 일은 없을 것이다.

_〈표매 사균〉

다시 이익은 《시경》의 한 구절을 꺼내어 읽는다. "들에 죽은 사슴이 있다(野有死麕)"라는 구절, 즉 '사균'은 무슨 뜻일까. 선비의 혼례(士昏禮)에 관한 항목을 자세히 들여다보면, 벼슬이 높은 선비는 폐백으로 죽은 짐승을 사용하지 않는 법이라고 하였다. 혼례 물품은 성대한 쪽을 따르는 경향이 있어 벼슬이 낮은 선비라도 살아 있는 기러기를 폐백으로 사용한다. 그러나 낮은 선비의 폐백에 관하여, 《시경》에서는 한 마리의 죽은 꿩으로도 족하다고 하였다. 하면 벼슬이 없는 백성이 죽은 꿩을 사용하여도 문제 될 것이 없다는 결론이 나온다.

여기서 더 이상 구구절절 이익의 주석을 옮길 필요는 없겠다. 다만 요점은 하나로 볼 수 있다. 제아무리 가난하더라도 인간의 본능적 욕망을 무시하지는 말자는 것이다. 예물을 간소하게 줄여서라도 성년에 도달한 남녀가 가정을 이루어 행복하게 살 수 있어야 한다는 말이다.

과부에 대한 세평은 옳을까

여성의 재혼이 근원적으로 봉쇄된 결과 조선 사회에는 이른바 과부가 넘쳐났다. 그런데 그 자녀에 대한 세평은 좋지 않았다. 성리학의 고전 《예기(禮記)》에 나오는 한 대목이 사회적 편견을 강화하였다.

> 과부의 아들은 보고 들은 것이 없으므로 친구로 삼지 말라.
>
> _《예기》

사람들은 이 글귀를 암송하며 과부의 자녀에게 무슨 도덕적 결함이라도 있는 것처럼 생각했다. 그러나 성공한 사람 가운데는 과부의 자식이 적지 않았다. 그들은 대개 불리한 여건을 이기고 학업에 열중한 사람들이었다. 그들의 업적을 기록한 글에서, 사람들은 과부였음에도 어머니가 어질어 자식을 잘 키웠다는 식으로 기술하기 마련이었다. 사물을 비판적으로 성찰하는 이익은 그러한 표현이 매우 거슬렸다. 사실 그 자신도 과부의 아들이었기 때문에 더욱 민감하였던 것 같다. 젖먹이 시절부터 이익은 홀로된 어머니 안동 권씨의 슬하에서 장성하였다.

따지고 보면 공자 역시 과부 안씨가 혼자서 기른 아들이었고, 맹자의 경우에도 어린 시절에 그의 교육을 주도한 이는 어머니가 아니었던가. 사람들이 과부의 아들을 멀리한 까닭은 무엇일까. 교양과 덕성이 훌륭한 아버지를 모범으로 삼지 못하였으므로, 과부의 아들이 무엇인들 제대로 배웠겠는가 하는 의심에서 비롯된 편견이었다.

실학자 이익은 이 같은 편견의 문제점을 노골적으로 파헤쳤다. "만약 덕이 있는 사람이라야 벗으로 삼기로 하면 말이다. 하필 과부의 아들만 자랄 때 보고 들은 것이 없다고 할 수 있겠는가?"(이익, 〈과부자(寡婦子)〉, 《성호사설》 제21권)

옳은 이야기일 것이다. 이 세상에는 덕성이 부족할 뿐 아니라 언행이 경망스럽고 패악스러운 아버지가 얼마나 많은가. 그런 아버지는 아무래도 상관이 없고, 홀로된 연약한 어머니만 문제라고 우긴다면 크게 잘못된 주장이었다. 이른바 세평이라고 하는 것은 이처럼 단편적이고 치우친 것이 많았다.

나는 지금 이익이 여성주의자였다거나 가정과 여성에 관한 그의 주장이 모두 옳았다고 말하려는 것이 아니다. 다만 그의 주장에는 눈여겨볼 점이 두어 가지 있다고 생각한다.

첫째로 그가 세상의 그릇된 관습이나 편견에서 탈출하고자 노력한 점이다. 그런 과정에서 이익은 여성의 정당한 권리에 관하여도 동시대인들보다는 큰 관심을 가졌다.

둘째로, 이익의 날카로운 시선을 통해 세상을 바라보면, 우리의 지레짐작과는 다른 조선 사회의 이면이 보인다는 사실이다. 우리의 통념과는 달리 18세기에도 거의 모든 가정의 주도권이 실은 아내의 수중에 있었다는 이익의 분석이 우리의 뒷머리를 때린다. 역사를 제대로 이해하는 일이 얼마나 어려운 것인가.

끝으로, 실학자답게 이익은 결혼과 가정 운영을 둘러싼 폐단을 지적하고 실용적인 해결책을 제시하였다. 그러나 조선이 망할 때까지도 실제로 달라진 것이 거의 없었다. 세상을 바꾼다는 것이 얼마나 고되고 힘든 일인가 생각하면 씁쓸한 이야기이기도 하다.

위선적인 열녀 놀음을 그만두자

아내의 역사에서 18세기는 또 하나의 전환기에 해당하였다. 그때는 열녀의 광풍이 불어, 남편을 따라 죽는 것이 한 시대의 유행병처럼 보일 정도였다. 생전에 남편을 그렇게 뜨겁게 사랑했는가 하는 애정의 문제와는 무관한 현상이었다. 평소에 별로 애정이 없었더라도 홀로 남은 아내는 남편을 따라서 죽어야 했다. 아내에게 죽음을 강요하는 사회적 압박이 광범위하게 존재한 것이다. 그 압박이 생사람을 잡는 '열녀병'을 낳았다니, 심상치 않은 사회악이었다.

연암 박지원은 시대를 대표하는 최고의 풍자 작가로서 조선의 '열녀병'을 그대로 좌시하지 않았다. 그는 문학적 수사를 동원해 이미 도를 넘은 열녀 놀음을 풍자하기도 하였고 또 직설적으로 비판하기도 하였다. 그가 쓴 글을 몇 대목 골라 읽으면서 18세기의 아내를 괴롭힌 골치 아픈 문제를 돌아보는 것이 의미 있는 일일 것이다.

남편 따라 죽기가 유행하던 18세기 조선

홀로된 아내가 정말 죽고 또 죽었는가. 너무 과장된 이야기라고 생각할 사람이 많을 것 같아 실례를 들어보겠다.

박지원의 《연암집(燕巖集)》(제10권 별집)에 보면, 열녀 이씨의 행적을 기록한 글이 있다. 〈열부 이씨 정려음기(烈婦 李氏 旌閭陰記)〉라고 하였는데, 열녀문의 주인공인 이씨는 박경유라는 선비의 아내였다. 그는 남편 박 선비를 따라 죽었다고 하였다. 그런데 이씨의 시누이 박씨도 그 남편(김씨 성을 가진 선비)이 죽자 죽음을 선택하였다. 올케와 시누이가 제각기 사별한 남편을 따라서 죽음을 선택하였다는 이야기이다.

겉으로 보면, 박지원은 박씨 집안의 열녀를 극구 칭찬한 것처럼 보였다. 그가 다음과 같은 찬사를 늘어놓았기 때문이다. 장황해 보이지만 열녀들의 잇따른 죽음을 이해하는 데 도움이 되는 글이다.

아! 이런 일은 세상에서 드물게 보는 일이다. 그런데 박씨 집안에는 이처럼 쉽게 일어났으니 어찌 근본이 될 만한 일이 없이 그렇게 되었을까. 박군(박경유)은 나를 따라서 공부한 지 상당히 오래되었다. 그는 인품이 온유하고 효성스럽고 우애하며 평소에도 《소학》을 기준 삼아서 자신의 행실을 닦았다. 다른 사람은 마지못해 억지로 할 법한 일도 박군은 날마다 실천하였다. 그런 까닭에 그의 누이동생과 젊은 아내는 법도가 귀에 박히고 눈에 익어서 의롭고 매운 도덕을 물을 긷고 방아 찧는 일처럼 누구나 할 수 있는 일처럼 여긴 것이다. 여성이 집안에서 술과 음식을 의논하여 마련하는 것처럼 당연한 것으로 여겨, 남편을 따라 죽는 어려운 일을 가혹하다거나 실천하기 어려운 일로 여기지 않고, 평범한 남녀라도 할 수 있는 일로 여긴 것이었다. 세상에서는 한 번이라도 일어나기 어려운 일이, 그 집안에서는 겨우 15년 동안에 두 번씩이나 거듭되었다.

_〈열부 이씨 정려음기〉

박지원은 육신이 멀쩡한 시누이와 올케가 15년도 안 되는 짧은 기간에 잇따라 자결한 근본 원인을 분석하였다. 그들을 죽음으로 내몬 것은 성리학자 박경유의 지나친 이념 교육이었다는 것이다. 한마디의 날 선 비판도 없었으나, 실은 그 지나침을 은근히 책망하는 글이었다고 생각한다.

문장력으로 이름을 날린지라 많은 사람이 박지원에게 이른바 열녀를 기리는 글을 써달라고 요구했다. 그로서는 내심 내키지 않았으나 그렇다고 해서 무조건 거절할 수도 없는 노릇이었다. 박지원이 할 수 있는 것은 글의 흐름을 비틀어 풍자적으로 만드는 것뿐이었다. 그러

연암 박지원의 풍자와 질타

나 그런 뜻을 노골적으로 드러내는 것은 위험하였다. 결과적으로 글의 뜻이 애매할 때도 적지 않았다. 어쩔 수 없는 일이었다.

가령 대제학 오재순의 며느리 광산 김씨를 기념해서 쓴 글도 그러하였다(박지원, 〈김유인의 일을 기록함(金孺人事狀)〉, 《연암집》 제1권, 연상각선본). 글의 주인공 광산 김씨는 오윤상의 아내로 남편이 38세로 세상을 떠나자 뒤따라 죽었다. 박지원은 김씨 부인을 칭찬하면서도 은근히 비판하였다.

박지원은 우리나라에는 지위 고하를 막론하고 아내가 남편을 잃으면 청상과부로 지내는 것을 보통으로 여긴다면서, 중국 고전 시대의 의리로 따져보면 열녀(절부)가 아닌 사람이 없다고 은근히 비꼬았다. 열녀임을 과시하려는 사회적 풍조는 갈수록 과열되어, 이제는 죽은 남편을 따라서 자결하는 것쯤은 별일도 아닌 것처럼 생각하게 되었다고 비판하였다.

> 요즘은 남편을 따라 죽으려 결심한 아내의 마음이, 남편의 시신 앞에서 대성통곡한 중국 고대 기(杞) 나라의 열녀보다 절절하다. 물불을 가리지 않고 위험 속에 뛰어들기를 마치 즐거운 곳으로 달려가듯이 한다. 독약을 마시고 죽거나 목을 매달아 죽는 것도 유쾌한 일처럼 여긴다. 그런 다음이라야 하늘 같은 지아비에게 본성을 다하여 의리를 지킨 셈도 되고, 절의를 충분히 나타낸 것이라 여긴다.
>
> _〈김유인의 일을 기록함〉

18세기 조선 사회의 모습이 실제로 그와 같았다. 위에서 함께 읽어본 박씨 집안의 두 열녀가 바로 그와 같았다. 그들은 주저 없이 목숨을 끊었다고 하지 않았던가. 박지원은 오 대감 댁의 열녀는 조금 성격이 달랐다면서 그의 열녀 됨을 차근차근 설명하였다. 김씨 부인은 이름난 성리학자 사계 김장생의 후손으로서 성품이 단정하고 장중하고 부드럽고 조심스러워 어린 시절부터 여중군자(女中君子)로 손꼽혔다고 극구 칭찬하였다.

김씨는 오윤상과 결혼하였는데 신랑은 몸이 유난히 약했다. 얼마 후 병약한 남편이 세상을 뜨자 중대한 결심을 한 것 같았다.

> 부인은 거처를 깜깜한 방으로 옮기고는 이불을 쓰고 누워 다시는 하늘의 밝은 해를 보려 하지 않았다. 누구와도 말을 주고받지 않았고 물 한 모금, 미음 한 술도 입에 넣지 않았다. 시부모가 울며 거듭 타이르면 마지못한 듯 슬픈 기색을 거두고 몇 모금 마셨다. 그러고는 바로 생강탕을 복용하여 위장을 제대로 작동하지 못하게 하였다. 날이 갈수록 그 목숨이 사그라들었다.
>
> _〈김유인의 일을 기록함〉_

이러한 박지원의 서술에 따르면, 광산 김씨는 지금까지의 열녀들과는 달리 새로운 방법으로 자결하는 방법을 찾아낸 것이 분명하였다. 김씨는 죽음이 임박하자 시집을 때 입었던 의상을 세탁하고 고쳐서 사후에 입을 수의로 만들었다. 그런 다음 시부모에게 작별의 인사를 올리고, 집안사람들과도 두루 영결하였다. 그는 얼굴을 깨끗이 씻고 머리를 단정히 빗은 다음에 마치 기름이 떨어진 등잔불이 꺼지듯 숨을 거두었다고 했다.

박지원은 김씨 부인의 죽음을 이렇게 찬미하였다. "아, 유인(김씨 부인)은 차분하게 행동하면서도 의리를 실천하였다. 뜻을 이룬 날에 몸을 온전히 하여 세상을 떠났다고 말할 수 있다"(〈김유인의 일을 기록함〉).

위에서 읽은 박지원의 글만 가지고 보면 한 가지 오해가 생길 법도 하다. 목을 매어 죽거나 독약을 먹고 자결하면 하찮은 열녀요, 계획을 세워서 서서히 죽어가기를 실천하면 만고에 다시없는 고상한 열녀라도 되는 것일까. 그래서 박지원은 광산 김씨 부인을 입에 침이 마르도록 칭찬하였다고 볼 수 있는가.

누가 진정한 열녀인가

세상을 휩쓴 '열녀병'에 대한 박지원의 진짜 속생각은 무엇이었을까. 《연암집》(제1권)에 나오는 〈열녀 함양 박씨전(烈女咸陽朴氏傳幷序)〉을 읽어보아야 그의 진심을 알 수 있다. 이 글은 널리 알려진 편이지만, 아내의 역사를 쓰는 데도 필수적이라고 생각한다. 함양 박씨 이야기 중에서도 다음의 서너 가지 점은 음미할 만한 가치가 충분하다.

첫째, 그는 여성의 재혼을 금지한 조선의 기본법전에 문제가 있다고 주장했다. "《경국대전(經國大典)》에, 다시 시집간 여성의 자손은 문관과 무관 벼슬(正職)에 임명하지 말라고 하였다. 이것이 어찌 보통 사람들이며 무지한 평민을 위한 법이겠는가." 이런 법이 제정되자, 먼 시골의 어린 과부나 선비 집안의 젊은 과부도 평생 수절하며 사는 것을 당연하게 여겼다. 안타까운 일이 아닌가.

둘째, 과부라면 누구나 수절하는 풍토가 굳어지자, 열녀가 되기 위하여 자살을 기도하는 아내가 많아졌다. 위에서 이미 지적한 바이지만 박지원의 표현이 절실하여 여기에 그대로 옮겨보면 이러하였다. "남편 따라 죽기를 소원하여, 물에 빠져 죽거나 불에 뛰어들어 죽거나 독약을 먹고 죽거나 목매달아 죽기를 마치 낙원에 들어가듯 하였다. 열녀는 열녀지만 이 어찌 지나치지 않은가!"(〈열녀 함양 박씨전〉) 이 구절에 명백히 드러난 대로, 박지원은 남편을 잃은 아내가 자결하는 것을 당연하게 여기지 않았다. 과부의 자결은 지나쳐도 너무 지나치다는 것이 그의 속생각이었다.

셋째, 박지원은 작중에서 늙은 과부 한 사람을 화자로 내세워, 일상의 온갖 어려움을 참고 견디며 자식을 성실하게 키우며 꿋꿋하게 살아가는 아내야말로 진정한 의미의 열녀라고 하였다.

이 이야기에서 그 유명한 동전 한 닢이 나온다. 테두리마저 닳아 없어진 동전을 꺼내 들고, 늙은 과부는 크게 성공한 두 아들에게 이렇게 말한다.

'이것이야말로 너희 어미가 죽음을 참아 낸 부적이다. 10년을 손으로 만졌더니 다 닳아 없어졌다. 사람의 혈기란 음양에 뿌리를 두었는데, 정욕은 혈기에 모인다. 그리움이 고독에서 생기고, 슬픔은 그리움에서 나온다. 과부란 고독한 처지에 놓여 슬픔이 지극한 이다. 때로 혈기가 왕성해지면 어찌 과부라고 하여 감정이 없을 수 있겠느냐? 가물거리는 등잔불에 제 그림자를 위로하며 홀로 지내는 밤은 지새기도 어렵더라. (중략) 그럴 때마다 나는 이 동전을 꺼내어 굴리고 방 안을 더듬고 찾아다녔다. 둥근 물건이라 잘 달아나는데, 턱이 있으면 주저앉는다. 그러면 내가 찾아서 또 굴리곤 하였다. 밤마다 대여섯 번은 굴려야 먼동이 트더구나. (중략) 혈기가 쇠하자 더는 동전을 굴릴 일이 없어졌다. 내가 이 동전을 열 번이나 꽁꽁 싸매서 20여 년을 간직한 것은 그 공로를 잊지 않으려는 동시에, 나 자신을 경계하려는 것이었다.' 이 말을 마치자 어머니와 두 아들이 서로 얼싸안고 울었다.

〈열녀 함양 박씨전〉

인용한 글에는 박지원이 생각하는 진정한 열녀의 모습이 구체적으로 나타나 있다고 생각한다. 누구나 홀로 있으면 외롭기 마련이고, 누구라도 때로는 성적 욕망에 사로잡혀 참기 어렵다는 사실을, 박지원은 순순히 인정하였다. 그런 어려움을 참아 이기고 어머니로서 자신의 책임을 묵묵히 다한 사람이 참된 열녀라는 말이다.

넷째, 그러나 18세기 조선의 현실은 달랐다. 진정한 의미의 열녀가 아니라 사회적 강요로 말미암아 자신의 의지와는 달리 억지로 죽음을 선택한 불행한 사람들, 그들이 열녀로 기려졌다. 어처구니없는 일이었다. 그런 사실을 한 점 의혹의 여지 없이 설명하기 위해서, 박지원은 함양 박씨의 이야기를 꺼냈다. 작중의 함양 박씨는 어느 고을 아전의 딸이었다. 그는 여러 사람의 입을 빌려 박씨의 열녀다운 행적을 낱낱이 기록한 다음, 날카로운 문장으로 사태의 핵심을 짚었다.

> 내가 생각해보니, 박씨의 마음은 이와 같지 않았을까 한다. 나이가 어린 과부가 세상에 오래 남아 있으면, 죽을 때까지 친척들이 불쌍하게 여기는 신세가 될 것이다. 마을 사람들도 함부로 이러쿵저러쿵 마음대로 그의 언행을 짐작하는 대상이 되고 말 것이다. 그런 신세를 면하지 못할 것이라, 속히 이 한 몸이 죽는 것만 못하다고 생각하였으리라.
>
> _〈열녀 함양 박씨전〉

박지원의 분석이 옳았다고 생각한다. 이야기의 주인공 함양 박씨만이 아니라, 위에 등장한 광산 김씨, 이씨, 박씨도 처지가 다를 리 없었다. 남편이 죽은 다음, 홀로 남아서 사는 것은 그야말로 험한 가시밭길이었다. 사회적 시선도 곱지 않았고, 일가친척들이 그들을 대하는 태도도 견디기 어려웠다. 자신의 목숨을 버려도 좋을 만큼 남편을 사랑해서가 아니라, 자신이 당면한 절체절명의 궁지에서 빠져나갈 길이 조금도 보이지 않았기 때문에 아내는 스스로 생을 포기할 수밖에 없

연암 박지원의 풍자와 질타

었다. 태연하게 사회적 자살을 강요하고서는 집안에, 마을에 열녀가 나왔다고 떠들어댄 셈이다.

이러한 사회적 병리를 박지원은 꿰뚫어 보았다. 그러나 자신의 속내를 함부로 말하기는 어려웠으리라. 그리하여 생각을 은근히 돌려서 말하기도 하고 풍자하는 방법도 선택하였다. 목숨을 버린 아내는, 열녀는 분명코 열녀지만 어찌 지나치다고 말하지 않을 수가 있을까.

큰형수 공인 이씨가 열녀 아닐까

진정한 열녀를 꼭 멀리서 찾을 일도 아니었다. 남편이 없이 홀로 남겨진 여성이라야 열녀가 될 수 있다고 조건을 붙일 것도 아니었다. 박지원의 큰형수 공인 이씨야말로 열녀라고 불러도 괜찮을 아내였다. 이씨만큼 어려움을 참고 견디며 남편과 가정을 위해 헌신한 아내도 드물었다.

박희원의 아내 전주 이씨는 열여섯 살에 박씨 집안에 시집왔다. 슬하에 아들을 셋이나 낳았는데 모두 어린 나이에 요절하였으니, 슬픔이 여간 크지 않았다. 부인의 건강 상태도 말이 아니었다. 마르고 약해 잠시도 병이 떠날 틈이 없었다고 한다.

시집은 극도로 가난하였고, 거의 해마다 누군가 죽음을 맞았다. 영조 35년(1759)에 이씨의 시어머니인 함평 이씨가 숨겼고, 그 이듬해에는 시조부 박필균이 세상을 떴다. 그보다 한 해 뒤, 즉 영조 37년(1761)에는 시조모 여주 이씨가 별세하였다. 5년 뒤 영조 42년(1767)에는 시아버지 박사유마저 타계하였다.

생계를 이을 방법이 막연하였다. 그러나 공인 이씨는 힘을 다해 열식구를 먹여 살렸다. 그는 제사 받들고 손님 접대하는 데도 명문대가의 체면을 손상하지 않게 여러 방도를 마련하였다. 미리 준비하고 변통해서 쓰기를 거의 20년 동안이나 하였다. 박지원의 말에 따르면 그사이에 공인 이씨는 "애가 타고 뼛골이 빠졌다"라고 하였다(박지원, 〈맏형수 공인 이씨 묘지명(伯嫂恭人李氏墓誌銘)〉, 《연암집》 제2권, 연상각선본). 그렇게 노심초사하여 가족을 봉양하였다면, 이런 아내야말로 열녀라고 불러야 하지 않을까 싶다.

옛말에 가난한 선비의 아내는 약소국의 대신과 같다고 하였다. 궁지에 빠진 나라의 대신은 언제 망할지 모르는 나라를 지탱하기 위해 동분서주하고, 그러면서도 순전히 자력으로 외교에 힘써 나라의 체모를 갖추기에 급급하다. 이와 마찬가지로 가난한 선비의 아내는 보잘것없는 제물이나마 정갈하게 갖춰서 제사를 거르지 말아야 하고, 넉넉하지 못한 살림을 아끼고 미리미리 준비해서 이따금 돌아오는 잔치를 흠결 없이 번듯하게 치러야 한다.

몸이 닳도록 힘을 다하여도 될까 말까 한 어려운 일이었다. 박지원은 맏형수의 노고를 누구보다 제대로 이해하고 있었다.

한때 그는 한양을 떠나 황해도 금천군 연암에 살 계획이었다. 그 시절 맏형수와 이런 약속을 하였단다. 연암에 새집을 짓고 담장을 따라서 뽕나무를 천 그루 심고, 집의 뒤쪽에는 밤나무 천 그루 심고, 문 앞에는 배나무 천 그루를 접붙이며, 시내를 따라서 위아래로 복숭아나무와 살구나무를 각기 천 그루 심을 것. 세 이랑쯤 되는 연못에는 한 말의 새끼 물고기를 놓아서 기르고, 바위가 덮인 비탈에는 벌통을 백 개나 두고, 울타리에는 세 마리의 소를 매어놓고 살 것. 박지원의 아내는 길쌈에 힘쓰고, 공인 이씨는 여종을 부려서 들기름을 짜서 밤중에도 시동생 박지원이 옛사람의 글을 읽도록 도울 것.

　그러나 이 계획은 실천되지 못하였고, 공인 이씨는 숨을 거두고 말았다. 박지원이 맏형수의 죽음을 애도하며 그의 묘지명을 쓰자, 글을 읽어본 이재성이 다음과 같이 감상을 말하였다. 참고로 이재성은 박지원의 처남이었다.

　선비의 아내에게는 가난이 바로 병이요, 병이 바로 가난이다. 가난이

　라는 병이 단단히 엉겨 붙어 있기 때문에 벗어나고 떼어버릴 길이 없

　다. 모든 집안이 똑같은 증세로 앓고 있으며, 사람마다 원인도 한가지

　이다.

_〈맏형수 공인 이씨 묘지명〉

　박지원과 이재성의 눈으로 본다면 18세기 조선의 근본 문제는 극심한 가난이었다. 가난하였기 때문에 사회적 약자인 여성에게 가정

경영의 무거운 짐을 떠맡긴 것이었다. 박지원의 맏형수 공인 이씨가 죽도록 애쓴 것도 집안이 가난해서 생긴 문제였다. 그의 고난은 돈이 있으면 간단히 해결할 수 있는 것처럼 보였다. 그러므로 이재성은 이렇게 말하였다.

동전 꿰미는 관복에 수놓은 이무기가 서린 모양도 같다. 상자를 열기만 하면 베와 비단이 쏟아지고, 쌀과 곡식이 창고에 가득 들어오기만 하면 그만일 것이다. 손으로 그것을 한번 어루만지기만 해도 고통은 씻은 듯 가실 것이요, 눈을 들어서 한번 바라보기만 해도 심장이 튼튼해지고, 입맛이 돌아오고, 다 죽어가다가도 되살아날 테니 돈이 바로 최상의 약이다.

_〈맏형수 공인 이씨 묘지명〉

또 세상이 바뀌고 있었다. 박지원과 이재성을 비롯한 노론의 최고 지식인들이, 인생의 근본 문제를 돈으로 해결할 수 있다며 외치는 세상이 되었으니 말이다. 돈이 있어야 아내를 고생시키지 않을 수 있고, 돈이 있어야 비로소 사람답게 살 수 있다는 세속적인 각성이 세상을 점령하기 시작하였다. 한양의 최고 명문가에서부터 돈바람이 불었다는 점은 의미심장한 일이 아닌가. 누구보다 가문의 명예는 빛났어도 경제적 여유를 누리지 못하였던 그들이, 만약 돈을 움켜쥐려 수단과 방법을 가리지 않는다면 조선의 운명은 장차 어떻게 될 것인가. 19세기 조선이 노론 핵심 가문의 세도정치 아래 매관매직과 탐관오리의 폐해로 초토화되고 말았던 사실을 우리는 다 알고 있다. 그것이 박지원과 이재성의 책임은 물론 아니었으나, 세상의 흐름은 묘한 방향으로 나아가기 시작하였다.

가난과 질병의 늪에 빠진 여성 문제를 어떻게 풀까

아내의 역사가 시대의 문제와 어떻게 유리될 수 있겠는가. 18세기 후반에는 여러 가지 복잡한 사회 문제가 뒤엉켜 있었으나, 아내들에게 제일 큰 문제라면 가난과 질병이 손꼽혔다. 북학파 실학자의 일원인 청장관 이덕무(1741~1793)는 그렇게 판단하였다. 이덕무는 이러한 현실 문제를 해결하기 위하여 여성 교육에 큰 관심을 가졌다. 교육을 통해 개인의 삶을 바꾸고 나아가 사회를 개선하고자 노력하였으니, 참으로 실학자다운 일이었다고 생각한다.

그 시절에는 여성에게 교육이 무슨 소용이냐며 반발하는 선비들이 아직 많을 것이다. 그러나 이덕무는 꿈쩍하지 않았으리라. 그의 제안은 당장에 현실을 개조할 영향력을 갖지 못하였으나, 선각자의 소중한 노력임은 틀림없었다. 역사를 뒤돌아보면, 현실에서는 무력하였어도 미래 세대가 나아갈 지향점을 제공한 지식인의 통찰만큼 중요한 것이 없다. 간혹 우리는 조선 후기의 실학자들이 정말 무력했다고 한탄할 때도 있으나, 그들의 정성 어린 노력이 있었기에 오늘의 한국이 존재하는 것은 아닐까.

현대 한국은 지구상에서 대학 진학률이 가장 높은 나라 가운데 하나이며, 여성의 학업 성취도 역시 최고 수준을 자랑한다. 여러 가지 사회적 문제가 산적해 있으나, 세계 10위권의 경제 대국이며 가장 민주적인 나라 가운데 하나이다. 풀리지 않는 자기 시대의 문제를 안고 나아갈 길을 고뇌한 이덕무와 같은 선각자에게 후세인 우리가 감사할 이유는 충분하다고 생각한다.

애련한 여동생의 죽음

이덕무 자신도 평생 가난에 시달렸으나, 가난과 질병이란 문제에 그가 본격적으로 관심을 두게 된 계기는 따로 있었다. 자신보다 여섯 살 아래인 누이동생의 애절한 삶, 그것이 이덕무의 가슴에 사무쳤다. 〈서씨 집안에 시집간 여동생의 제문〉(《간행본 아정유고(雅亭遺稿)》 제5권)에서 몇 대목만 함께 읽어보자.

내가 경전과 역사책을 읽을 때면 너도 옆에 앉아서 따라 읽고 재잘거
렸다. 삼강오륜을 함께 해설하며 담론하였다.

_〈서씨 집안에 시집간 여동생의 제문〉

오누이는 어린 시절 함께 책을 읽고 공부하며 자랐다. 나이 차이를
고려할 때 오빠 이덕무가 누이동생의 공부를 지도하는 방식이었을 텐
데, 누이동생이 학업에 뛰어난 소질이 있었던 것 같다. 그러나 문제는
뼛속까지 파고드는 가난이었다.

흉년이 들어서 먹을 것이 없었던 데다가 어머니는 병이 심하셨다. 한
강변을 떠돌며 생계를 잇고자 안간힘을 쓰던 을해년(영조 31. 1755)과
그 이듬해인 병자년의 고생은 유난하였다. 쑥을 섞은 보리떡과 나물
죽으로 거우 연명하였다. 콩나물을 막장으로 볶았고, 등불 아래서 죽
을 먹었다. 비린내 나는 초라한 음식은 하인이 어부가 버린 물고기를
주운 것이었는데, 식구가 모여 앉아 이런 음식으로 끼니를 때우며 어
머니를 위로하였다. 아버지께서 멀리 다른 곳에 계시다가 오랜만에
집에 돌아오시면 언짢아하실까 걱정이 되어서, 굶주리던 때의 이야
기를 하나도 말하지 않고 무척 기뻐하는 표정을 지었다. 행여 다시 집
을 떠나실까 두려워서 옷깃을 잡고 아버지의 주변을 맴돌았다.

_〈서씨 집안에 시집간 여동생의 제문〉

고뇌에 빠진 청장관 이덕무

참으로 생계가 막연하던 시절의 눈물겨운 이야기이다. 가난을 함께 견디지 못한 채 가장인 아버지는 밖으로만 떠돌았고, 병든 어머니를 모시고 어린 자녀들이 유리걸식하다시피 하였다. 18~19세기에는 다수의 평민은 물론, 많은 선비가 이렇게 비참한 처지에 놓였다. 하루하루를 연명하기도 그들에게는 벅찬 일이었다.

여동생은 18세의 나이로 서씨 집안에 시집갔다. 다행히 남편은 인품도 훌륭하고 풍채도 준수하였다고 한다. 그러나 가난은 외려 더욱 더 심하였다.

가엾게도 너는 굶주리고 헐벗어 화로에 불도 피우지 못하였고 소반에 밥 한 그릇도 올리지 못하였다. 너는 겉으로 태연한 척하였으나 얼굴에는 굶주림 때문에 부황기가 나타났다. 기침 소리가 폐와 목구멍을 요란하게 울렸고, 담이 붙어서 어깨와 팔뚝이 심하게 아팠다. 지난 여름 너를 친정으로 데려와 약을 주고 치료를 하는 중간에 네 시아버지께서 돌아가셔, 너는 통곡하며 시댁으로 돌아갔지.

_〈서씨 집안에 시집간 여동생의 제문〉

누이동생은 시댁에서 고생만 하느라 병이 더욱 깊어져, 급기야 친정으로 데려다 치료를 하기에 이르렀다. 그런데 그마저도 시어른의 초상이 나는 바람에 제대로 할 수가 없었다는 이야기다. 이후에도 이덕무와 친정 식구들은 누이동생을 병에서 구하려고 백방으로 노력하였다. 그러나 아무 소용이 없었다.

6월 3일에 폭우가 쏟아지며 날이 어두워졌다. 어제저녁부터 오늘 아침까지 우리 집안 식구는 모두 밥을 굶었다. 이런 사실을 알고 너는 마음 아파하며 이마를 찡그리더니, 이로 인해 병이 더욱 심해졌다. 네 아이를 시댁에 잠깐 돌려보냈는데, 그사이에 갑자기 네가 숨을 거두고 말았다. 늙으신 아버지는 흐느껴 우시고, 형제들이 통곡하였다. 세상에 이렇게 애통한 소리가 있을까 모르겠다.

_〈서씨 집안에 시집간 여동생의 제문〉

오빠 이덕무와 동생의 남편인 서군은 시신을 염습할 때 깊은 슬픔으로 손을 떨었고 이마에 식은땀을 줄줄 흘렸다. 누이동생은 향년이 겨우 28세였다.

동생의 남편 서씨는 아내를 그리워하며 다음과 같이 회상하였다. "나의 아내가 된 것이 11년인데, 말수가 적고 천성이 온화하고 자애로우며, 조금도 번거롭지 않고 단아하였다. 그리하여 편협한 마음과 조급한 행동을 늘 참고 진정할 수 있었다. 아내는 동서들과도 화목하여 조금도 틈이 없었다." 앞에서 언급한 이덕무의 〈제문〉에 나온다.

이덕무는 서씨의 말을 인용하면서 누이동생의 품행이 그처럼 아름다웠으므로 후손이 잘되어야 당연한데, 이제 다섯 살인 조카 서아증도 병이 깊어서 얼굴이 누렇고 파리하며 기침을 심하게 하여 큰 걱정

고뇌에 빠진 청장관 이덕무

이라고 하였다. 하여, 어떻게 해서든지 조카를 잘 보살펴서 누이동생의 마음을 위로하고 싶다고 다짐하였다.

가난과 병고로 일찌감치 세상을 떠난 여성이 무척 많았던 시절이다. 이덕무는 사랑하는 여동생을 잃었는데, 모친도 평생 고생만 하다가 일찍 돌아가신 편이었고 그의 아내 역시 가난으로 한시도 시름을 놓지 못하는 처지였다. 이러한 까닭에 그는 여성의 억울한 인생을 유난히 깊이 공감하였다. 그리고는 세태를 풍자하는 한 편의 글을 지었다. 〈혜녀전(慧女傳)〉(《청장관전서》 제4권, 영처문고 2)이었다.

그 요점을 한마디로 말하면, 여성은 지혜로우나 남성은 어리석다는 것이다. 이야기의 줄거리를 소개한다. 어떤 선비가 후처에게 정신을 빼앗겼단다. 전처가 낳은 딸이 결혼하여 첫날밤을 맞았는데, 칼을 든 도적이 나타나서 신랑을 죽이겠다며 소동을 피웠다.

신부가 당황한 신랑을 대신하여 도적에게 나아가, '어머니, 왜 이러십니까'라며 울었다. 알고 보니 전처가 낳은 딸의 앞길을 막으려고 계모가 나쁜 꾀를 쓴 것이었다. 겁이 난 신랑은 날이 밝자 행장을 꾸려서 혼자만 돌아가 버렸다.

계모는 딸이 자신의 악행을 들춰냈다며 화를 내고 남몰래 살해하였다. 얼마 뒤 신랑이 아내를 데리러 갔으나, 병으로 죽어 장사지냈다고 하였다. 신랑이 그 말을 믿지 않고 무덤을 열어보았더니 핏자국이 선명하였다. 마침내 친척들이 의논하여 나쁜 후처를 쫓아냈다고 한다.

이덕무는 이야기를 마친 다음, 다음과 같이 평하였다. "이 여성의 지혜로움이여! 신랑을 구하고 계모의 정체를 폭로해 자신이 죽게 될 줄 알면서도 피하지 않았구나. 첫째로 남편을 죽음에서 구했고, 둘째로 남편의 의심을 풀었다. 그러나 남편의 지혜롭지 못함이여! 자신의 아내를 계모가 노리는 줄 알았다면 어찌하여 그 이튿날 아내를 데리고 가지 않고 혼자 떠났던가. 그리하여 계모가 마음대로 아내를 죽이게 하였는가? 아, 그 어리석음이 심하도다"(〈혜녀전〉).

내 생각은 한 걸음 더 멀리 나아간다. 이덕무가 이런 이야기를 쓸 때 하필 한 사람의 착하고 영리한 여성만을 뇌리에 떠올렸겠는가. 계모에게 죽임을 당한 젊은 여성은, 가난과 질병에 신음하다 억울하게 죽은 이 땅의 모든 착하고 어진 여성 모두를 상징한다. 이야기에 등장하는 어리석은 신랑은 누구일까. 이덕무 자신을 포함해 사랑하는 아내 한 사람의 목숨도 보호하지 못하는 어리석고 무능한 남성들이었다고 생각한다. 생명조차 제대로 보호받지 못하는 여성에 대한 이덕무의 연민과 죄의식은 깊었다.

용기로 원한을 갚은 김은애

그래서였을 것이다. 정조 14년(1790) 6월, 이덕무는 원통하게 죽은 김은애라는 여성의 전기를 쓸 기회도 얻었다. 정조의 명령에 따라 지은 〈은애전(銀愛傳)〉(《청장관전서》 제20권, 아정유고 12)은 읽는 사람의 마음을 아프게 한다.

김은애는 전라도 강진현 사람이었다. 그는 성질이 고약한 한 노파의 계략에 빠져 추문에 휩싸이고 말았다. 잘 알지도 못하는 소년과 그렇고 그런 사이라는 소문이 퍼지는 바람에 은애는 시집을 갈 수도 없게 되었다.

다행히 마을에는 은애의 결백을 믿고 결혼할 사람이 나타나기는 하였다. 그러나 고약한 노파의 흉계 탓에 근거 없는 소문은 가라앉지 않았다. 성품이 강한 은애는 마침내 노파에게 복수를 결심하였다. 노파를 찾아가서 수차례 칼로 찔러 원수를 갚았다. 은애는 살인자가 되고만 것이다. 그의 나이 18세 때 일이었다.

관청에 끌려간 은애는 엄정한 기색으로 떳떳하게 자신의 범행 동기를 털어놓았다. "처녀가 모욕을 당하면 자신의 몸을 더럽히지 않았어도 더럽힌 것과 같이 되고 맙니다." 또, 이렇게 말하였다. "사람을 죽인 자는 목을 베인다고 들었습니다. 어제 노파를 죽였으니 오늘 칼로 저를 베어도 좋습니다"(《은애전》).

강진 현감을 비롯하여 이 사건을 수사한 관리들은 모두 은애의 억울한 사정을 충분히 인정하면서도 사람을 죽인 죄는 명백하였으므로 어떻게 처리해야 할지 몰랐다.

사정을 안 정조 임금이 은애의 처지를 불쌍히 여겨 살리고자 하였다. 담당 관서인 형조에 명하여 대신과 함께 이 일을 의논하게 하였더니, 채제공은 은애가 사적으로 원한을 갚은 것은 당연한 점이 있으나 살인죄를 범하였으므로 살려주기는 어렵다고 하였다.

숙고 끝에 정조가 단안(斷案)을 내렸다. "멀쩡한 여성에게 음란하다는 혐의를 뒤집어씌운다면, 이것은 참으로 원통한 일이다. 은애는 성품이 곧고 매워서 자살하기는 도리어 쉽고, 그리되고 보면 사실이 묻힐 것을 두려워하였다. 그러므로 그는 칼을 쥐고 원수를 죽여 고을 사람이 자신의 결백을 알게 하였고, 노파가 죽을죄를 저지른 사실을 똑바로 알렸다"(〈은애전〉). 왕은 은애의 용기를 칭찬하면서 한마디를 덧붙였다.

> 은애가 억지로 원통한 일을 참고 견디다가 결혼한 뒤에야 원한을 갚았으니, 이것은 더욱 어려운 일이다. 은애를 용서하지 않으면 어떻게 풍속과 교화를 일으키겠는가? 특별히 사형을 용서한다.
>
> _〈은애전〉

이덕무는 〈은애전〉을 멋지게 잘 지었다. 전기에 등장한 은애라는 여성은 사려 깊으나, 강하고, 굳세며, 무엇보다도 행동하는 여성이었다. 죄없이 절망적인 상황에 봉착했으나 무력하게 좌절하지 않은 용감한 여성이었다. 그는 끔찍한 살인자이기는 하였으나, 맥락을 자세히 따져보면 의로운 자였다. 이덕무는 은애를 살리고자 한 정조의 뜻을 받들어 이 글을 지었다. 그 역시 여성의 불우한 처지에 관해 평소 많은 생각을 하고 있었기 때문에 자신이 말하고 싶은 점을 정조의 입을 빌려 마음껏 강조할 수 있었다고 본다.

여성에게 무엇을 가르칠까

이덕무는 시간이 날 때마다 골똘히 생각하였다. 어찌하면 병고와 가난에 시달리다 죽은 자신의 여동생 같은 여성이 더는 나오지 않게 할 수 있을까. 어찌하면 관습과 제도의 굴레에 갇혀 억울하게 죽고 만 착하고 지혜로운 이 땅의 여성을 살릴 것인가. 과연 어떻게 하면 이 땅의 많은 은애에게 희망을 주고, 행복한 삶이 가능케 할 것인가.

그는 여성에게도 교육이 필요하다는 결론에 이르렀다. 기회가 될 때마다 여성 교육에 필요한 내용을 글로 정리하기도 하였다. 이덕무가 여성에게 일깨우려 한 점이 무엇이었는지 궁금하지 않은가. 아래에서 그 점을 서너 가지로 나눠서 살필까 한다.

첫째, 이재의 중요성이었다. 〈사소절 7(士小節七)〉에 보면 "〈사물(事物)〉"이란 항목이 있다(《청장관전서》 제30권). 생활이 곤궁할 때 선비의 아내가 어떤 방법으로 어려움을 헤쳐갈지를 궁리한 글이다.

길쌈하고 누에를 기르는 일은 원래 부인의 본업이다. 닭과 오리를 치고, 간장·식초·기름 등을 내다 팔고, 대추·밤·감귤·석류 등을 저장했다가 제때 가져다 팔 수 있다. 홍화(紅花)·자초(紫草)·단목(丹木)·황벽

(黃檗)·검금(黔金)·남정(藍靘)을 사서 저장하는 것도 부업으로 좋겠다. 또한 도홍색·분홍색·송화의 누런색·유록색(油綠色)·초록색·하늘색·작두자색(雀頭紫色)·은색·옥색 등의 염색 방법을 알아두는 것도 생계에 도움이 된다. 그뿐만 아니라 이것은 여성의 기술에 해당한다.

_〈사물〉

너무나 잇속만 밝힌다면 폐단이 일어난다고 경고하면서도, 이덕무는 한양과 같은 도회지에서는 여성이라도 잘만 생각하면 생계를 꾸려 나갈 방법이 있다는 점을 밝혔다. 그러나 그는 돈을 빌려주고 이자를 받아 재산을 늘리는 것은 강력히 반대하였다. 윤리적으로 용서할 수 없는 일이라고 보았다.

이덕무는 낭비를 가정 경제의 적으로 간주했다. 특히 가장에게 알리지도 않고 빚을 내어 마음껏 쓰는 여성을 '낭부(浪婦)'라고 부르며 근검과 절약의 중요성을 강조하였다. 차라리 인색하게 사는 편이 사치와 낭비를 일삼는 것보다는 낫다고 주장하였다.

그는 화폐와 곡식은 물론이고 베와 명주를 잘 관리하는 능력이 여성에게 매우 중요하다고 생각했다. 이런 재물을 취급할 때는 반드시 장부에 기록하되, 빈틈이 있으면 큰일이라고 강조하기도 하였다.

그 밖에도 청결과 위생에 힘쓰기를 당부했다. 아내를 뜻하는 글자인 '부(婦)'를 자세히 뜯어보면 '여(女)'를 기본으로 삼고 거기에 '추(帚)'를 덧붙인 것이다. 언제나 청소를 잘하는 것이 여성의 본분이기 때문

고뇌에 빠진 청장관 이덕무

이라고, 이덕무는 해석하였다. 그러면서 고전에는 아내를 이르러 "기추첩(箕帚妾)"이라 한 표현이 있다고 알려주었다. 곡식을 정갈하게 고르는 도구가 키(箕)요, 청소 도구가 추(帚)임을 잘 알 수 있다.

이덕무는 여성이 담배를 피우는 습관도 문제가 있다고 지적한 다음, 안전을 위해서라도 바늘을 옷깃에 꽂아서는 안 된다고 일렀다. 어린아이가 바늘에 찔릴 수도 있어서다. 그는 내친김에 육아에 관하여도 몇 가지 도움말을 적어두었다. 가령 아이가 젖을 물고 잠들게 하면 체할 수 있다고 경고하였다. 그는 참으로 자질구레한 사항까지도 모두 적어두었는데 그만큼 여성 교육에 큰 관심을 가졌기 때문이라고 생각한다.

심지어 장보기의 요령까지도 언급하였다. 다른 사람을 대신 보내어 물건을 살 때는 값을 너무 깎아도 안 되고, 이미 자른 베나 더럽혀진 물건을 상인에게 물려서도 안 된다는 등의 주의사항을 빼곡히 적었다.

이덕무는 여성이 반드시 숙지하고 실천해야 할 일상의 예절과 마음가짐에 관하여도 기록하였다. 당시 세상에는 사돈끼리 사소한 일 때문에 불화가 생겨 원수처럼 되고 마는 일이 잦았다고 한다. 결과적으로 시어머니가 며느리를 학대하는 일이 빈번하다고 지적하고, 며느리를 구박하여 원한을 품고 죽게 하는 일이 절대로 일어나서는 안 된다고 탄식하였다.

그 시절에는 온갖 질병으로 위기에 빠진 집안도 많았다. 이덕무 자신도 사랑하는 여동생을 몹쓸 병으로 잃은 경험이 있지 않았던가. 하여 그는 여성들에게 무당을 멀리하라고 부탁하였다. 의약을 물리치고 무당을 불러 푸닥거리를 하는 사람들이 많은데, 그리하여 환자를 죽음에 이르게 하는 일이 다반사라고 보았다.

미신을 맹종하여 건강을 도리어 망치는 일이 많다며, 그는 몇 가지 예를 들기도 하였다. 어린아이가 천연두에 걸리면 어머니가 미신을 믿고 소식(素食)을 일삼는다. 그러면 도리어 젖이 제대로 나오지 않아, 아이가 힘이 없어서 죽기도 한다. 닭곰탕이라도 먹여서 기운을 보태 주어야 하는데 미신 때문에 이를 꺼리는 세태를, 그는 나무랐다. 이덕무가 내린 결론은 명약관화하였다. "미신을 배척하여 요사스러운 무당이 집안에 들어오지 못하게 하는 이라야 현명하고 맑은 부인이다"(〈사물〉).

그가 가장 싫어한 여성은 따로 있었다. 이덕무는 이렇게 꼬집어서 말하였다.

"요즘 세상에서 재주 있는 여성은 당파싸움에 관한 이야기를 많이 한다. 또, 어느 집안 문벌의 높고 낮다는 이야기라든가, 과거에 어떤 벼슬아치가 승진하고 좌천한 고사를 말하는 일이 많다. 그 말을 들은 일가친척이 그 여성의 재능을 침이 마르게 칭찬한다. 아, 이것이야말로 참으로 집안을 어지럽히는 근본이로다!"(〈사물〉).

이덕무는 여성이 현실 정치에 관심을 보여서는 안 된다고 생각했다. 그런 점에서는 그도 어쩔 수 없는 조선 남성이었다. 그래도 그는 자신의 시대를 앞서 나가는 선각자였다. 이덕무만큼 여성의 학습에 큰 의미를 부여한 이는 드물었다. 그러나 그 역시 현대인의 시각으로 보면, 지나치게 남성의 시각에서 여성을 가르치려 했다는 비판을 벗어날 수 없을 것이다.

또한 여성이라도 유교의 여러 경전을 공부해야 한다는 것이 그의 견해였다. 역사책도 배워야 하고 《논어》, 《시경》, 《소학》 그리고 《여사서(女四書)》를 읽어서 그 뜻을 이해하는 것이 옳다고 했다. 나아가 여러 집안의 역사를 배우고, 자기 조상의 계보를 익히며, 나라의 역대 왕조와 주요 성현에 관하여도 기본 지식을 갖추기를 주문하였다.

특히 훈민정음을 정확히 터득하는 것이 필수적이라고 주장했다. 여성이라도 훈민정음의 묘리를 제대로 알지 못하면, "말하는 것이나 편지쓰기가 촌스럽고 비루하여 남의 본보기가 될 수 없다"라고 못 박았다. 교양 있는 여성이라면 품위 있는 문자 생활을 함이 당연하므로 배움을 게을리할 수 없다는 이덕무의 주장이 역사에 찬연히 빛났다.

오늘날의 눈으로 보면, 이덕무에게도 아쉬운 점이 없지 않았다. 그는 여성이 한글 소설(傳奇)에 깊이 빠져 가정을 제대로 돌보지 못할 염려가 있다며 매우 경계하였다. 심지어 돈을 주고 책을 빌려 보느라 가산을 탕진하는 여성도 있다고 주장하였다. 설득력이 없는 허망한 이야기라고 생각한다.

게다가 이덕무는 한글 소설의 내용이 천박하다고 싸잡아 비난하기도 하였다. 이야기마다 여성의 질투심을 조장하고 음란하고 방탕한 것이라서 이런 책을 읽어서 좋을 것이 과연 무엇이냐고 따졌다. 더러는 중국의 가곡을 우리말로 번역한 것도 있는데 요염하고 방탕한 것이 대부분이라서 여염집 여성이 배울 노래가 아니라고 분명히 선을 그었다.

이덕무가 지나치게 도덕을 내세우고 여성을 보호 대상으로만 여긴 점은 유감이었다. 다만 이러한 아쉬움은 그와 동시대를 살았던 근대 유럽의 남성 지식인에게서도 얼마든지 찾아볼 수 있다.

하지만 이덕무가 여성의 교육을 강조하고 문자 생활의 필요성을 강조한 부분은 인상적이다. 그는 이름난 문장가답게 여성의 글쓰기에 관하여 실용적인 지침을 제공하기도 했다. 이중 현대인에게도 참고될 점이 있어 아래에 옮겨 적는다.

> 편지를 쓸 때는 할 말은 꼭 분명하고도 간략하게 쓰라. 글자는 반드시 일점일획을 또렷하고 바르게 써야 한다. 두서없는 말을 장황하게 늘어놓아 남들이 싫증을 느끼게 해서는 안 될 것이다.
>
> _〈사물〉

한글의 중요성을 강조한 점에서 이덕무의 견해는 시대를 훨씬 앞서 있었다. 그런데 그는 훈민정음이 창제되기 전에는 여성 가운데서 "한문 문장도 잘 쓰고 글씨도 뛰어난 이가 적지 않았을 것"이라고 추측하였다(이덕무, 〈우리나라 부인들 가운데 글씨에 능했던 사람〉, 《청장관전서》 제57권, 앙엽기 4). 잘못된 짐작일 것이다. 그는 자신이 살던 시대와 마찬가지로 고려 말이나 조선 초기에도 성리학 위주의 문화가 발달하였을 줄로 지레짐작하였기에 그런 억측을 한 것이다.

그러면서 이덕무는 조선 전기의 여성 가운데서 강희안의 딸이자 김필이란 선비의 어머니인 진주 강씨가 서예로 이름이 높았다고 적었다. 또, 목사를 지낸 서익의 첩(성명 미상)이 큰 글씨에 능하였다는 점을 언급하였다. 그가 바로 광해군 때 역모 혐의로 죽임을 당한 서양갑의 어머니였으리라 짐작하였다.

그는 여성이 함부로 학식을 과시하거나 바깥세상에 시문으로 이름을 날려서는 안 된다고 경고하기도 하였으나, 역사상의 여성 지식인에 관하여 지대한 관심을 가졌다. 이것은 물론 모순된 태도이기는 하지만 크게 비난할 일은 아닐 것이다. 이덕무가 여성의 지적 성취에 이만큼 관심을 두었던 사실은 후세가 기억해야 한다.

조선 후기에는 많은 여성이 가난과 질병으로 목숨을 잃기도 하였고, 평생을 우울하게 살았다. 이덕무는 아내들이 당면한 비참한 현실에 누구보다도 가슴 아파하였고, 자기 나름으로 어두운 현실을 타개할 방법을 궁리하였다. 그리하여 능동적이고 용기 있는 여성의 모습을 현실에서 발견해 글로 정리하기도 하였고, 여성 교육의 중요성을 강조하기도 하였다.

그는 여성이 삶을 개척할 방법을 구체적으로 연구해, 일종의 생활 지침서를 만들기도 하였다. 특히 여성의 품위 있는 문자 생활을 위하

여 한글을 정확히 배우자는 주장까지 내놓았으니, 그야말로 아내의
역사를 한 발짝 앞으로 밀고 나간 공이 있다.

고뇌에 빠진 청장관 이덕무

살림 잘하는 아내가 으뜸이다

날이 갈수록 조선 사회에는 가난한 지식인이 수적으로 늘어났다. 우리가 이름을 잘 아는 실학자 중에도 경제적으로 어려움을 겪은 이가 많았다. 19세기가 되면 그런 현상은 더욱 심해진 것 같았다. 이제 아내의 역사에서도 생활고의 해결이 중요한 과제로 등장하였다. 실학을 집대성한 것으로 유명한 다산 정약용(1762~1836)의 문제의식도 그러했다.

그보다 조금 앞서 산 연암 박지원과 청장관 이덕무도 은연중 같은 생각을 하였는데, 정약용은 아예 드러내놓고 살림 잘하는 아내의 중요성을 강조했다. 가난한 집안에서 남편이 가장의 권위를 내세우며 위엄을 피운다고 가정의 어려운 형편이 어찌 개선되겠는가. 모든 문제를 실용적으로 풀고자 하였던 정약용, 그는 드디어 아내를 경제생활의 제1선을 지키는 우군으로 바라보기 시작했다. 그 점이 나의 눈길을 끌었다. 물론 그렇다고 해서 그의 아내 풍산 홍씨가 돈 버는 기계였다는 뜻은 아니었다. 그들에게는 또 그 나름의 애틋하고 아름다운 이야기가 있었다.

순조 1년(1801) 남편 정약용은 천주교 신유박해에 얽혀 남쪽 변방으로 유배를 떠났다. 그때 그가 아내 홍씨와의 추억을 회상하며 쓴 시가 생각난다. 이 시에는 "아내에게 주다"가 부제로 되어 있어 풍산 홍씨도 한시를 감상할 정도의 교양을 지녔다는 사실을 유추할 수 있다.

해는 기울어 석양인데 서풍이 불어오는 금강 머리

붉은 돛배는 예와 다름없이 강 한복판에 두둥실 떴네

기억에도 새롭구나, 이십 년 전 그 일들

남으로 가는 길손에게 수심을 불러일으키네.

殘照西風錦水頭 紅船依舊泛中流 分明二十年前事 惹起南征一路愁.

_정약용, 〈금강을 건너며(渡錦水)〉, 《다산시문집(茶山詩文集)》 제4권

정약용의 회상에 따르면, 그들 부부는 지난 정조 1년(1777) 겨울에 전라도 화순현 원님으로 있는 아버지 정재원을 찾아갈 때 금강을 건넜다고 했다. 그 당시 정약용의 나이는 16세로 이제 막 신혼이었다. 그로부터 24년이 지나갔다. 과거에 급제해 한창 출세 가도를 달리다가

뜻이 꺾이어 언제 돌아올지 모르는 쓸쓸한 유배객이 되어, 홀로 그 강물을 다시 건너려니 가슴에 온갖 회포가 일어났으리라. 인생은 과연 일장춘몽인가.

부부 동반으로 남도를 여행하다

젊은 시절, 남편 정약용은 아내와의 깊은 사랑에 빠질까 봐 두려워했다고 한다. 현대를 사는 우리로서는 이해할 수 없는 태도였는데, 거기에도 그 나름대로 이유가 있었다. 정약용은 자신의 아내가 어진 사람이기를 바라지도, 집이 유난히 넓기를 바라지도 말아야겠다면서 이렇게 말하였다.

> 아내가 어질면 함께하기를 너무 좋아할 거야
> 집이 너무 훌륭해도 마음이 안일할 거야.
> 妻賢戀好合 美屋情依安.
>
> _정약용, 〈옛 뜻(古意)〉, 《다산시문집》 제1권

대장부가 그런 일에 매인다면 무슨 수로 원대한 생각을 할 수 있을까. 훌륭한 아내도 좋은 집도 군자가 되는 공부에 방해가 된다는 경고였다. 이런 글을 쓰던 시절, 정약용은 성리학자의 전형적인 사고방식

에 머물렀다고 봐야 옳을 것 같다.

그러나 아내 홍씨와 함께 한 즐거운 시절이 왜 없었겠는가. 아버지는 고향인 경기도 양주에서 천 리나 떨어진 경상도 진주에서 목사 벼슬을 하셨다. 덕분에 홍씨와 정약용은 효도를 구실로 남도 여행을 함께 하였다. 경상도 선산(경북 구미) 땅을 지나면서 쓴 시가 남아 있다. 선산을 관통하는 낙동강 뱃길은 멀리 남해까지 이어졌다. 시퍼런 강물이 내려다보이는 월파정에 올라, 젊은 남편은 여행의 정취를 수줍은 음성으로 나직이 읊조렸다.

> 아내와는 정분이 유별하오
> 강산 유람도 함께 하지요.
> 細君頗有分 遊覽與之俱.
>
> _정약용, 〈월파정에 올라(登月波亭)〉, 《다산시문집》 제1권

그들 부부는 한양에서 신혼살림을 하였다. 남편이 과거시험에 합격하려면 시골집에서 혼자 공부하는 것보다는 그편이 유리했기 때문이다. 정조 7년(1783) 초여름, 그들은 회현방(서울시 중구 회현동 일대)에 속한 재산루 밑으로 이사하고, 집 이름을 누산정사라고 하였다. 이 집은 북향이고 서쪽으로 대문을 냈는데 개울 동쪽에 자리하였다. 이 집에서 큰아들 학연이 태어났다.

집이 남산 아래 있어 여름날 장맛비로 개울가에 풀이 무성하였다.

남편 정약용은 석양빛을 바라보며 앉아 있었다. 마침 날씨가 맑게 갠 날이어서 재산루 마당에 사람들이 많이 모여 경쾌한 바람을 쐬며 푸른 과녁을 향해 활을 쏘고 있었다. 그러고 보면 이 근처의 잔디는 이름난 삼청동보다 못할 것이 없었다. 남산골 솔바람도 인왕산 자락에 있는 백호정보다 나은 것 같았다. 남편은 석 잔의 술을 마시며 초저녁 밝은 달을 바라보았다. 청풍은 불어오고 취기가 돌기 시작했다. 그때 아내 풍산 홍씨가 나타났다.

사기 주발 속 오이지는 옥처럼 시원하네
아내가 몸소 한 개를 갈라서 가져오셨네.
磁椀沈瓜寒似玉 細君親剥一條來.
_정약용, 〈여름날 누산정사에서 지은 시(夏日樓山雜詩)〉, 《다산시문집》 제1권

아내가 시원한 오이지를 안주로 가져왔는데 보기에도 시원하고 맛도 좋았다는 말일 것이다. 아내 홍씨는 남편의 취향을 잘 알았고, 그때그때 상황에 알맞게 대처하는 능력도 빼어났다. 정조 13년(1789) 8월, 초계문신을 대상으로 한 시험에서 우수한 성적을 거뒀을 때도, 그 소식을 남편에게 가장 먼저 알려준 이는 아내 홍씨였다. 남편은 고향 양주로 가는 길이었다. "수촌에서 하룻밤을 잤는데, 새벽에 아내가 보내온 서신을 받고 성균관 시험에서 좋은 성적을 낸 것을 알았다"(정약용, 〈가을날 배를 타고 두모포로 나가다(秋日乘舟出豆毛浦)〉, 《다산시문집》 제1권). 당

년 28세의 남편은 그때의 소감을 대략 이렇게 말했다.

"맑은 가을날이었지. 고향으로 돌아가는 배를 탔네. 돛을 높이 매달지도 못하였고, 오직 등불을 벗 삼아 잠을 청했지. 산속 깊이 숨어 살 뜻을 가진 터라, 과거시험 공부로 소일하던 젊은 날이 도리어 후회스러웠네. "명예를 좇아 작은 이익을 따지다니(名場小得失) 연약한 아내가 가엾이 여긴다네(還被弱妻憐)"(〈가을날 배를 타고 두모포로 나가다〉).

정약용은 이미 문과에 급제해 앞길이 촉망되는 청년 관리였다. 누구라도 만족할 만한 현실이었다. 그러나 그는 자신이 작은 명예와 이익에 도취할 만큼 그릇이 작은 사람이 아니라고 스스로 항변하고 싶었다.

남편 정약용이 정조의 총애를 받았다는 사실은 누구나 다 안다. 젊은 날에 그가 거중기를 만들어 수원 화성을 건축하는 데 공헌한 점도 널리 알려진 일이고, 화려한 벼슬을 두루 지낸 것도 모를 사람이 없다.

그러다가 정조 말년, 조선 사회에 천주교 문제가 일어나 정약용 일가가 탄압을 받은 점도 아마 길게 설명할 필요가 없을 것이다. 그의 형과 매부 그리고 조카들이 그 당시 천주교회의 중심이었다. 그런 이유로 신유박해 때 그의 집안은 사실상 초토화되었다.

이후 정약용은 고향에 아내와 자식을 두고 홀로 전라도 강진에서 끝도 모를 유배 생활을 시작하였다. 오늘날 우리 앞에 펼쳐진 그의 방대한 저술은 대부분 유배지에서 쓴 것이었다. 18년의 귀양에서 다산 정약용은 복숭아뼈에 세 번이나 구멍이 뚫릴 때까지 책과 씨름하였다

(飄骨三穿). 고난 속에서 500권이 넘는 방대한 저술이 완성되었으니, 하늘은 후세를 위하여 정약용과 홍씨 부인에게 극심한 고난을 주었다고 봐야 할까.

아무쪼록 뽕나무를 많이 심으오!

유배 생활이 길어지자 가족의 가슴에 박힌 가난이란 단어를 지우기 어려웠다. 남편 정약용은 이렇게 한탄하였다.

가난을 편안히 여겼노라는 옛 말씀 배우고 싶었네
그런데 가난해지고 보니 조금도 편안하지 않아
아내의 한숨 소리에 선비다운 기색이 사라지네
자식이 굶주리니 가르침도 법도를 잃었네.
請事安貧語 貧來却未安 妻咨文采屈 兒餒敎規寬.
_정약용, 〈가난을 한탄하며(歎貧)〉, 《다산시문집》 제2권

가난에 휘둘리면 사람이 할 수 있는 일이 없어진다. 당연한 일이다. 고전인 시경도 서경도 현실과 무관한 너절한 이야기일 뿐이다. 부유한 농민의 텃밭이 부러워진다. 차라리 농부가 되었더라면 얼마나 좋았을까. 슬슬 그런 후회가 든다.

근심이 깊어지자 자조적인 마음도 생긴다. 취한 듯 깬 듯 살아온 지난 세월이 후회스럽다. 자랑스러웠던 과거의 명예도 지금에 다시 생각해보면 모두 쓸데없는 미몽이었다. 세상은 그때도 온통 진흙탕이었는데 자기 혼자만 그런 줄도 모르고 날뛴 기분이다. 자유로운 하늘인 줄 알고 마음껏 날려고 했으나, 그것은 그물 천지였다. 경솔하게 굴다가 영락없이 추락한 것이다.

세상 물정에 한없이 어두운 선비는 다름 아닌 정약용 자신이었다. 뒤늦은 후회가 밀려오지만 이제 와 바꿀 수 있는 것이 무엇일까. 만물을 다 척척 아는 것처럼 굴었으나 실은 어디에도 쓸모가 없는 어리석은 사람이다. 앞으로 천년 세월이 흐른다 해도 진정으로 나를 알아줄 사람이 과연 한 명이나 생길는지 모르겠다.

그럼 이제 해결책은 무엇일까. 곰곰 생각한 끝에 남편은 이렇게 말한다.

아내 불러 뽕나무 심을 밭이나 더 넓히자고 했네
자식에게는 채소밭을 잘 가꾸라고 하였네
하늘은 복을 주기에 이루 말할 수 없이 인색하시네
그래도 땅의 신이 만든 먼 시골에는 풍년이 들기도 한다네.
喚婦今張桑柘畵　教兒經略菜菑田
天於淸福慳無比　地設荒陬待有年.

_정약용, 〈자신을 비웃음(自笑)〉, 《다산시문집》 제4권

다산 정약용의 소망

아내 홍씨에게 남편은 뽕나무를 심으라고 주문하였다. 누에를 길러 고가에 거래되는 품질 좋은 명주를 만들어보자는 이야기였다. 아들에게도 환금성이 있는 채소 원예에 종사하기를 부탁하였다. 정약용은 가족이 저마다 생산 활동에 종사함으로써 가난을 극복하기를 꿈꾸었다. 고향 집이 양주의 마재(경기도 남양주시 조안면 다산로747번길 11)에 위치하여, 한양 도성의 구매력을 염두에 둔 상업성 농업이 생업으로 적합하다고 판단하였다.

그의 큰아들 정학유는 의술에 탁월해 의원으로 개업한 적이 있었다. 소식을 접한 아버지 정약용은 아들을 나무라면서 당장에 그만두지 않으면 부자의 연을 끊겠다고 위협하였다. 우리가 존경하는 실학자 정약용도 모든 직업을 평등하다고 생각지는 못하였다. 선비가 글을 읽으며 농사를 짓는 것까지는 좋으나, 수공업이나 상업 또는 의술로 생계를 유지하는 것은 용납하지 못하였다.

아내와 자식들에게 정약용은 농업을 권장한 적이 많았다. 그가 유배지 강진에서 첫해를 보내고 맞은 새봄에 쓴 시에도 역력히 나타난다(순조 2년. 1802). 당시 그의 심경은 착잡하기 이를 데 없어서 비라도 내리면 고향 생각이 다래 덩굴같이 무성하게 돋았다(鄕愁値雨如藤蔓). 겨우내 몸은 수척할 대로 수척해져 대나무 가지처럼 메말랐다. 세상이 싫어서 방문조차 열기 싫어했고 아침에 이불도 개지 않고 뭉그적거렸다.

이따금 고향 집에서 보내온 편지며 약간의 생활용품이 그의 슬픔을 달래주는 유일한 약이었다. 다행히 아들이 의서를 참고해 약술을 빚어 한 단지를 보내왔다. 나이 어린 종이 천 리 길을 멀다 하지 않고 가져온 것이었다. 초가집에 불과한 주막에 홀로 앉아 고향 편지를 꺼내어 등잔불에 비추어 읽으며 아버지는 한숨을 지었다. 그러면서도 한 가닥 희망을 발견하였다.

어린 자식은 채소 농사를 배워 아비를 깨치네
병든 아내도 내 옷을 지어 보내다니 아직 나를 사랑하는가.
稚兒學圃能懲父 病婦縫衣尙愛夫.
_정약용, 〈새해에 집에서 온 서신을 받고(新年得家書)〉, 《다산시문집》 제4권

아내 홍씨는 남편의 식성을 누구보다 잘 알기에 그가 좋아하는 붉은빛 찰밥을 만들어서 보냈다. 그리움과 고마운 마음이 솟아났다. 이때도 남편은 아내에게 보내는 답신에 오직 한 가지 부탁을 하였다.

산뽕나무와 들뽕나무 수백 그루를 심으시라.
飭種壓桑數百株.
_〈새해에 집에서 온 서신을 받고〉

물론 남편 역시 유배지에서 세월을 허송한 것은 아니었다. 그가 허다한 저술을 하였다는 점은 두말할 필요가 없는 일이고, 그 역시 부

지런히 채소를 가꿔 일용할 찬거리를 스스로 마련하였다. "좁쌀이나마 뿌리려고 메마른 땅을 구하였다(黃粱間薄田)"(정약용, 〈귀전시초(歸田詩草)〉, 《다산시문집》 제7권). 18년간의 귀양살이를 마치고 마침내 자유의 몸이 되어 고향으로 돌아갈 때, 정약용은 유배지에 수 마지기의 농경지를 소유하고 있었다. 한 푼 두 푼 저축하여 해마다 재산을 늘린 결과였다. 홍씨의 남편은 언제 어디에서든 제 앞가림을 할 줄 아는 알토란 같은 살림꾼이었던가 보다.

살림 잘하는 아내가 제일

유배지 강진의 삶은 적막하였다. 어느 가을날, 하늘은 더없이 맑았고, 멀리 보이는 산은 굳세기 짝이 없었다. 그러나 워낙 시골이라서 이웃에 학식이 풍부한 벗이 하나도 없었다. 조금 뛰어난 이는 슬기롭지를 못하고, 세상 물정을 좀 아는 이는 정약용처럼 조정의 버림을 받은 사람과 어울리기를 꺼렸다. 아무리 바깥 풍경이 좋은 날이라고 해도 술병을 허리춤에 차고 와서 도란도란 이야기를 주고받을 친구 하나가 없는 딱한 시절이었다.

이런 날이면 저절로 남편 정약용의 뇌리에 옛일이 주마등처럼 스쳐 지나갔다. 지난 시절 한양 명례방에 살던 때는 날마다 다정한 벗들과 어울렸다. 그때는 날씨만 좋아도 친구에게 편지를 써 보내 도성 각처의 친구들을 불러냈다. 그러면 즉석에서 일대 토론회가 열려 시끄럽게 갑론을박이 벌어지곤 하였다. 아직 신혼이라 살림도 넉넉하지 못해 타고 갈 말이 없어서 빌려 타고 나가기 일쑤였으나 행복한 시절이었다. 더구나 아내 홍씨는 또 얼마나 살림을 잘하였던가. 친구가 찾아오기만 하면 아내의 활약이 눈부셨다.

내 아내 홍씨 사리에 아주 밝았지

필요한 물건을 완벽하게 갖추었네, 허술한 적이 없었지

옥같이 아름답고 정갈한 찰떡

가늘고 잘게 고기를 저며 지지기도 하고 회도 장만하였네.

妻洪頗曉事 辦具常不懈 璀璨羅餐餌 精細推 贈.

_정약용, 〈구월 초하룻날 날씨가 너무 좋아 금곡을 가거나 아니면 북산을 오르려고 했다가 함께 갈 사람이 없어 옛날을 생각하며 서글픈 마음이 들었다. 그리하여 결국 가지 않고 대신 이 시를 쓴 것이다(九月 一日 天氣甚佳 將遊金谷 或登北山 旣而 無與共者 恨然懷舊 遂止不往 率爾成篇)〉, 《다산시문집》 제5권

남편의 회상에 따르면 아내 풍산 홍씨는 요리 솜씨도 일품이었고, 살림을 꾸리는 능력도 탁월하였다. 가엾은 남편은 머나먼 유배지에서 아내의 마음과 재능을 그리워할 뿐이었다.

정약용은 이른바 열녀라는 존재도 새롭게 정의해, 살림 잘하는 아내가 열녀라고 주장하였다. 아버지가 병들어 돌아가셨을 때 아버지를

다산 정약용의 소망

따라 죽은 아들이 효자가 될 수 없는 것과 같은 이치였다. 아버지가 호랑이에게 물려 죽거나 도적에게 해를 입는다면 아버지를 끝까지 지키려고 싸우는 아들이 진정한 효자인 것과 마찬가지라는 논리였다(정약용, 〈열부론(烈婦論)〉, 《다산시문집》 제11권).

세상에서는 남편이 죽으면 따라 죽어야 열녀 또는 열부라고 칭찬하고 마을에 정표(旌表)를 세우지만 이런 여성은 "열부가 아니라 소견이 좁은 여자일 뿐인데 담당 관리가 제대로 판단하지 못한 것이다"(〈열부론〉). 정약용은 분명히 조선의 아내들에게 새로운 역할을 주문하고 있었다. 그는 이렇게 말했다.

남편이 죽음은 한 가정의 불행인데, 연로한 시부모를 봉양할 사람도 없고 어린 자녀도 양육할 사람이 없으면 어떻게 되는가. 사망한 남편의 아내는 마땅히 슬픔을 참고 생활에 힘써야 한다. 그리하여 봉양할 사람이 없는 시부모를 잘 모셔서 천수를 누리게 하는 것이 옳다. 그분들이 별세하면 장사 지내고 제사 지내는 것이 도리이다. 아래로 돌볼 사람이 없는 자녀를 잘 길러서 장성하면 관례(冠禮)도 지내고 시집이나 장가도 갈 수 있게 해야 한다. 도리란 이런 것이다.

그런데 아내라는 사람이 표독스럽게 생각하기를, '남편이 죽었으니 내가 더 이상 시부모를 위해 살아야 할 이유도 없고, 남편이 죽었으니 내가 자녀들을 위해 살아야 할 이유도 없다'라고 하면서 앞뒤 사정을 조금도 돌아보지 않은 채 하루아침에 횃대에 목매어 자살하는 일이 있다. 이런 사람이야말로 모질고 잔인하여 전혀 효성스럽지도 못하고 자애스럽지도 못하다고 평하지 않을 수 있겠는가.

_〈열부론〉

시부모에게 효성스럽지도 못하고 자녀에게 자애롭지도 않으면서 유독 죽은 남편에 대해서만은 아내로서 도리를 지킨다는 것은 말이 되지 않는다. 이렇듯 정약용은 완전히 새로운 관점에서 아내의 역할을 설명하기 시작했다.

바로 그런 점에서 그는 맏형 정약현의 아내인 공인 이씨를 현명하고 어진 아내의 전형이라고 말하였다. 말하자면 큰형수 예찬론을 편 셈인데 잠시 들어보자.

"형수는 자질과 성품이 장하여 우뚝하기가 장부와 같았다. 녹록하게 자잘한 일은 조금도 신경 쓰지 않았다"(정약용, 〈맏형수 공인(恭人) 이씨(李氏)의 묘지명〉, 《다산시문집》 제16권). 풍산 홍씨의 남편 정약용이 이상적이라 여기는 아내는 조용하고 소극적인 모습의 전통적인 여성상이 아니라 활기차고 대범한 인물이었다.

큰형수 이씨는 정약용의 어머니가 돌아가시고 아버지도 관직에서 물러나 집안 살림이 어려울 때 살림을 주관했다. 그때는 제사에 사용할 닭과 기장 따위도 마련하기 어려웠다. 그런데도 형수는 혼자서 이 모든 임무를 감당하였다. 심지어는 시집올 때 가져온 패물을 팔아서라도 꼭 필요한 물품을 조달하였는데, 자기 자신은 절약에 힘써 솜도

두르지 않은 얇은 바지로 한겨울을 지낼 정도였다〈맏형수 공인 이씨의 묘지명〉. 정약용은 가정에 끼친 맏형수의 공을 기리면서, 참된 아내의 역할이 무엇인지를 거듭 강조한 셈이다.

하피첩 사연

아내 홍씨와 유배객 정약용은 천 리 길을 사이에 두고 떨어져 지냈으나 그리운 마음은 한결같았다. 유배 생활이 십 년이나 이어지자, 어느 날 아내가 남편에게 낡은 치마 여섯 폭을 보내왔다. 그것은 홍씨가 시집올 때 입은 활옷(褠䘺)이었다. 처음에는 빨간색이었으나 세월의 무게를 견디지 못해 담황색으로 바랜 것이었다. 아내는 남편에게 자기가 보고 싶으면 이 치마를 꺼내 보라고 보낸 것이 틀림없었다.

남편 정약용은 그 마음에 깊이 감동하였다. 시일이 조금 흐르자 그는 이 치마폭으로 자신의 가정에 길이 전할 보배를 만들어보리라고 결심하였다. 그리하여 치마의 한 자락을 잘라서 서첩을 만들었다(순조 10년). 두 아들을 훈계하는 뜻을 글로 적어, 그들이 아버지의 글씨와 어머니의 마음을 두고두고 잊지 않기를 바랐다.

이 작은 문서를 정약용은 〈하피첩(霞帔帖)〉이라고 이름하였다. '붉은 치마(紅裙)'라는 뜻이다. 문서를 펼쳐볼 때마다 자식들은 "어버이를 향한 그리움이 더욱 솟아날 것"(정약용, 〈하피첩에 제함〉, 《다산시문집》 제

14권)이라며, 우리 인간이 한세상을 살아갈 때 가장 소중한 가치가 무엇인지를 가르쳤다. 그것은 다름 아닌 가족 사랑이었다. 부모님에 대한 사랑(효)과 동기간의 우애(제)가 모든 선행의 근본이라고 유배지의 아버지는 확신하였다.

〈하피첩〉은 홍씨와 그 남편 정약용의 공동작품이라고 보아도 좋을 터인데, 반드시 그의 자손이 아니라도 보는 이의 심금을 울린다. 이것은 우리나라 보물 제1683-2호로 지정되어 국립중앙박물관에 소장되어 있다.

〈하피첩〉과는 별도로, 순조 13년(1813)에 정약용은 윤창모에게 시집간 외동딸에게도 아내의 치마폭에 손수 그린 매조도(梅鳥圖)를 보냈다. 언제까지나 매화처럼 기품 있게 남편과 함께 다정한 사랑을 나누며 잘 지내기를 당부한 것이다.

풍산 홍씨의 자녀는 어버이의 뜻에 합당한 자녀가 되었을까. 그랬을 것으로 생각한다. 큰아들 정학연과 둘째 아들 정학유는 당당한 선비로 장성하여 추사 김정희와 교류할 정도였다. 특히 정학유는 〈농가월령가〉를 지어 농가에서 해야 할 일을 달마다 분류하여 적어두었다. 농사일은 물론이고 철마다 지켜야 할 우리의 풍속과 예의범절도 담아냈으니, 그 아버지에 그 아들이라고 해야겠다. 더구나 정학유는 이를 한글로 기록하여 남녀노소 누구나 쉽게 이해할 수 있게 하였다.

풍산 홍씨 내외는 정학유의 아내 청송 심씨를 매우 흡족하게 여겼다. 심씨는 정약용의 친구 심욱의 딸이었다. 열네 살이던 정조 24년

⟨1800⟩ 봄에 결혼하였으니, 그 이듬해에 시집 정씨 일가가 액운을 당했다. 그해 봄 정약용은 경상도 장기로 귀양 갔고, 겨울에는 다시 전라도 강진으로 쫓겨났다. 불행히도 심씨는 순조 16년⟨1816⟩에 갓 서른 살을 넘기고 사망하였다.

그의 시어머니이자 정약용의 아내인 홍씨는 이렇게 술회하였다. "이 며느리는 순하고 침착하고 조심스러웠다. 시어머니인 나를 친어머니처럼 섬기고 사랑하여, 한 이불을 덮고 잠자고 밥상 옆에 앉아 시어머니에게 식사 시중을 들었다. 시어머니가 먹다 남은 음식을 먹고 살았는데, 죽을 때까지 18년 동안 서로 의지하며 살았다. 내가 병이 많아 겨울밤에도 10여 차례나 설사를 한 적이 있었다. 그때마다 이 효부가 번번이 일어나서 나를 시중들어 화장실 출입을 도왔고, 내가 신음하는 것을 걱정하였다. 눈보라가 치는 매서운 추위에도 불구하고 게으른 적이 없었다"⟨정약용, ⟨효부(孝婦) 심씨(沈氏)의 묘지명⟩, 《다산시문집》 제16권⟩.

이 말끝에 남편 정약용이 붙인 한 줄이 인상적이다. "시어머니⟨홍씨⟩의 성품이 편협해 마음에 맞는 사람이 드물었는데, 그 시어머니가 이렇게 말하는 것으로 보아 효부가 틀림없다"⟨⟨효부 심씨의 묘지명⟩⟩. 그렇게 말하는 남편 정약용 자신은 또 매사 얼마나 날카롭고 까다로운 사람이었던가.

아내의 역할에 관하여 정약용이 쓴 글을 또 하나 소개한다. 그는 제자 윤종억에게 다음과 같이 조언을 담은 편지를 보냈다. 윤종억이라면 귤림처사 윤단의 손자였다. 강진에서 정약용이 머물던 다산초당의 주인이 바로 윤 처사였다는 사실을 많은 사람이 알고 있을 것이다.

정약용은 이렇게 썼다. "아내가 게으른 것은 집안의 재물을 탕진하는 근본이다. 초저녁에 촛불을 끄고 아침 해가 창에 비칠 때까지 이불을 정리하지 않는다면 게으른 사람이다. 경계해도 고칠 기색이 없다면 쫓아내야 한다"(정약용, 〈윤윤경을 위해서 한 말(爲尹輪卿贈言)〉, 《다산시문집》 제18권). 게으른 아내는 쫓아내라는 말이 우리 귀에 거슬리지만, 정약용은 그만큼 가정 경제에 신경을 많이 썼다는 뜻으로 읽을 수 있다.

이어 정약용은 다시 뽕나무 이야기를 꺼냈다. "뽕나무 400~500그루를 심어 2년마다 곁가지를 잘라주며 얽힌 가지를 풀어주며 제대로 자라지 못한 가지를 정리하라. 그러면 몇 년 안에 담장 높이보다도 클 것이다"(〈윤윤경을 위해서 한 말〉). 물론 이것은 집에 있는 가장이 해야 할 일이었다.

"그리고는 누에 키울 잠실 4~5칸을 지어라. 칸마다 사방으로 통로를 만들고 누에가 자랄 잠상(蠶床)을 7층으로 만들어 누에를 기르라. 소똥을 태워서 불을 피우면 누에의 병이 없어진다. 잠실은 서북쪽 방문은 완전히 차단하고 동남쪽만 볕이 들게 하라"(〈윤윤경을 위해서 한 말〉). 정약용은 농업에 관한 여러 가지 책을 참조하여 누에치기의 요령을 간단히 언급하였다. 그의 고향 집에서 아내와 두 아들이 실제로 시험한 결과였으리라 생각한다.

끝으로, 다른 산업에 관해서도 간단히 언급하였다. "목화(苜麻)는 굳이 많이 심을 필요가 없다. 하루갈이 정도면 족하다. 이와 별도로 삼과 모시를 심어, 아내에게 봄과 여름에는 명주를 짜고 가을과 겨울에는 베를 짤 수 있도록 원료를 대주라. 그렇게 부지런히 노력하면 명주와 베가 궤짝에 그득하게 될 것이고, 일하는 재미도 생긴다"(《윤윤경을 위해 서 한 말》). 남편과 아내가 서로 협력하면 자급자족이 가능한 것은 물론 이고, 해마다 조금씩 재산을 늘릴 수 있음을 정약용은 확신하였다. 물론 이용할 만한 토지를 소유한 양반에게나 가능한 일이다.

> 아무 생각 없이 상자 속 돈을 꺼내어 시장으로 달려 나가는 사람, 그
> 는 죽어도 집안을 일으키지 못한다.
>
> _《윤윤경을 위해서 한 말》

제자에게 주는 정약용의 결론은 그러했다. 부부는 지혜를 모으고 힘을 다하여 자급자족하는 삶을 실천하라는 뜻이다. 19세기 초, 실학자 정약용이 새롭게 정의한 아내의 역할은 수동적인 소비자가 아니었다. 그는 세상의 아내들이 성품도 활달하고 경제 활동에도 능동적인 주체로 거듭나기를 촉구하였다.

남편은 어리광쟁이 도련님

아내의 역사는 19세기가 되자 상당히 달라진 느낌이 든다. 예안 이씨와 그의 남편 추사 김정희의 삶을 들여다보면 마치 새 시대가 열린 듯하였다. 그 시절에 두 사람처럼 산 부부가 많았을 리는 없으나, 예안 이씨 내외가 마음을 주고받는 방식은 지금까지의 역사에서 볼 수 없는 독특한 것이었다. 한편으로는 부부관계가 마치 16세기의 동지적인 관계로 되돌아간 것처럼 보이기도 하였고, 다른 한편으로는 전적으로 새로운 점도 있었다. 추사 김정희(1786~1856)는 언제까지나 귀여운 도련님이요, 어리광쟁이를 연상케 하는 남편이었기 때문이다. 일차적으로 이러한 변화는 김정희라는 한 특별한 인간의 개성에서 비롯한 것이다.

그러나 조금 깊이 생각해보면 이야기가 달라진다. 그것은 새 시대의 도래를 알리는 사고방식의 전환이라고 해석해도 좋을 것이다. 알다시피 고증학자 김정희는 성리학자들이 추구한 세계 질서를 비판하였다. 그는 전 시대에 성리학자들이 정형화한 가정생활에 반발한 것으로 보인다. 선배 성리학자들이 인간의 성정을 지나치게 억압하고, 형식화를 넘어 위선적인 지경으로 나아갔다고 보았기 때문은 아니었을까. 그리하여 김정희는 좀 더 솔직하고 자연스러운 가정생활을 추구하고 싶던 것이라고, 나는 해석하고 싶다. 아마 전통적인 성리학자의 눈으로 검토해 보면 김정희는 가장의 체면과 위엄을 완전히 상실한 바보였을 것이다. 하지만 당사자인 김정희의 생각은 물론 달랐을 것이다. 그는 양심적인 인간이기를 스스로 요구하였고, 자연스럽고 적절한 처신을 자신에게 주문하였다고 평가하면 어떨까 한다.

이 글의 주인공 예안 이씨는 김정희의 두 번째 아내였다. 김정희는 열다섯 살에 한산 이씨와 결혼했으나 5년 만에 사별하였다. 그는 상기를 마치자 자신보다 네 살이 적은 예안 이씨와 재혼하였다. 결혼 당시 신부는 19세요, 신랑은 23세였다. 그들은 평생 아웅다웅하면서도 다정한 사이였는데 남편 추사는 두어 차례 아내의 가슴에 깊은 상처를 남기기도 하였다. 이제 이야기를 본격적으로 시작하자.

아내의 죽음을 슬퍼하는 추사

　헌종 8년(1842) 11월 13일, 예안 이씨가 충청도 예산의 자택에서 세상을 떴다. 향년은 53세였다. 부인은 본래 몸이 약했으나, 남편이 제주로 귀양을 간 이후로는 더더욱 자주 몸이 아파 누워지낼 때가 많았다. 추사가 아내의 부음을 받은 것은 한 달이 조금 지난 12월 15일 저녁이었다. 19세기에는 교통과 통신이 겨우 그런 수준이었다.

　아내가 사망했다는 소식을 받고 남편은 기절하다시피 하였다. 정신을 조금 수습하자 그는 아내를 영결하는 편지를 썼다.

> 슬프다. 차꼬(桁楊)를 앞에 차고 산과 바다를 넘을 적에도 내 마음은 조금도 흔들리지 않았으나, 이제 부인의 죽음을 당하자 놀라고 울렁거리고 얼이 빠지고 혼이 달아나, 아무리 마음을 추스르려 하여도 방법이 없으니 이 무슨 까닭인가요.
>
> _김정희, 〈부인 예안 이씨 애서문(夫人禮安李氏哀逝文)〉,
>
> 《완당전집(阮堂全集)》 제7권

　얼이 빠지고 혼이 달아났다고 했다. 남편 김정희는 귀양지에서 아내의 위패를 만들어 그 앞에서 통곡하였다. 인간이 함께 살다가 이별하는 아픔과 죽어서 영결하는 고통을, 그는 침통한 마음으로 슬퍼하였다. 이제 다시는 아내를 영영 다시 만날 수 없게 된 사실에 가슴 아파하며 한 장의 글을 지어 아내의 주검이 놓인 예산의 본가로 부쳤다. 남편은 집을 지키고 있는 아들들에게 신신당부하였다.

이 글이 도착하는 그날 그 제사 음식(飯羹)을 차려 영위를 모신 곳에서 글을 읽어드리라.

_〈부인 예안 이씨 애서문〉

남편 김정희가 생각할 때, 아내는 절대 죽지 말았어야 할 훌륭한 사람이었다. 예안 이씨는 더없이 착하고 덕성스러운 이였다. 결혼한 지삼십 년, 그동안 이씨의 효성과 후덕한 성품은 친척은 물론이요, 남편의 친구와 이웃들까지도 칭찬하지 않는 사람이 없을 지경이었다.

그런데도 이것은 사람의 도리에 마땅한 일이라고 하면서, 부인(예안이씨)은 칭찬을 즐기지 않으셨지요. 하지만 내 어찌 그 점을 잊을 수가있겠습니까.

_〈부인 예안 이씨 애서문〉

남편은 아내 이씨의 미덕을 잘 알고 있었다. 그런데 평소 아내가 몹시 병약하였기 때문에, 과연 무사히 오래 살 수 있을지를 걱정할 때도 있었다. 만일 아내가 먼저 죽는다면 그것이 자신에게 참을 수 없는 고통이 될 것을 남편은 너무나도 잘 알았다. 김정희는 고인이 된 아내에게 보내는 편지에서 옛일을 회상하였다.

> 예전에 나는 장난삼아 이렇게 말하였지요. '만약에 부인이 세상을 뜬
> 다면, 차라리 내가 먼저 죽는 것이 낫겠소.' 부인은 내 입에서 이런 말
> 이 나오자 크게 놀라서 귀를 가리고 멀리 달아나며 아예 들으려고도
> 하지 않았지요. 이런 말은 세상의 모든 아내가 다 꺼리는 말일 테지
> 만, 따지고 보면 그런 일이 실제로 많이 일어납니다. 내가 말씀드린
> 것은 비단 내 장난기에서 나온 것만은 아니었다고 생각합니다.
>
> _〈부인 예안 이씨 애서문〉

남성보다 오래 사는 여성도 많았으나, 출산과 그 후유증으로 또는
그 밖의 질병으로 남편보다 세상을 먼저 떠나는 아내가 많았던 시절
의 일이었다. 남편 김정희는 행여 아내와 사별하는 날이 올까 봐 내심
조바심을 내며 살았다는 뜻으로 해석한다. 그런데 마침내 남편의 염
려가 현실이 되고 말았다. 김정희의 통곡 소리가 천지를 울릴 지경이
었다.

> 먼저 죽는 것이 무에 그리 유쾌하고 만족스러운 일이라고, 내가 두 눈
> 만 멀끔히 뜨고 홀로 살아가게 하십니까. 푸른 바다도 같고 푸른 하늘
> 도 같은 이내 설움은 끝이 없습니다.
>
> _〈부인 예안 이씨 애서문〉

예안 이씨와 추사 김정희의 특별한 로맨스

예안 이씨의 죽음을 슬퍼하는 남편의 마음을 혹시 의심하는 이가 있을지도 모르겠다. 문인이 적당히 꾸민 슬픔이요, 멋진 수사로 장식한 애절함이라고 말이다. 아니다. 절대 그렇지 않을 것이다. 김정희의 아내 사랑은 숨기지 못할 내면의 진실이었다. 심지어 그는 다음과 같이 애절한 시를 짓기도 하였으니 말이다.

누군가 황천의 법정에 중매쟁이 월하노인을 고발해주면 좋겠네
다음 세상에서는 우리 부부가 서로 뒤바꾸어 태어나기를 바라네
나는 먼저 죽어 없고 그대는 천 리 바깥에 한번 살아보시게
그대도 슬픈 내 마음 아셨으면 좋으련마는.
那將月姥訟冥司 來世夫妻易地爲 我死君生千里外 使君知我此心悲.
_김정희, 〈죽음을 애도함(悼亡)〉, 《완당전집》 제10권

아내를 깊이 사랑하였기에, 남편은 자신의 부재중에 아내의 장례를 성심껏 도와준 사촌 형님 김교희에게 깊은 감사의 뜻을 표시했다. 특히 김교희가 자신의 장례에 쓰기 위해 준비해둔 관을 선뜻 내어준 사실에 무한히 감사했다. 그러면서 아내를 잃은 자신의 처량한 신세를 한탄하였다.

제 아내의 묘소는 어느 곳으로 정하였고, 장사지낼 날짜는 언제인지요. 아무 상관 없이 길 가는 사람 보듯 하면서 눈만 말똥말똥 뜨고 혼

자 살아남았습니다. 살아남은 사람으로서 제 책임을 다하고 싶어도 어떻게 할 수 없는 처지가 되어버렸습니다. 어찌 저를 아직 살아 있는 사람이라고 말하겠습니까.

_김정희, 〈종형에게 올리다 두 번째(上從兄 二)〉, 《완당전집》 제2권

김정희는 중죄인이 되어 배소(유배된 곳)에 구류되었다. 그는 아내의 장례조차 주관하지 못하고, 남의 일 보듯 하는 자신의 신세가 원망스러웠다. 그런 자신을 대신하여 사촌 형님 김교희가 모든 장례 절차를 법도에 맞게 지휘하였다. 김정희로서는 여간 고마운 일이 아니었다.

시시콜콜 편지로 다 이야기하는 남편

아직 예안 이씨가 살아 있을 때 남편 김정희는 편지를 쓰고 또 썼다. 현재 그가 남긴 한글 편지 40통이 잘 보존되어 있는데, 그중 38통이 아내 이씨 앞으로 간 편지였다. 대부분의 편지에서 김정희는 극존칭을 사용해 우리를 놀라게 한다. 사실, 20세기 중반까지도 유서 깊은 선비 집안에서는 부부가 "양존", 즉 서로 존대어를 사용하였다. 어린 시절에 나도 집에서 직접 보고 들은 일이다.

유감스럽게도 예안 이씨의 편지는 한 장도 발견되지 않았다. 그러나 남편의 편지로 미루어 짐작할 수 있는 바가 많다. 김정희의 편지는

구어체로 쓰였고, 표현 하나하나가 솔직하였다. 그는 행여 아내의 답장이 기대했던 것보다 늦어지기라도 하면, "마음이 매우 섭섭하옵니다"라고 투정을 부렸다. 보통 사람 같으면 눙치고 넘어갈 수도 있었을 자신의 결점을 있는 그대로 털어놓는 남편 김정희였다. 솔직하다 못해 속이 없어 보이기까지 했다. 우리가 지레짐작하는 엄숙하고 신중한 선비의 모습과는 전혀 다른 모습이다. 특히 김정희는 음식이나 의복에 관하여 잔소리도 많았고 요구 수준도 높았다.

젊은 시절의 김정희는 현대인의 눈으로 보아도 애교가 있는 남편이었다. "여름 과일이 한창때이오니 부디 참외 등을 많이 잡수시옵소서"(순조 18년 6월 4일). "집안 여성들의 행차(행행行)가 곧 오실 것으로 짐작하는데 어떻게 준비하여 오시옵니까. 생선알로 만든 젓갈(어란)을 많이 가지고 오시옵소서. (제 말씀이) 우습습니다"(순조 18년 9월 26일).

바로 그해의 일이었다. 예안 이씨는 29세요 김정희는 33세였는데, 시아버지(김정희의 생부) 김노경은 경상감사였다. 김정희는 아버지 시중을 드느라 대구에 머물렀다. 그러면서 한양 본가에 두고 온 아내에게 여러 차례 편지를 보냈다. 사연을 들여다보면 자잘한 걱정도 많았고, 사소한 물건을 보내달라는 부탁도 빈번하였다. 그런 편지를 받고서 예안 이씨는 남편을 무어라 생각하였을까 궁금하다. 마음 씀씀이가 작은 소인이라고 여겼을까, 아니면 솔직하고 귀여운 도련님이라며 반겼을까. '무인년' 즉 순조 18년(1818) 2월 13일자 김정희의 편지 한 장을 함께 읽어보자. 시작은 이러했다.

지난번에 길을 가며 중간에 보낸 편지는 받아보셨사온지요. 그 사이에 오가는 인편이 있었으나 그대가 답신을 보내오지 않으셨으니, 부끄러워서 아니 보낸 것이옵니까. 나는 마음이 심히 섭섭하옵니다. 그동안 한결같이 그대를 그리며 지냈사옵니다. 계속 평안히 지내옵시고, 별일도 없으시고 잠자고 식사하는 일, 그리고 예의범절도 착실히 하시옵소서.

_무인년 2월 13일자 김정희의 편지

이것이야말로 진정한 연애편지가 아닌가. 결혼한 지도 벌써 십 년이나 되었건마는 단 며칠만 함께 지내지 못해도 이렇게 안절부절못하였다. 게다가 점잖은 선비께서 다음과 같이 걱정을 털어놓을 줄이야 어찌 짐작했으랴.

사랑채에는 한마을에 사는 청지기들이 떠나지 않고 있다고 들었사옵니다. 항상 마음이 놓이지 아니하옵니다.

_무인년 2월 13일자 김정희의 편지

아니, 청지기들이 예안 이씨에게 무슨 일이라도 저지를 것으로 염려한다는 뜻인가. 남편 김정희는 지금 무엇을 상상하며 이 편지를 썼을까. 편지를 읽는 예안 이씨의 얼굴은 홍안이 되었을 것 같다. 어쨌거나 김정희는 자신이 대구에서 어떻게 지내는지를 간단히 보고한 다음

예안 이씨와 추사 김정희의 특별한 로맨스

에 다시 아내에게 한양 사정을 물었다.

> 오늘 저녁은 제사가 있사온데 형님께서 멀리까지 찾아오셨는지요.
> 또, 뒷집 진사는 집에 들어와 지내는지 궁금하옵니다.
>
> _무인년 2월 13일자 김정희의 편지

  제삿날인데 형님은 무사히 오셨는지도 묻고, 집안의 집사 노릇을 하는 '뒷집 진사'의 거취도 궁금히 여겼다. 김정희는 하루라도 빨리 다시 한양으로 올라가고 싶어서 안달이 났다. 그는 집안 여성들이 한양으로 돌아가는 다음 달, 즉 3월 6일경에 대구에서 출발하겠다고 약속하였다. 그는 여러 말로 집안의 소소한 일을 걱정한 끝에 몇 가지 부탁을 늘어놓았다. 다음과 같은 식이었다.

> 내 저고리는 상인이가 올 때 부치지 않으시고 언제나 보내려고 하옵니까? 답답하옵니다.
> 평동은 그사이 어떻게 지내옵니까? 염려가 끝도 없사옵니다. 그리고 반동 누이께서는 집에 들어와 계시옵니까? … 거기서 (다음 달 여성의) 행차를 수행할 사람으로 뒷집 진사를 보내옵소서. 심히 걱정되어 이만 적사옵니다.
>
> _무인년 2월 13일자 김정희의 편지

남편 김정희는 걱정이 유달리 많은 사람이었던가 보다. 친척의 안부를 몰라서도 걱정이요, 자신이 입을 마땅한 저고리가 제때 오지 않아서도 답답하고, 한양 집으로 돌아갈 행차를 책임지고 안내할 뒷집 진사가 아직 오지 않은 것도 남편에게는 큰 걱정거리였다. 아내가 자신의 여러 가지 부탁을 조금이라도 소홀히 할까 봐서 미리 그렇게 걱정한 것은 아닐지 모르겠다.

　　그러나 김정희가 매사에 까다롭고 자기중심적인 남편은 아니었다. 그는 그리움과 걱정으로 뒤범벅이 된 편지를 보내면서도 아내에게 애교를 부릴 줄 알았다.

> 어디서 온 편지인지 모르나 볼만하여서 함께 넣어 보내오니, 보시고 나서 잘 감춰두옵소서.
>
> _무인년 2월 13일자 김정희의 편지

　　누가 쓴 무슨 내용의 편지인 줄 모르나 그 내용이 비밀스럽기도 하려니와 여간 재미있는 것이 아니었나 보다. 읽은 다음에 꼭꼭 숨겨두라고 하였으니, 김정희는 남이 알아서는 안 될 비밀을 아내와 단둘이 공유하겠다는 이야기가 아닌가. 그뿐이 아니었다. 그는 자신의 애정을 가장 효과적으로 표현하는 방법을 잘 알고 있었다.

> 편지를 써놓은 지 이틀이 되었사옵니다. 그사이에 잠깐 편지글을 읽

어보았는데 덧붙여 쓸 말씀이 없어 이만 적습니다. 13일 밤에 적어두옵니다.

_무인년 2월 13일자 김정희의 편지

세상에 원참, 이럴 수가 있는가. 당장에 보내려고 편지를 써두었으나 인편이 없어서 이틀이 그냥 지나갔다는 이야기인데, 그 말을 남편은 이렇게 돌려서 썼다. 보내지 못한 편지를 꺼내어 다시 읽으면서 마치 눈앞에 아내가 앉아 있기라도 한 것처럼 말을 거는 다정한 남편, 김정희는 그런 사람이었다. 김정희는 순조 18년 한 해 동안에만 하여도 아내에게 근 열 통이나 되는 편지를 보냈다.

편지의 행렬이 멈춘 것은 그해 11월이었다. 시아버지 김노경은 병조참판에 임명되어 한양으로 돌아왔다. 다음 달에는 그의 벼슬은 이조참판으로 바뀌었다가 곧 예문관 제학으로 또 바뀌었다. 그리하여 남편 김정희는 다시 한양 집에서 예안 이씨와 만나 애틋한 사랑을 나누며 편안히 지낼 수 있었다.

거듭 말썽 피우는 남편

남편 김정희는 세상에서 가장 다정한 남편이었으나 때로 아내의 마음을 사정없이 괴롭히는 문제아였다. 김정희는 예안 이씨의 가슴에 대못을 박기도 하였다. 험하게 말하면 사랑의 전과자였다.

앞에서 읽은 다정한 편지를 쓰기 한 해 전의 일이었다. 그때 서자 김상우가 태어났다. 예안 이씨는 28세요, 남편은 32세로 한창때였다. 그해에 기생첩 초생이 아들을 낳은 것이었다.

그해 6월, 김정희는 친구 조인영과 함께 북한산에 올라 진흥왕순수비를 재차 점검하기도 하였다. 순수비는 고대의 금석문을 연구하는 데 더없이 귀중한 자료였다.

고증학자로서 김정희는 연구도 활발하게 하였으나, 사적인 생활에도 남다른 점이 있었다. 야설에 의하면 기생 초생과 김정희는 열정적으로 사랑을 나눴다고 한다. 초생이 남자 복장을 하고 김정희의 한양 집인 '월성궁(月城宮)'에 몰래 들어와서 첩이 되었다고 한다. 김정희와 초생의 사랑이 그렇게 깊었다.

이 사건이 예안 이씨에게는 얼마나 힘든 일이었을까. 상상하고도 남음이 있지 않은가. 하건마는 해가 바뀌자, 남편 김정희는 예안 이씨에 대한 애정이 가득 담긴 편지를 연달아 보냈다. 천진한 성품의 소유자라서 그런 것인가, 또는 음험한 인물이라서 그런 것인가.

다시 세월이 10년쯤 흐른 뒤에도 예안 이씨가 신경을 곤두세울 사건이 다시 발생하였다. 이번에는 평양에서였다. 시아버지 김노경은 평안감사로 그곳에 머물렀다. 남편 김정희는 아버지를 시중들기 위해 평양으로 내려갔던 것인데, 그곳에서 이름난 기생 죽향과 눈이 맞아 버렸다. 연애 사건은 곧 들통이 났고, 그러자 남편은 아내에게 극구 변명하는 편지를 보냈다. 순조 28년(1828, 무자년) 11월 26일이었다.

이제 문제의 편지를 두어 대목만 발췌하여 읽어보려고 한다. 먼저 시침을 떼고 안부 인사를 건넨 다음 자신의 처지를 태연하게 몇 줄로 이렇게 설명하였다.

> 아버님께서 병환이 나셨습니다. 이달 3일경 나는 집으로 돌아가려고 하였으나 급히 되돌아와서 약시중을 들고 있사옵니다. 오늘은 아버님께서 세수까지 손수 하려고 애를 쓰시니 천만다행이옵니다.
>
> _무자년 11월 26일 김정희의 편지

자신은 20여 일 전에 한양으로 돌아가려 했으나, 아버님의 병환으로 꼼짝없이 붙잡힌 상태라는 변명이었다. 그런데 병세에 차도가 있어 곧 한양으로 갈 수도 있을 것이라는 낙관적인 전망을 덧붙였다. 김정희는 태연하게 다음과 같이 말하기도 하였다.

> 나는 평안하오며 집안일을 잊고 지내옵니다.
>
> _무자년 11월 26일 김정희의 편지

아내가 한양에서 집안 살림을 잘 돌보아 감사하다는 뜻이었다. 이렇게 말하고 나서 아내도 이미 알고 있는 죽향과의 염문에 대해서 극히 간단하게 변명하였다.

행여 당신이 의심하실 것도 같사오나, 이집(김정희의 배다른 여동생. 아버지의 서녀)이 보낸 편지는 모두 거짓말이오니 곧이듣지 마옵소서. 설사 정말이라 하더라도 이제는 우리가 다 늙은 나이옵니다. 그런 것에 거리낄 리가 있겠사옵니까? 우습사옵니다.

_무자년 11월 26일 김정희의 편지

죽향과 김정희가 좋아하며 지낸다는 소식을 아내에게 알린 이는 바로 이씨 집안에 시집간 여동생이었다. 그는 아버지 김노경의 서녀였는데, 올케에게 사건의 대강을 귀띔한 것이다. 김정희는 근거 없는 소문이라고 딱 잡아뗐다. 그러나 마음 한구석에 걸리는 점이 있었기 때문에 다른 방법으로 빠져나갈 꾀를 냈다. 자신은 이미 나이 든 사람, 즉 노인이 되었으므로 연애에 목숨 걸지 않을 거라는 이야기였다. 그 당시 김정희는 43세였다. 예안 이씨도 어언 간에 39세가 되었다.

정확한 내막은 알 수 없으나, 전하는 말에 기생 죽향은 시도 잘 짓고, 난초와 대나무 그림도 썩 뛰어났다고 한다. 김정희는 죽향에게 반하여 연정이 담긴 시를 지어주었다고 하는데, 예안 이씨의 반발을 두려워했던지 그들의 관계는 그 이상으로 발전하지 못한 것 같다.

예안 이씨와 추사 김정희의 특별한 로맨스

2천 리 바다 밖으로 쫓겨난 남편

예안 이씨의 남편 김정희는 한동안 출세 가도를 달렸다. 그는 학문이 높았고 시서화(詩書畵)에도 모두 뛰어나 천재로 손꼽혔다. 집안 배경도 훌륭해 주요 관직을 두루 역임하며 세상의 부러움을 샀다. 그러던 그의 인생에도 갑자기 풍파가 일어났다.

55세가 되던 헌종 6년(1840) 9월에 이미 10년 전에 마무리된 윤상도의 옥사(獄事)가 재발하여 김정희는 고향 집에서 긴급 체포되었다. 처음에 윤상도는 상소를 올려 조정을 비판하였는데, 왕과 신하를 이간질하는 내용이라 하여 중벌을 받았다. 사람들은 김정희가 윤상도를 배후에서 조종하였고, 상소문까지 작성하였다면서 문제 삼았다. 이 일로 윤상도는 능지처참을 당했고, 김정희 집안도 큰 피해를 보았다.

겉으로 보면, 윤상도의 상소문이 문제였으나 본질은 달랐다. 이 사건은 세도 가문인 안동 김씨와 풍양 조씨 사이의 권력투쟁이었다. 김정희는 풍양 조씨의 세력으로 간주되었고, 그래서 벌을 받았다. 풍양 조씨를 대표하여 조인영이 김정희의 구명운동을 벌여 겨우 목숨은 구하였으나, 제주도 대정현으로 유배되고 말았다. 이후 8년간의 긴 유배 생활이 이어졌다(헌종 14년, 1848).

그 당시 기준으로는 제주도가 세상의 끝이었다. 물산이 풍부하지도 못했고, 교역도 아직 제대로 발달하지 않아 김정희가 필요로 하는 음식과 의복 등의 필수품을 아내가 일일이 장만하여 보내야 하였다. 예안 이씨에게 보낸 편지에서 그는, "북어도 좋은 것으로 두어 쾌(20마리)만 부쳐주옵소서"라고 부탁할 정도였다.

이 글의 서두에 적은 대로 남편 김정희는 음식과 의복에 대해 지나치게 민감하였다. 아내가 보낸 물품은 두어 달쯤 지나서 김정희의 손에 들어갔다. 그사이 음식이 변질되기 일쑤였다. 그때마다 김정희는 불만 섞인 편지를 예안 이씨에게 보냈다. 변질을 염려해 아내가 행여 소금간을 넉넉히 하면 음식이 너무 짜다고 볼멘소리를 하였다. 어떨 때는 모처럼 보낸 떡이 모두 상하고 말았다고 아쉬워하기도 하였다.

남편은 제주라는 큰 섬에서 귀양살이를 하는데도, 육지의 아내에게 생선까지 사서 보내라고 주문하였다. 조미료인 겨자를 보내 달라고 독촉한 것은 그래도 애교로 봐줄 수 있을 거였다.

남편은 아무리 나이가 들어도 귀하게 자란 부잣집 도련님의 티를 벗지 못하는 것 같았다. 예안 이씨로서는 여간 피곤한 일이 아니었을 것이다. 하지만 아내가 남편에게 불평을 말한 적은 없었던 모양이다. 도무지 그런 말을 꺼낸 흔적조차 보이지 않았다.

그러나 남편 김정희가 어떤 사람이던가. 다정하기로 말하면 이 세상 어느 누구와도 견줄 수 없는 사람이었다. 이미 앞에서 살핀 편지에서도 역력히 드러난 바였다. 헌종 6년 10월(경자년), 유배지에 처음 도착하자마자 남편은 예산의 아내에게 한글 편지를 연달아 세 통이나 보냈다. 그 가운데 하나를 잠시 소개해볼까 한다.

먼저 남편은 천안에서 마지막으로 본 아내 예안 이씨의 모습을 떠올리며 슬픔에 젖었다.

> 천안에서 당신의 슬픈 모습을 보았지요. 물론 그렇게 될 리야 없겠으나, 혹시 그러다가 병이라도 나시면 어찌하겠습니까. 이제부터 만사가 그대에게 달려 있사오니, 더욱 몸을 보살피소서. 전보다 더욱 잘 보전하셔야 하옵니다. 그래야 이천 리 바다 밖에 있는 내 마음에도 위로가 될 것이옵니다.
>
> _경자년 10월 김정희의 편지

헤어질 당시 아내는 아마 극도로 쇠약해진 몸이었던 것 같다. 이천 리 바깥 외로운 섬에 유배된 남편을 생각해서라도 부디 몸을 보중하라는 간절한 당부였다. 그러면서 남편은 자신의 여행길이 순탄하였다는 점, 특히 뱃멀미도 하지 않았다는 사실을 밝혀 걱정으로 가득한 아내의 마음에 한 줌의 위로를 선사하였다.

> 배 안의 사람들은 모두 멀미를 하느라 정신을 잃고 종일 굶고 지냈으나, 나만은 멀미도 아니 하였습니다. 배 위에 바람이 종일 불었으나 앉아서 태연하게 밥도 잘 먹었습니다. 그전에는 날마다 물에 밥을 말아 먹었으나, 배 위에서는 된밥을 평상시처럼 먹었습니다. 기이한 일이 아니겠사옵니까.
>
> _경자년 10월 김정희의 편지

그러나 바닷길은 위험하므로 아들이나 조카가 함부로 배를 타고 감히 제주도로 건너올 생각은 하지 않는 것이 좋겠다며, 경고하는 것도 잊지 않았다.

한 가지 다행스러운 일은, 유배지 대정현에서 제법 깨끗한 집을 구하였다는 사실이었다. 마루도 있고 집도 깨끗하여 새로 도배할 필요도 없이 그대로 들어와서 산다고 하였다. 당장에는 음식물의 조달도 별로 걱정할 일이 아니라고 하였다. 그러나 얼마 지나지 않아 김정희의 옷타령, 반찬타령은 다시 시작되었고, 예안 이씨의 극진한 봉양에도 불구하고 그 타령이 그칠 줄을 몰랐다.

지치고 병든 아내

아내 예안 이씨는 태생적으로도 몸이 약해서 가족들은 언제나 그의 건강을 염려했다. 남편이 평양 기생 죽향과 만나 애를 태우던 그해(순조 28년) 3월, 이씨는 충청도 온양의 친정에 머물며 몸조리를 하였다. 그때 남편은 한양의 본가에서 아내에게 편지를 보내 그리움과 사랑의 마음을 건넸다. 그 가운데는 이런 표현도 있었다. "어떠하시오? 또 병 때문에 불편하게 지내지는 아니하셨소? 잊을 수 없어 걱정을 놓지 못하오." 당시 사람들의 눈에는 김정희가 다정다감한 남편이었을 것이다. 요즘 같으면 김정희의 전력을 문제 삼아 용서하지 못하겠지마는

예안 이씨와 추사 김정희의 특별한 로맨스

그 시절에는 풍습이 달랐으니까 말이다.

　제주 대정으로 유배 간 지 이태가 지나자 예안 이씨의 병이 매우 깊어졌다. 늙고 병든 몸으로 홀로 큰 살림살이를 지휘하는 것도 여간 피곤한 일이 아니었던 데다가 식성도 옷차림도 대단히 까다로운 남편을 뒷바라지하기가 어디 쉬운 일이었을까. 헌종 8년(1842) 11월 14일에 남편이 보내온 편지에도 아내의 건강이 가장 중요한 주제였다.

> 어느덧 동지가 가까운데 병은 어떠하옵니까? 그 증세가 돌연 떨어지기가 어려울 터인데, 그동안 병에 차도가 있었는지요. 벌써 석 달이 넘었사오니 원기와 온갖 일상사(범절)가 얼마나 쇠했겠습니까? 이렇게 멀리 떨어져 있어, 염려만 할 뿐 어찌할 길이 없사옵니다. 잡숫고 주무시는 일이 모두 어떠하옵니까? 그동안에 무슨 약을 드셨으며, 아주 자리에 누워서만 지내셨습니까? 간절한 심사를 시간이 갈수록 진정할 수 없습니다.
>
> _임인년 11월 김정희의 편지

　김정희는 고향에 두고 온 손자들의 안부도 물었고, 자신은 편안히 지내는 편이지만 피부병으로 가려움증이 심해 잠을 제대로 잘 수 없을 때가 있노라고 하소연을 늘어놓기도 하였다. 어려운 형편이기는 해도 먹고 자는 일이 그럭저럭 괜찮아서 견딜 만은 하다고 말하였다. 그러면서 다시 아내의 병환을 걱정하기 시작하였다.

그대의 병환으로 밤낮 걱정하는데, 소식을 자주 듣지 못하여 가슴이 답답하고 타는 듯하여 견디지 못할 지경이옵니다. … 인편이 워낙 없어서 제주읍성에 가면 혹시라도 인편이 있을까 싶어서 대강 두어 자 안부를 이렇게 붙이옵니다. 속히 병이 나아 건강이 회복되셨다는 소식이 있기를 날마다 기다리옵니다.

_임인년 11월 김정희의 편지

그러나 김정희 역시 그다지 건강한 편은 아니었다. 편지의 끝부분에, "팔의 통증은 괜찮은 편이나 팔꿈치가 아파서 겨우 일어나서 썼습니다"라고 한 말을 보아도 짐작할 수 있다. 예산의 아내도, 대정의 남편도 서로 그리워하며 병든 몸으로 하루하루 늙어가고 있었다.

다 쓴 편지를 채 보내기도 전에 남편은 아내가 그리워 다시 꺼내 읽었다. 그리고는 쑥스러운 듯, 한 줄을 다시 보탰다. "생신이 다가오는데 아이들과 함께 지내시길 비오며, 그저 생각뿐이옵니다."

그러나 예안 이씨는 이 편지를 받아서 읽지 못하였다. 김정희가 편지를 쓰기 꼭 하루 전인 헌종 8년 11월 13일, 예안 이씨는 차마 감기지 않는 눈을 감고야 말았다. 그런 줄도 모르고 남편은 아내의 병환을 걱정하며 발만 동동 구르고 있었다.

추사의 말년

아내가 세상을 뜬 다음에도 남편은 무려 6년이나 더 쓸쓸한 유배지에 손발이 묶여 있었다. 다행히 친구 조인영과 권돈인의 노력이 헛되지 않아, 유배 생활 8년 3개월 만에 드디어 풀려났다(헌종 14년 12월 6일).

그해(1848)에는 이탈리아를 비롯해 프랑스, 독일, 오스트리아 등 유럽의 여러 나라에서 혁명이 일어났다. 나라마다 성격이 조금 다르기는 하였으나, 크게 보면 부르주아가 주도하는 민주화운동이었다. 조선 사람들은 이러한 시대적 흐름을 알 수도 없었다. 세도가의 부질 없는 권력투쟁이 계속될 따름이었다.

김정희는 한양으로 되돌아왔다. 그러나 반대파에 밀려 다시 함경도 북청으로 쫓겨났다(철종 2년 7월 22일). 귀양살이는 한 해 넘게 이어졌고 이후 김정희는 경기도 과천의 과지초당에 머물렀다. 알려진 대로 그는 불자(佛子)로 생애를 마감하였다(철종 7년 10월 10일). 향년은 71세였으니, 예안 이씨와 사별하고서 14년을 더 살았다.

작고하기 2개월 전, 김정희는 의미심장한 대련(對聯) 한 구절을 남겼다. 그의 지인 행농 유기환을 위해 썼다고 한다.

좋은 반찬은 두부 오이 생강 나물이오
훌륭한 모임은 부부와 아들딸 손자로 충분하다.

大烹豆腐瓜茄菜 高會夫妻兒女孫.

그렇게 쓴 다음에 김정희는 두어 줄의 설명을 따로 붙였다. "이것이 시골에 사는 늙은이의 가장 큰 즐거움이다. 비록 허리춤에 말(斗)만큼이나 커다란 황금인(黃金印)을 차고, 음식상을 한 길 높이로 차리더라도 … 이런 맛을 즐길 수 있는 이는 과연 몇이나 될까."

인생의 행복은 누구나가 추구하는 부귀영화에 있는 것이 아니다. 그것은 건강하고 소박한 일상생활에 있다고 하였으니, 참으로 진솔한 깨침이 아닌가. 말하기는 쉬워도 실천하기는 어려운 진리가 아닐까 한다. 아마 그의 아내 예안 이씨도 이 말을 들었더라면 조금도 망설이지 않고 고개를 끄덕였으리라.

예안 이씨와 추사 김정희의 특별한 로맨스

여성도 가정도 과학의 눈으로 바라보자

갑자기 사상계에 큰 별 하나가 나타났다. 아내의 역사에 가장 인상적인 한 획을 그은 이 사상가는 혜강 최한기(1803~1877)였다. 그는 서양 근대의 자연과학과 사회과학의 눈을 빌려 사물을 새로운 시각에서 바라보기 시작하였다. 여성이란 무엇인가, 그리고 가정이라고 하는 사회조직은 어떠한 특성을 가졌는가 하는 문제를 대하는 그의 태도는 새로웠다. 지금까지 우리가 살핀 조선의 지식인들과는 확연히 구별되는 새로운 문제의식과 낯선 문제 해결 방식을 제시하였다. 인간의 삶을 이해하는 새로운 틀을 만들기 시작한 것이다.

이런 변화가 과연 어떻게 일어날 수 있었을까. 최한기는 서양의 근대 교육을 받은 적도 없고, 서양의 언어를 배울 기회도 없었다. 모든 것이 독학으로 이뤄졌다. 중국에서 한문으로 번역한 서양 서적을 열심히 구해 읽었을 뿐인데도, 그는 자생적 근대주의자로 변신하였다. 최한기라는 신지식인의 출현에 내가 주목하는 이유가 바로 그 점에 있다. 그가 조선 사회의 변화를 선도하지 못한 것은 유감스러운 일이었으나, 존재 자체만으로도 그는 역사에 길이 남을 인물이었다.

그는 평생 무명의 서생이었다. 한 번도 벼슬을 하지 못했음은 물론이고, 유력한 관리나 학자와도 활발하게 교류한 흔적이 없었다. 자신이 몸담은 현실에 별로 영향력을 행사할 수 없는 딱한 처지였다. 그의 사생활도 오리무중에 가깝다. 그의 아내는 반남 박씨였고, 슬하에 2남 5녀를 두었다고 하지만, 그들 부부의 삶에 관하여 우리는 정작 아는 바가 거의 없다.

그가 교류한 인사로서 후세가 알 수 있는 이는 고산자 김정호와 오주 이규경이 있을 뿐이다. 김정호는 대동여지도를 만들었고, 이규경은 《오주연문장전사고(五洲衍文長箋散稿)》라는 백과사전적 저술을 통하여 조선의 과거와 현재를 넘나들었다. 지금 우리 이야기의 주인공 최한기는 '기학(氣學)'이라는 새로운 학문을 주창했다. 그것은 근대의 경험주의와 합리주의를 추구하는 새로운 학문이었다.

최한기는 20여 종의 저술을 남겼는데, 그 가운데서 《기학(氣學)》과 《명남루집(明南樓集)》이 유명하다. 그의 저서는 실학사상의 계보를 잇는 듯하면서도 훨씬 더 근대적인 분위기를 풍긴다는 점에서 매우 독창적이다. 그가 추구한 새로운 세상은 '운화(運化)'와 '치안(治安)'이라는 개념에 응축되어 있었다. 그것은 만물의 상생과 평화를 추구하는 최한기의 마음을 담고 있었다.

독서를 통해 새로운 세계관을 창출할 수 있다는 사실을 자신의 생애로써 입증하였다는 점에서, 최한기가 얻은 지적 성과는 독보적이다. 나는 그가 기존의 성리학적 사고방식으로는 도저히 상상조차 할수 없는 새로운 지적 영토를 개척하였다고 평하고 싶다.

아래에서는 최한기의 저서 《신기통(神氣通)》(1836년)을 넘기며, 여성과 가정이란 두 개의 키워드에 관심을 쏟으려 한다. 나는 그에게서도 한 가지 아쉬움을 느낀다. 근대적 사상의 선구자였던 그가, 과감히 한글로 저술을 하였더라면 얼마나 좋았을까. 그러나 우리는 누구나 특정한 시대의 산물이기에, 시대적 한계에 갇혀 산다. 내가 가장 존경하는 사상가 최한기 역시 마찬가지였다고 이해하고 싶다.

성적 욕망의 본질은 무엇일까

19세기 전반에 이런 문제를 제기한 최한기는 정말 놀라운 인물이었다. 그는 〈정기의 충발(精氣衝發)〉(《신기통》 제3권)이란 글을 썼는데, 그 요점은 세 가지로 간추릴 수 있다.

첫째, 최한기는 성교와 출산을 생물학적으로 설명하고자 하였다. 둘째, 그는 성적 본능에 충실한 존재라는 점에서 남성과 여성은 동질

적이라는 사실을 확인하였다. 인간은 성별과 관계없이 저마다 동등하다는 각성이 여기에서 시작될 수 있었다는 점에서 중요하다. 끝으로, 저자는 출산에 관한 여성의 주도적인 역할을 인정하였다.

이렇듯, 여성에 관한 최한기의 새로운 인식은 흥미롭기 짝이 없다. 드디어 누군가 성리학의 형이상학적 도그마에서 탈출하여 근대적인 인간관에 근접하였다는 사실은 경하할 일이었다.

아마도 그는 인간의 성욕을 생물학적으로 성찰한 최초의 한국인이었을 것이다. 그는 성욕을 "생기(生氣)"라고 표현하기도 하였는데, 그것은 "충동적으로 일어나는 때가 있다"라고 하였다. 또, 연령에 따라 성욕은 강도가 다르다고 말했다. "어릴 때는 기운이 약하고, 늙으면 기운이 시든다. 그리하여 충동적으로 불끈 일어나지 않는다. 오직 혈기가 왕성할 때만 참을 수 없이 강하게 움직인다." 성욕은 성별에 따라 차이가 있는 것이 아니라, 연령에 따라 변화가 있다고 진단한 점이 흥미롭다.

만약 질병, 근심 또는 고통이 강하면 기혈이 사라져 정액도 말라붙고 성욕(정욕)도 감퇴한다고 했다. 그러다 기혈이 왕성하면 정액도 넉넉해지고 자기 자신이 모르는 사이에 성욕도 일어난다고 하였다.

요컨대 성욕에 차이가 생기는 것은 "몸에 축적된 정기가 가득한가 또는 그렇지 못한가에 달린 현상"이라고 했다. 이와 같이 최한기는 순전히 경험적이고 생물학적인 지식을 가지고 인간의 본능을 이해하려고 노력하였다.

여기서 내가 강조하고 싶은 사실은 한 가지이다. 그가 남성과 여성의 본능은 동등하다고 인정한 사실이다. 그런데 부부가 조화를 상실하면 성적 쾌감이 줄어, 임신과 출산에 성공하기 어렵다고 하였다. 이와 달리 부부의 정액이 충만하면 서로의 마음이 움직인다고 보았다. "이때가 바로 밭을 갈고 씨앗을 뿌릴 때", 즉 원만한 성교가 가능한 시기라고 하였다.

그것이 과연 성공적인 출산으로 이어질지는 여성의 능력과 역할에 달려 있다고 했다. 남성은 나이를 떠나서 "씨를 뿌리는 본능이 있고", 여성은 "씨를 받아 기르는 능력이 있다"라고 전제한 다음, "정액을 감싸 안아서 태아를 기르고 태어나게 만드는 능력은 전적으로 여자에게 있다"고 힘주어 말하였다. 이처럼 최한기는 여성을 삶의 능동적인 주체로 인식하였다.

겉으로는 젊고 건장해 보이는 부부라 해도 성적 능력이 보통 사람보다 약하고, 부부가 성적 쾌감에 도달하지 못한다면 출산에 실패할 가능성이 높다는 특이한 의견도 내보였다.

인간의 성욕과 출산에 관한 최한기의 주장은 옳을까. 현대 생물학 지식으로 판단해보면 적지 않은 오류가 있을지 모르겠다. 하지만 절대 간과할 수 없는 사실은, 19세기 초반에 조선의 무명 지식인 최한기가 생물학적 지식을 통하여 인간의 삶을 설명하였다는 점이다. 그는 성리학적 관점을 완전히 배제한 채 오직 경험적이고 합리적인 태도를 유지하려고 애썼다. 그런 점에서 얼마나 선구적이었던가.

최한기는 성욕의 문제를 깊이 헤아린 끝에, 그것이 당사자의 인문 사회적 여건에 따라 강화될 수도 있고 줄어들기도 한다고 말하였다. 그러면서 적절한 성교육이 필요하다는 결론에 이르렀다. 2세기 전의 한반도에 성교육을 하자고 주장한 인물이 있었다니 믿기 어렵다. 그가 쓴 글, 〈색정(色情)을 보고 듣다(色情聞見)〉(《신기통》 제3권)에 더욱 자세한 설명이 나온다.

조금만 부연해보면 이런 식이었다. 대체로 남성은 성장기부터 미모의 여성을 즐겨 보았고, 성(性)에 관한 이야기도 자주 들을 기회가 있다고 했다. 그런 때문에 성적 욕망이 그의 정신과 감각에 스며들어, 고요한 시간이면 성욕이 일어난다. 행여 눈과 귀가 자극을 받으면 성적 감정이 발동하기 마련인데, 사람들은 그런 사실을 제대로 이해하지 못하고 엉뚱한 주장을 편다는 것이었다.

"사람들은 과거에 자신이 보고 들은 것이 있어서 은연중에 깊이 젖어든 것인 줄 생각하지도 못한 채, 성욕은 충동적으로 갑자기 일어나는 줄로 오해한다. 그래서 이성을 좋아하는 마음은 누구라도 배울 필요도 없이 저절로 그렇게 된다고 생각한다"(〈색정을 보고 듣다〉. 이하 같음).

물론 최한기는 그렇지 않다는 의견으로, 성욕도 학습의 결과라고 주장하였다. 그는 성욕의 발생에 관하여 더욱 깊이 연구하였고, 다음과 같이 말하였다.

"만약에 어떤 사람이 인간세상에서 오랫동안 격리되어 이성의 모습을 본 적도 전혀 없고 이성의 육체에 관하여 들어본 적도 없다면 어

혜강 최한기의 근대적 시선

떻게 될까. 비록 그의 성적 기운이 강할지라도 갑작스레 이성을 만나면 당황하기만 할 뿐 적절하게 행동하지 못할 것이다."

따라서 성의 본질을 깊이 이해하고 이성과의 관계에 익숙해지려면 노력이 필요하다고 보았다. "의심나는 것이 있으면 남에게 물어서 배우라. 만약 자신이 부족한 부분이 있으면, 남의 도움을 받아서라도 반드시 고쳐야 한다." 성교육이 필요하다는 그의 견해는 시대를 뛰어넘은 탁견이었다고 생각한다.

성적 욕망에 관한 최한기의 지적 탐구는 집요하였다. 그는 성욕은 인간의 본능이요, 그렇기에 사랑하는 사람들이 은밀한 곳에서 자신의 욕망을 추구하는 것은 자연의 섭리라고 하였다. 그가 보기에, 인간의 성욕은 은근히 일어나면서도 참기 어려운 간절한 욕망이다. 그러므로 사랑하는 남녀는 비밀을 추구하는 경향을 보인다고 했다. 단둘이 속삭인 말이 남에게 알려지는 것을 피할뿐더러, 조용한 곳에서 비밀스럽게 성교를 나눈다고 했다. 애정 행위가 예의에 어긋나기 때문이라기보다는 이치상 그것이 당연하다는 주장이었다. 최한기는 다음과 같은 설명을 덧붙이기도 했다.

"애틋한 마음으로 사랑을 나눌 때 인간은 자신의 정신이 흩어지는 것을 싫어한다. 또, 성교를 할 때는 거기에 온통 정신을 집중해야 한다. 그래야 부부의 혈기가 합쳐지고 깊이 관통하여 풀무질이 조화롭고 일관된 조리가 생기는데, 이것이 아이를 잉태하는 데 도움이 된다."

가정은 출산과 육아를 위해서 존재해

부부는 가정 안에서 성욕을 해소하기도 하는데, 그들에게는 성행위와 관련하여 훨씬 더 중요한 사명이 있다고 했다. 서양 근대의 식자들과 마찬가지로 최한기 역시 출산과 양육을 가정의 존재 이유라고 생각하였다. 〈산육(産育)으로 준적(準的)을 삼는다(産育準的)〉(《신기통》 제3권. 이하 같음)라는 짤막한 글을 읽어보면 잘 알 수 있는 사실이다. 이 글에서 그는 네 가지 점을 강조하였다.

먼저 그는 성적 욕망은 적절한 통제를 받아야 한다고 힘주어 말했다. 그의 말을 옮겨보자.

"식욕은 배가 부르면 멈춰야 하고, 성욕은 아이의 출산과 양육을 기준으로 통제하는 것이다. 기준에 도달하지 못하면 어떻게 해서든지 보충해야 한다. 그러나 거기서 지나치면 억제하여 줄여야 한다." 최한기는 식욕도 성욕도 적절한 선에서 멈춰야 한다는 입장을 취하였다.

지나친 음란 행위를 경계하는 위인의 말씀은 넘쳐났다. 그런데 최한기는 욕망의 절제에 관하여 독자적인 의견을 제시하였다. "경계하는 말이 외설스러우면 경박한 사람은 도리어 음란한 마음을 품기 쉽다. 반면에, 경계의 말씀이 너무 엄숙하면 듣는 사람이 생명을 낳고 기르는 위대한 이치를 모르게 될 염려가 있다." 욕망을 통제하라는 요구는 옳으나, 그것도 치우치지 않게 표현해야 한다는 말이다. 청소년을 대상으로 하는 우리 시대의 성교육도 마찬가지가 아닐까 하는 생각이 이마를 스쳐 간다.

둘째, 최한기는 배우자를 고르는 일이 중요하다고 강조하였다. 만약 아내 될 사람의 성정이 따뜻하고 선량하고 자상한 데다 그 기질도 건강하고 정숙하면, 마치 가뭄이 들어도 마르지 않고 장마가 져도 물이 고이지 않는 좋은 밭과 같다고 하였다. 그러나 아내 될 사람의 성품이 탁하고 어리석으며, 기질이 추하고 자신의 확고한 주관도 없다면 최악의 결과를 염려해야 한다고 경계하기도 하였다.

셋째, 그러므로 결혼을 앞둔 사람은 배우자를 고를 때 밝은 눈을 가져야 한다고 말했다. 그런데 최한기는 예를 들어 설명할 때마다 지나치게 남성중심적이고 용모 지상주의적인 경향을 보였다. 그 점은 매우 유감스러우나, 그때는 아직 여성이 학교 교육을 받을 기회가 전혀 없었다. 그 때문에 여성을 평가하는 기준이 지나치게 단순하였던 것은 아닐까.

좋은 배우자를 선택하는 방법을 최한기는 다음과 같은 비유로 설명하였다. "농사를 잘 짓는 이는 밭을 알아보는 눈을 가지고 있다. 농사가 잘되는지 안 되는지를 자세히 따져볼 필요도 없이, 그는 한눈에 그 밭이 좋은지 나쁜지를 간파한다. 밭과 같은 것마저 누구나 좋은 물건을 고르는데, 하물며 함께 아이를 낳고 기를 배우자를 선택하는 데는 어떠할까. 남성은 여성을 선택할 때 예쁜 이를 선호하고 추한 이를 피한다. 어찌하여 아이를 낳아서 길러본 다음에야 좋고 나쁨을 알아서 결정하겠는가." 알다시피 전통 시대의 결혼이란 가문과 가문의 결합이었다. 그러나 최한기는 이러한 풍습을 애써 부정하고, 독특하게도 결혼의 본질이 개개인의 선택이라는 점을 강조하였다.

끝으로, 부부가 성적 욕망을 지나치게 추구하는 것은 해롭다고 하였다. 욕망이 지나치면 정상적인 가정생활이 불가능하다는 경고였다. 성욕이 지나쳐 남의 집 담장을 넘어가서도 안 되겠으나, 부부라도 밤낮을 가리지 않고 음란하게 구는 것은 문제라고 생각하였다. 최한기는 그런 생활이 왜, 그리고 얼마나 해로운지를 자세히 설명하였다.

만약 부부가 음탕하고 간사하다면 거기서 태어나는 자녀도 결국은 똑같이 되고 만다는 걱정이었다. 남녀노소를 막론하고 온 집안이 음탕하고 간사하게 된다면 그런 가정은 처음부터 없는 편이 차라리 낫다고 하였다. "음탕한 여자를 유혹하려 애쓰기보다는 자신의 욕망을 절제하는 데 힘쓰라."

비록 성적 욕망이 인간의 본능이라고는 하지만, 뚜렷한 분별심을 가져야 한다는 것이 최한기의 지론이었다. 시비도 염치도 없이 성적 욕망에 탐닉하는 것이 습관이 되고 말면 그 사람의 행동은 망령되기 마련이라는 점을, 최한기는 강력히 경계하였다.

정상적인 생활이 가장 소중해

인간에게는 감각기관이 여럿인데, 그 가운데서 최한기가 가장 소중하게 여긴 것이 성적 기관이었다. "부부와 첩의 관계, 자녀 사이의 질서가 성에 근거하여 확립되기 마련이다"(《처와 첩을 얻는 것은 산육(産育)을 위해서이다(娶妾爲産育)》, 《신기통》 제3권. 이하 같음). 부부는 성을 공유함으로써 자녀를 낳아 온전한 가정을 구성한다고 보아 이런 말을 하였다.

한 집안의 재물이 모이고 흩어지는 일, 즉 가문의 흥망도 부부관계에서 비롯된다. 그들이 장차 태교와 출산 양육을 얼마나 잘하느냐에 따라 집안의 미래가 판가름 나기도 한다. 그러므로 최한기에게는 부부의 성적 관계야말로 대단히 중요한 것이었다.

그로서는 "정상적"인 성적 관념을 갖는 것이 필수적이었다. 누구든지 아차 하는 순간에 성욕의 노예가 될 수 있고, 결혼생활의 의미를 망각할 수도 있다고 믿었다. "생각이 여기에 미친다면 아내에게 모범을 보일 것이고 첩을 다스리는 방법도 개선될 것이다." 이런 사실을 망각하고 출산과 양육이라는 가정의 목적을 무시한 채 아내와 첩을 여럿 거느리기에만 힘쓰는 이가 많았다. 최한기는 그들의 생활은 환관이 아내와 첩을 두는 것과 차이가 없다고 했다. 또, 결혼의 본질을 떠나서 오직 성적 욕망을 추구하느라, "타인의 규방을 침범한다면 성욕의 노예"라고 따끔하게 질책하였다.

그런 사람들을 꾸짖으며, 최한기는 출산을 빌미로 가정의 질서를 어지럽히지 말라고 충고했다. 만약 자기 자신에게 생리적 결함이 있으면 서슴없이 인정하는 편이 옳다고, 그는 강조하였다. 그때는 아이를 낳지 못하면 무조건 아내를 탓하는 경향이 심했다. 최한기는 그 잘못을 날카롭게 꼬집었다.

"아내도 첩도 있으나 아이가 태어나지 않으면, 남성의 정력에 결함이 있다고 보아야 옳다. 한데도 그가 자신의 병을 병으로 생각하지 않고 아내와 첩에게 책임을 돌리는 경우가 있다. 그는 여러 차례 첩을 얻었다가 내치고를 반복한다. 사랑도 미움도 일정하지 않아, 결국은 집안이 어지러워지고 몸과 마음에 무수한 피해가 나타난다."

19세기 조선에는 최한기가 지적한, 어리석은 잘못을 저지르는 남성이 적지 않았다. 그렇다 해서, 최한기의 주장이 다 옳았던 것은 아니다. 오늘날의 관점에서 보면, 그에게도 한계가 없지 않았다. 가령 결혼의 목적을 출산과 육아에 있다고 말한 것은, 현대인이 받아들이기 어려운 일이다. 그런데 그는 이렇게 주장하였다.

아내가 아이를 낳지 못하면 도리 없이 첩을 얻어야 한다. 아이를 낳아 기르기 위해서 필요한 일이다.

_〈처와 첩을 얻는 것은 산육을 위해서이다〉

시대를 앞선 사상가 최한기에게도 이러한 한계가 있었다는 사실은 안타까운 일이다. 그러나 오늘날에는 당연하게 여기는 사회제도와 이념도 훗날에는 우스꽝스럽게 보일지 모른다. 역사를 공부해보면 그런 일이 허다하게 일어났다.

인간의 유전적 차이에 관하여

이제는 화제를 조금 바꿔보자. 어떤 부모 밑에서 태어나느냐에 따라서 사람은 용모만 다른 것이 아니라 기질과 재능도 상당히 다르다. 유전적인 특성이 달라서 그런 것인데, 최한기는 그런 점도 놓치지 않았다. 〈미녀 엄마와 추녀 엄마의 아이(姸媸所產)〉(《신기통》 제3권)라는 글에서, 그는 자녀의 출생이란 무엇인지를 살펴보았다. 그것은 "부부의 정기와 피, 뼈와 근육을 물려받아 형체를 이루는 것이 출생"이라고, 그는 정의하였다. 그런데 문제는 가정을 어떻게 구성해야 하는지를 결정하는 일정한 법칙이 없다는 점이다.

결혼이란 마치 나무에 접을 붙이는 것과 같다고 했다. 어떤 나무를 접붙이느냐에 따라서 가지가 잘 뻗기도 하고 잎과 꽃이며 열매의 상태가 달라진다. 그러므로, 최한기는 남성이 아내를 고르고 여성이 남편을 고를 때는 "한평생 평화롭고 사이좋게 지내기 위한" 조건만 고려해서는 안 된다고 하였다. 이 결혼에서 태어날 자녀가 장차 어떠할지를 내다봐야 한다고 말하였다.

우생학적인 조건을 따져 배우자를 선택하라는 주장이다. 19세기 초에 그가 이런 생각을 하였다는 사실이 신기하게 여겨진다. 그때는 봉건적인 신분제 사회가 해체되기도 전이었다. 그런 점을 염두에 두고 보면, 최한기의 사상적 근대성은 대단한 수준이었다고 생각한다.

앞서 언급한 대로 그는 유전적 차이도 강조하였다. 부모의 생물학적 조건이 아이의 기질과 능력에 차이를 만든다는 이야기였다. 또, 같은 부모 슬하에서 태어나더라도 사회경제적 여건이 일정하지 않다면 태어나는 아이의 능력과 기질이 달라지므로 이 점을 유의하라고 조언하기도 하였다.

최한기는 설명의 편의를 위하여 미녀와 추녀를 예로 들었다. 한 여성은 아름답고 다른 여성은 추하다고 전제하면, 아름다운 여성이 낳은 아이가 못생긴 여성이 낳은 아이보다 아름다울 것이 당연하다는 것이다. 사람들이 미모의 배우자를 선택하는 데는 당연한 이유가 있다는 결론이다.

그런데 한집안의 자손이라도 어질고 어리석은 차이가 있고 성품이 맑고 탁한 구별이 있다. 그 이유에 대해서도 그는 차근차근 설명하였다. 가령 출산 때 부모의 연령이 달라서 태아의 기질에 차이가 생길 수도 있고, 그때 유행병이 돌았는지 아닌지에 따라 태아의 기질에 차이가 발생한다고도 보았다.

한마디로 말해, "임신할 당시에 부모의 기운이 다르기 때문에, 형이 받은 기질과 동생이 받은 기질은 서로 다른 법"(《미녀 엄마와 추녀 엄마의 아이》)이라고 하였다. 이는 똑같은 용광로에 쇠를 녹여 그릇을 만들더라도 품질에 제각각 차이가 생기는 것과 같아서 인력으로는 어찌할 수 없는 일이라고 하였다.

삶에서 제일 중요한 것은 사랑이다

조선의 선비들은 미처 언급하지 못하였으나, 인간의 삶에 생물학적 요인이 미치는 영향은 컸다. 그 점을 최한기처럼 날카롭게 인식한 이는 없었다.

사람이든 사물이든 우리가 그를 아끼고 사랑하는 것은 다른 이유가 아니다. 우리 자신의 생명을 보호하기 위해서이다. 부모 형제도 그래서 필요하고 우리에게 없어서는 아니 되는 음식과 의복, 집, 그릇, 초목과 동물에 이르기까지 그와 같은 이유로 사랑하는 것이다.

_〈사람과 사물을 사랑함(人物慈愛)〉,《신기통》제3권

인간은 자신의 생존을 보장받기 위하여 사랑을 한다고 했다. 참으로 신선한 발상이 아닌가. 너무 타산적이라고 말할 이가 있을지도 모르겠다. 생각해보면, 리처드 도킨슨도 《이기적 유전자》라는 책에서 꺼낸 이야기도 결국은 최한기와 일맥상통하는 것이었다. 최한기는 생물학적 조건이 삶을 결정하는 중요한 요인이라는 점을 극도로 명확하게 논증하였다고 평하고 싶다.

사람이 점점 자라면 사랑하는 마음이 커져 정액이 흐른다. 그리하여 생명을 낳고 기르는 이치가 생긴다. 남성이 자신의 아내와 첩을 사랑

하고 또, 자녀를 사랑하는 것은 당연하다. 결코 억지로 하는 일도 아
니요, 누가 막으려 해도 막을 수 없는 일이다.

_〈사람과 사물을 사랑함〉

조선의 성리학자들은 시종일관 되풀이해서 이(理)와 기(氣), 본연의
도덕심 같은 것을 강조하였다. 그러나 최한기는 그런 주장에 관심을
표하지 않았다. 그는 아무런 편견 없이 자연과학의 이치를 궁구하여,
인간이 무엇인지, 사물이 존재한다는 것이 어떤 모습인지를 설명하였
다. 그는 인간을 생물학적으로 해명하려고 하였다.

그러나 최한기는 유전적 결정론에 빠지지 않았다. 그는 인간의 삶
에는 인격적 요인, 또는 인문사회적 여건이 타고난 생물학적 요인보
다 더욱 중요하다고 생각했다.

아들딸을 많이 낳아 잘 기르는 사람 중에는 인자하고 온화한 부부가
많다. 아들딸을 많이 낳지도 못하고 잘 기르지도 못하는 사람은 대체
로 친척과도 화목하지 못하다. 그런 사람은 늙어서도 의지할 데 없는
외톨이가 되기 십상이다.

_〈사람과 사물을 사랑함〉

한마디로, 최한기는 출산과 양육에 가장 중요한 요소로 인간성을
손꼽았다. 성품이 평화롭고 이웃과 기꺼이 소통하고 연대하는 사람이

라야 생존 가능성이 높다고 보았다.

사는 동안에 인간은 무엇인가를 사랑하기 마련이다. 최한기는 인간이 주고받는 사랑에는 한 가지 흥미로운 특징이 있다고 주장했다. 다름 아니라 갓난아이를 아끼고 사랑하는 마음이 가장 크고 절실하다는 것으로, 그의 설명이 흥미롭다.

> 장성한 자녀를 사랑하는 마음은 어린 자녀를 사랑하는 마음만 못하다. 그런데 어린 자녀를 사랑하는 마음은 갓난아이를 보호하는 데 비하면 부족하다. 사람의 애정이 우러나는 것을 살펴보면 출생 시점에 가까울수록 애정이 더욱 깊고 간절하다. 태어난 지 오래면 그럴수록 그를 향한 사랑도 점점 희박해진다.
>
> _〈사람과 사물을 사랑함〉

과연 사람은 부모의 보호와 사랑이 필요한 갓난아이를 대하는 태도와 이미 장성해 독립적인 자녀를 대하는 태도가 다르기 마련이다. 사랑의 본질이 개체의 생존을 보장하는 데 있다고 생각한 최한기가 보기에는 이 다름이 너무도 자연스러운 현상이었다.

거듭 말하지만, 그는 사랑이야말로 삶의 중심적인 주제라고 생각하였다. 모든 사물은 자아로부터 가깝고 먼 구별이 있다. 그것이 사람이냐 사물이냐에 따라서 사랑을 표현하는 방식도 다르다. 그러나 일체의 돌봄은 결국 사랑하는 행위라고 했다. 최한기가 보기에는, 칠정(七

情)인 희노애구애오욕(喜怒哀懼愛惡欲)의 감정이 일어나고 행위를 통해서 표현하는 것이 바로 사랑 때문이었다. 화내고 슬퍼하고 두려워하고 증오하는 것도 결국 사랑의 좌절에 대한 반응이다. 그는 그처럼 멋지게 해석하였다.

성리학자들은 백성을 사랑하는 것이 이상 정치라고 가르쳤다. 성리학만 인애(仁愛)에 근원을 둔 것은 아니다. 불교도 자비심에 기초한 종교다. 그래서 선한 사람과 악한 사람도 서로 사귀며 서로 친해지고 또 사랑하면서 자신의 삶을 경영할 수 있다. 이런 통찰을 가졌기에, 최한기는 다음과 같이 강조하였다.

> 사랑의 도(道)는 사람뿐만 아니라 만물이 살아가는 데 처음부터 끝까지 언제나 중요하다.
>
> _〈사람과 사물을 사랑함〉

최한기는 참으로 특별한 사상가로서 당대의 현실을 너무 앞서간 이였다. 그의 경험론적 통찰에 따르면, 남녀는 동등한 존재이다. 인간의 삶이 생물학적 조건에 크게 구속되는 너무 당연한 일이지만, 우리의 노력 여하에 따라서 삶을 얼마든지 개선할 수 있다고 보았다.

그는 종래의 선비들과는 달리 가정에서 이루어지는 일에 대한 여성의 역할을 적극적으로 평가하였다.

19세기의 조선 사회는 아직 성리학의 굴레에서 벗어나지 못하고

혜강 최한기의 근대적 시선

있었으나, 최한기는 근대의 자연과학적 지식과 인문사회과학적 성찰을 바탕으로 인간관계를 합리적이고 새로운 방식으로 설명했다. 그가 쓴 글은 어느 것이나 근대의 시작을 알리는 신호탄이라고 평가해도 좋을 것이다. 한 번도 신식 학교에 다닌 적이 없는 그가, 오직 한문으로 번역된 서양의 여러 가지 서적을 탐독하며 구질서를 극복하고 새로운 세계를 가슴속에 품었다는 사실, 이것은 통쾌한 지적 혁명이었다.

최한기는 물려받은 전 재산을 팔아가며 열심히 새 책을 구해서 읽었다. 그러나 결국에는 생계를 꾸리기 어려워 자신이 애써 구한 귀중한 장서를 헐값에 처분하였단다. 우리 역사의 한 모퉁이에 이처럼 진지하고 비참한 선각자가 있었다는 사실을 잊는다면 역사 앞에 너무 죄송할 것 같다.

강명관, 《성호, 세상을 논하다─성호 이익의 비망록, 〈성호사설〉을 다시 읽다》, 자음
　　과모음, 2011.

권오영, 《최한기의 학문과 사상 연구》, 집문당, 1999.

금장태, 《다산 정약용─유학과 서학의 창조적 종합자》, 살림, 2005.

김경수, 《최한기의 시대 진단과 그 해법─통섭형 인재되기》, 역락, 2021.

김용옥, 《독기학설─최한기의 삶과 생각》, 통나무, 2004.

김정희, 《추사집》, 최완수 역, 현암사, 2014.

김종직, 《점필재집─학문의 밭에서 문장을 꽃피우다》, 임정기 역, 한국고전번역원,
　　2016.

박석무, 《다산 정약용 평전─조선 후기 민족 최고의 실천적 학자》, 민음사, 2014.

박지원, 《열하일기》(전3권), 김혈조 역, 돌베개, 2017.

박희병, 《연암을 읽는다》, 돌베개, 2006.

백승종, 《문장의 시대, 시대의 문장》, 김영사, 2020.

백승종, 《세종의 선택》, 사우, 2021.

백승종, 《조선의 아버지들》, 사우, 2016.

서거정, 《동문선》(전12권), 솔출판사, 1998.

송덕봉, 《국역 덕봉집》, 문희순·안동교·오석환 역, 심미안, 2012.

신흠, 《국역 상촌집》(전7권), 민족문화추진회, 1994.

연규석, 《허목한시선집―망향에 서정을 노래하다》, 고글, 2020.

이덕무, 《깨끗한 매미처럼 향기로운 귤처럼―이덕무 선집》, 강국주 역, 돌베개, 2008.

이색·정몽주, 《목은집, 포은집》, 신원문화사, 2003.

이숙인, 《신사임당―화가로 살고 어머니로 기억된 여인》, 문학동네, 2017.

이연순, 《미암 유희춘의 일기문학》, 혜안, 2012.

이익, 《성호사설》, 한길사, 1999.

이익, 《성호집―현실에서 시(詩)를 구하다》, 최채기·정영미 역, 한국고전번역원, 2017.

이익주, 《이색의 삶과 생각》, 일조각, 2013.

이황, 《퇴계 편지 백 편―퇴서백선》, 이정로 편, 박상수 역, 수류화개, 2020.

정민, 《비슷한 것은 가짜다―연암 박지원의 예술론과 인생론》(정민의 연암독본 1), 태학
사, 2020.

정민, 《한서 이불과 논어 병풍―이덕무 청언소품》, 열림원, 2018.

정성희, 《김종직: 조선 도학의 분수령》, 성균관대학교출판부, 2009.

정약용, 《다산 정약용이 유배지에서 보낸 편지와 교훈―세상의 모든 아들딸들에게 보
내는 사랑의 편지》, 민족문화추진회 편역, 문장, 2016.

정창권, 《천리 밖에서 나는 죽고 그대는 살아서―추사 집안의 한글 편지와 가족사》,
돌베개, 2020.

정창권, 《홀로 벼슬하며 그대를 생각하노라―미암일기 1567-1577》, 사계절, 2003.

정출헌, 《점필재 김종직, 젊은 제자들이 가슴에 품은 시대의 스승》, 예문서원, 2015.

정해은, 《신사임당 전―역사 속 신사임당, 그녀는 누구인가》, 새문사, 2017.

조병한 외, 《추사 김정희 연구》(실시학사 실학연구총서 16), 학자원, 2020.

조식, 《한국 산문선 3―위험한 백성》, 이종묵·장유승 역, 민음사, 2017.

충남대학교유학연구소 편, 《명재 윤증의 학문연원과 가학》, 예문서원, 2006.

한정주, 《조선 최고의 문장 이덕무를 읽다―간서치 이덕무와 그의 벗들이 들려주는
18세기 조선 지식인의 내면 풍경》, 다산초당, 2016.

허경진, 《목은 이색 시선》, 평민사, 2005.

허경진, 《허난설헌 시집》, 평민사, 2019.

허목, 《미수기언》(전6권), 솔출판사, 1997.

허찬무, 《미수 허목—청빈한 대쪽 선비》, 진한엠앤비, 2013.

참고 문헌